像天才一样思考

[美] 罗伯塔·乃斯（Roberta Ness） 著
赵军 主译 丁奎岭 审校

GENIUS UNMASKED

浙江教育出版社·杭州

图书在版编目（CIP）数据

像天才一样思考 /（美）罗伯塔·乃斯（Roberta Ness）著；赵军主译. -- 杭州：浙江教育出版社，2022.12（2023.7 重印）
ISBN 978-7-5722-4648-7

Ⅰ. ①像… Ⅱ. ①罗… ②赵… Ⅲ. ①思维形式—通俗读物 Ⅳ. ①B804-49

中国版本图书馆CIP数据核字(2022)第202460号

引进版图书合同登记号 浙江省版权局图字：11-2022-026

像天才一样思考

XIANG TIANCAI YIYANG SIKAO

[美]罗伯塔·乃斯 著　　赵军 主译　　张新媛 参译　　丁奎岭 审校

责任编辑 王方家 沈久凌　　**责任校对** 吴 昊
美术编辑 韩 波　　**责任印务** 曹雨辰
封面设计 张伯阳

出版发行 浙江教育出版社
（杭州市天目山路 40 号 电话：0571-85170300-80928）
图文制作 杭州林智广告有限公司
印刷装订 浙江海虹彩色印务有限公司
开　　本 710 mm×1000 mm 1/16
印　　张 17.25
插　　页 1
字　　数 215 000
版　　次 2022 年 12 月第 1 版
印　　次 2023 年 7 月第 3 次印刷
标准书号 ISBN 978-7-5722-4648-7
定　　价 68.00 元

如发现印、装质量问题，影响阅读，请与本社市场营销部联系调换。
（联系电话：0571-88909719）

推荐序

从19世纪中叶到20世纪中叶的百年时间内，颠覆式创新集中大爆发，带来了科学革命和社会变革，可以说，我们今天所享受的科技成果所依赖的基础研究绝大部分都是在那个时代形成的。20世纪50年代以来，尽管世界范围内的科学技术论文发表量激增，但是这些论文的颠覆性和原创性正急剧下降。近期，《自然》杂志发表的一项研究称，21世纪以来，科学研究更多的是在渐进式地推动科学发展。甚至有人认为，当今社会的创新正处于“大停滞”时代，虽然各种新技术、新发明层出不穷，但真正有颠覆性的创新却屈指可数。

回顾人类科学创新史上的每一个重大科学贡献或者颠覆性创新，我们几乎都能想到一个天才般的科学巨匠，例如爱因斯坦、爱迪生、牛顿、达尔文、玛丽·居里等。他们都是当之无愧的天才，取得的科学创新成就惊人，带给世界和后世的影响深远。“平庸的人都是相似的，天才的思维各有各的不同”，我们可能普遍认为天才的思维过程不可捉摸，甚至高深莫测。然而，《像天才一样思考》这本书却直言天才没有那么神秘，我们每个人都可以像天才一样思考和创新。这本书可读性很强，无论是对天才成长故事的娓娓道来，还是对天才创新思维的深度剖析，都拉近了我们与他们的距离，使我们加深了对天才的理解。天才的思维过程是有迹可循的，原来他们也和木匠一样有工具箱，只不过里面放的不是锤子、凿子、尺子，而是“观察”“类比”“反向思维”“认知框架转换”等各种创新工具。

面对浩瀚无边的宇宙和奥妙复杂的自然现象，正是天才们对这些创新方法的娴熟运用，才促使了现代自然科学的诞生，才带来了一次次科学创新上的重要突破。创新方法是开展科学研究的关键和核心，是人类探索自然的利器。科学方法植根于科学研究的实践中，并随着科学研究实践不断演变和发展。一方面，新方法的出现会改变科学家原有的思路与途径，甚至改变原有的科学范式，为解决科学问题提供新的可能，从而导致一系列新的成果产生；另一方面，科学知识的不断积累、创新研究实践活动的日益丰富、解决新的科学问题的需要也会促进新方法的产生。在原始创新日益放缓的今天，我们格外需要注重从普遍性、系统性的角度对科学创新方法不断进行总结。

党的二十大报告指出，我国基础研究和原始创新不断加强，一些关键核心技术实现突破，战略性新兴产业发展壮大，载人航天、探月探火、深海深地探测、超级计算机、卫星导航、量子信息、核电技术、新能源技术、大飞机制造、生物医药等取得重大成果，进入创新型国家行列。党的二十大将科技创新的战略意义提升到新的高度，强调必须坚持科技是第一生产力、人才是第一资源、创新是第一动力，既要加强基础研究，突出原创，鼓励自由探索，也要加快实现高水平科技自立自强，集聚力量进行原创性引领性科技攻关，坚决打赢关键核心技术攻坚战。以国家战略需求为导向，在建设社会主义现代化国家的征程中，还有许多艰巨的任务摆在我们面前：实现“碳达峰”和“碳中和”、保障粮食能源安全、完成产业优化升级等，不创新，恐怕难以实现这些目标。同时，我们在高端数控机床、高端光刻机、芯片等高端技术上仍然受制于人，严重威胁我国的产业安全。究其原因，对科学方法创新的意识还相对薄弱是重要影响因素之一。国内科技界、科学共同体和科学工作者主要侧重于对各学科科研技术和科学实验的研究，但对科学创新方法本身的研究还没有足够重视，还缺少对学科一般方法和特征方法的系统研究。

我国有14亿人口，如何将丰富的人力资源培养成创新型人才？我国有9100万科技工作者，如何做出更多原始创新和重大科学贡献并解决“卡脖子”难题？这本书给出了很好的答案——创新工具箱。我们肩负着为国家培养创新人才的责任，因此我希望广大学子、青年科学家和创新者都能读到这样的好书。但这本书不是终点，真正重要的是将这些创新工具融入自己的学习、工作中。相信在“刻意”使用这些工具的过程中，一定会有更多的原创性思维产生，进而产生更多的颠覆式创新，真正从源头上解决“卡脖子”难题，从而有效加强我国的创新实力，最终建成科技强国。

白春礼

中国科学院院士，“一带一路”国际科学组织联盟主席

译者序

最近，我的朋友卡尔·巴里·夏普利斯（Karl Barry Sharpless）教授梅开二度，再次获得了诺贝尔化学奖。我在解读今年的诺贝尔化学奖时，听众们最想了解的问题是，这位天才是如何思考、如何创新的呢？的确，像巴里这样的天才，他们思考问题和创新的方式与众不同。而《像天才一样思考》这本书的主人翁们是历史上取得重大创新突破并且引发重大社会变革的若干伟大人物，毋庸置疑，他们都是世人公认的天才。然而，迄今为止很少有人真正洞察他们的思维过程，甚至连有些天才的自传都没有深刻揭示其思维过程。本书在将天才故事娓娓道来的过程中，向读者揭秘了天才们神秘的大脑是如何思考的，又是如何运用各种创新方法来逐渐逼近并最终实现自己的伟大创举的。实际上，本书的目标是通过一个个生动活泼、深入细致的创新案例，让矢志创新的人们学习天才们的创新方法，从而能够拥有属于自己的一整套创新工具箱。

这是一场百年创新史。本书涉及的科学史起始于 19 世纪下半叶，横跨近两个世纪，覆盖了这一历史时期内在物理学、化学、生物学等领域发生的诸多科学革命。它们无一不引发了社会重大变革，本书对这一时期内取得重大创新的相关重要人物进行了专章介绍。

科学在 19 世纪与 20 世纪之交发生了划时代的巨变。经典物理学在 19 世纪 60 年代发展到顶峰后便再没有取得显著进展，它的理论根基也因为“以太漂移”实验的否定性结果发生了动摇，困惑的物理学家们不知道何去何从。直到 20 世纪初，天才的爱因斯坦带着他创立的相对论引发了物理学界的这场伟大变革，人们的困惑才得以解除。爱因斯坦的理论不仅包容了经典物理学，而且把物理学推进到了新阶段。在生物学领域，达尔文的《物种起源》是 19 世纪最具影响力的科学著作之一，孟德尔的遗传定律阐明了达尔文理论中物种多样性产生的遗传学原理，而且它的应用使绿色革命成为可能。在巴斯德建立的细菌致病论的基础上，科学家们对免疫学的理论研究使不计其数的人幸免于致命传染病。

在科学理论的指导下，技术发明层出不穷，迅速投入应用的技术成果又产生了强大的社会生产力，引起了巨大的社会变革。在电学理论的指导下，电报、电灯、电话等被先后发明或改进，使人们的生活发生了翻天覆地的变化。在保罗·巴兰提出的分布式网络和分组交换的基础上，互联网产业得以产生并发展到今天，真正使互联互通成为可能。对心血管疾病的流行病学研究颠覆了 20 世纪最理想的生活，奠定了现代健康生活方式中适度运动和均衡饮食的重要地位。科学技术的进步推动了社会的发展，社会需求又对科学技术的进步提出了新要求，二者相辅相成，共同谱写了一段辉煌灿烂的历史。

这是一套创新工具箱。本书揭开了天才们神秘的面纱，他们的思维过程就这样毫无保留地呈现在了我们眼前。虽然天才无法被模仿，但本书贴心地准备了一套创新工具：提出正确的问题、观察、类比、归纳演绎、改变观点、拓宽视角、剖析问题、反向思维、重新组合排列、群体的力量和认知框架转换。你可能听说过它们，也可能曾经使用过其中的某些方法来增强思维能力，但你有没有想过，天才们正是得益于这些创新工具的组合运用，取得了一个个颠覆性的创新成果，引发了一场场社会变革。

本书不仅提供了这样一套创新工具，还抽丝剥茧般地讲述了科学天才们是如何运用这些工具的。以观察工具为例，达尔文在“小猎犬号”航行过程中收集到的大量数据和对动植物进行的广泛调查奠定了他的自然选择进化论。卢瑟福在观察α粒子的撞击实验时注意到的粒子向后偏转的反常现象成了“卢瑟福原子模型”这一革命性构想的基础。为什么他们能看出名堂，别人就不能？观察工具不是简单地“用眼看”，而是要“用心看”。观察者只有克服了习惯化和选择性两个障碍才能在那些通常看起来无关紧要的细节中留意到别人错过的东西。本书中伟大创新者们对这套工具的使用过程就是一部鲜活的使用指南，读者们若能细心体会、勤加练习，定能找到自己的创新之道。

这是一本人文教育书。对智力低下儿童的同情让玛丽亚·蒙台梭利决心研究教育能否促进他们的发展，向当时冷漠的医疗系统勇敢地发起了挑战。她是在付出许多努力获得医学学位后毅然决然地踏进了教育研究这一未知领域，逐渐形成的蒙台梭利教育法在特殊儿童学校取得显著成果后，她把这种方法转移应用到了正常儿童身上。今天，全世界都在使用蒙台梭利教育法，这是蒙台梭利为世界留下的宝贵财富。

第二次世界大战结束之后，出生率的上升和死亡率的下降引发了人口爆炸，面对人口爆炸可能会导致的饥荒和社会动荡等问题，科学家们分别从问题的两端出发向问题发起了进攻。一个方向是增加粮食供应，以杂交育种和化肥工业为基础的绿色革命完成了这一使命，今天世界上生产的粮食足以养活地球上的每一个人。另一个方向是控制人口数量，以口服避孕药的诞生为标志的“避孕革命”不仅做到了这一点，还改变了女性在社会中的角色。然而，人类依然面临很多棘手的问题，如气候变化、环境污染等，“先天下之忧而忧”，希望每个人都能站在“人类命运共同体”的角度开展科研活动和日常活动。在寻找自己人生意义的同时，给社会多一份人文关怀；在善待自己的同时，善待自然，善待我们生存的环境，将人生意义升华与社会价值实现有机统一。

这是一部精彩故事会。你肯定知道爱迪生发明灯泡的故事，但你听说过他背后的创意工厂吗？你知道他与特斯拉之间的电流大战吗？达尔文的进化论早已深入人心，你可知他将《物种起源》一书的手稿在办公室锁了将近 20 年？你可了解他在提出这一理论时的矛盾心情？爱因斯坦是个伟大的天才，是现代物理学的开拓者，但你是否知道 1905 年是爱因斯坦的“奇迹年”？他在这一年一下子发表了 4 篇论文，震动科学界，取得的突破催生出了物理学中三个不同的新领域。从前只知居里夫人因元素钋和镭的发现而受人尊敬，却不知道这些发现背后的细节以及她与卢瑟福之间的交集。面对“整个实验室正在变得具有放射性”，居里夫妇的不理睬使他们与重大突破擦肩而过，而卢瑟福对这一异常现象的关注和持续研究打破了原子不可再分的认知框架，将科学带进了核时代。

我们都知道恪守科技伦理非常重要，因为它界定了科技工作者及其共同体应恪守的价值观念、社会责任和行为规范。但米尔格拉姆用“服从实验”颠覆了我们的观念，在权威的命令或者利益的驱动下，科学工作者也可能会实施不道德甚至不人道的行为（实验中高达 65% 的参与者施加了最高 450 伏的电压）。他的实验虽然是开创性的，但对它的谴责和争议一直存在，因为他欺骗了受试者，他让受试者相信自己正在参与一个关于人们如何学习的实验，而所谓的学习者是他花钱雇用的演员。从最初的《纽伦堡法典》到后来的《赫尔辛基宣言》，再到现代人权制度以及今天普遍遵循的科学研究伦理，都明确要求所有涉及人的科学研究必须坚持知情同意和维护受试者利益的原则。但在那段伦理真空期，不受约束的科学研究领域拥有很大的学术自由，像米尔格拉姆的服从实验一样具有争议的科学故事不在少数。为了能够在科学证据的基础上建立起一种方法来治疗第二次世界大战中饿极了的人群，美国生理学家安塞尔·凯斯进行的饥饿实验给受试者的生理和心理都造成了极大的伤害。人类卵子是怎样发育成胎儿的？妇产科医生约翰·洛克为此进行的一项人体胚胎研究虽然对医学发展来说意义重大，却也实实在在遭到了质疑，这项研究被认为是为了摧毁人类胚胎才有目的地创造它们。

总之，这绝不是一本枯燥的工具书，绝不会让你翻看了几页便想打瞌睡，娓娓道来的科学故事就像发生在我们眼前一样，书中一个个令人拍案叫绝的精彩科学故事和天才们的传奇人生令人对科学世界心生向往。中华民族伟大复兴事业正处在一个关键时期，面对复杂多变的国际环境，我们更应该着力提升国民的创新素养和科技界的原创性思维。这本书无论是对中小学生、大学生、研究生，还是对于创新者和教育者来说，都值得一读，可以让我们学习天才的思维方式，在学习、科学研究和创新上勇于突破，真正做出原创性和颠覆性的创新成果，为早日将我国真正建成世界科技强国添砖加瓦。

丁奎岭

2022 年 11 月

献给戴维（David）、乔尔（Joel）和萨拉（Sara）

永远感激他们

让我不断保持思考

Contents 目　录

C——01
Chapter

第 1 章 英雄崇拜

当我还在纽约市贝尔维尤医院做实习医生时，我第一次感受了什么是真正的创新灵感。

那时候，我正负责治疗一名年仅 16 岁的失足女子，她因注射海洛因导致心脏瓣膜感染而入院治疗。与我曾经收治过的其他感染心内膜炎的静脉注射吸毒者不同，她异常聪明并且格外乐观。她似乎渴望能够改过自新，而我也许能说服她摆脱这种放纵的生活方式，不再浪迹街头而重回校园，尽管这实现起来很困难。每天给她静脉注射抗生素时，我们都会谈论生活，憧憬未来，我甚至敢肯定自己正影响着她变得积极向上。但在治疗大约进行到一半的时候，不幸的事还是发生了。有一天，当我带着特效药赶到病房时，发现她已经断气，手臂上还插着注射用的静脉留置针。一位比我更加见多识广的住院医师提醒我说："这是一种注射毒品的'好'方法。"

针对她的治疗明明已经在起作用——烧退了，白细胞计数也恢复了正常。但是，这么短的抗生素治疗疗程不可能完全根治她的感染。而一旦重操旧业和重新吸食毒品意味着她早晚会重返急诊科。那时，她的病情将会加速恶化，心脏瓣膜内肆无忌惮的细菌会侵蚀组织，然后留下一个难以愈合的"窟窿"。并且，当时贝尔维尤的外科住院医师们遵守着这样一条规则——他们会为患者更换一次瓣膜，但绝不会更换第二次。一次失败的抗生素治疗注定了那个年轻失足女子的结局，也宣告了我的第一次失败。我不禁扪心自问：我是如此用心良苦地治疗这个病人，这难道还不够吗？

似乎只有刘易斯·戈德弗兰克（Lewis Goldfrank）明白发生了什么。他是贝尔维尤医院非常有声望的急诊科主任，简而言之，戈德弗兰克是这儿最聪明的人。记得有一次在凌晨2点时，由于我担心就诊病人的肌肉抽搐和瞳孔扩张是因为吃了森林里的毒蘑菇，而我相信戈德弗兰克会告诉我如何进行治疗，于是叫醒了正在家中熟睡的他，结果他果真没让我失望。戈德弗兰克不仅仅因为见多识广而令人深受启发，他之所以了不起还因为他用令人惊讶的方式来推理分析问题。

每年都有11万名病人因车祸、吸毒过量和枪伤而涌入贝尔维尤医院急诊科就诊，戈德弗兰克思考的却不是要如何消化照顾这些病患的压力。他说："急诊科医生的职责应该是关闭这个地方。"在他看来，事故本就不应该发生，而医疗灾难也在很大程度上是可以预防的。因此，戈德弗兰克并没有埋头于完善最流行的急救方法，而是着手研究如何避免重复性急诊。他管理着纽约市毒物控制中心（New York City Poison Control Center），致力于将工作中心从中毒救治转变成如何更好地阻止毫无防备的人接触到毒素。戈德弗兰克认为，纽约市充满了毒素，其中既包括真实的毒素，也包括隐喻的毒素。例如，超速和酒后驾驶是容易引发机动车事故的毒素，失足女子吸毒前脸上的泪痕是使她瓣膜受损的毒素。戈德弗兰克从病人的角度出发进行广泛思考和逆向思考，这些非同一般的思维过程深深地印在了我们这些住院医师的脑海中。

受贝尔维尤医院文化和戈德弗兰克思维方式的影响，致力于公共卫生的新激情取代了我原有的对于临床治愈每一个病人的愿望。尽管在此之前，我花了整整七年时间才成长为一名医生。此时此刻，我渴望能够通过预防疾病，阻止疾病的发生以避免造成损害。于是我回到公共卫生学校进行学习，目的就是成为一名流行病学家——这种科学家的使命是努力探究致使成千上万人患病的疾病模式，而不是每一次只面对一名患者并将其治好。毫无疑问，这是我人生道路上一次意外又冒险的方向性调整。

刘易斯·戈德弗兰克，还有我所认识的其他杰出的科学创新者，促动我鼓足勇气提笔写了这本书。本书中出现的各位创造者不仅像戈德弗兰克一样用不同的方式看待事物，还让世界变得丰富多彩，他们的故事已经超越了传奇。

有些创造者是我们熟知的偶像——爱迪生（Edison）、巴斯德（Pasteur）和爱因斯坦（Einstein），他们的发明和发现给我们带来了光明、健康和能量——它们的神奇威力是我们的祖先所无法想象的。另外几位就不太为大众所熟知，比如诺曼·博洛格（Norman Borlaug）、拉塞尔·马克（Russell Marker）和保罗·巴兰（Paul Baran），但他们在自己的领域内同样声名显赫。博洛格因在农业领域的杰出贡献被誉为“绿色革命之父”，马克首次合成了配制口服避孕药的关键化学原料，而巴兰发明了互联网背后出色的信息传输系统。我们将这些英雄称为“天才”。

“天才”这个词让人感到神秘。顾名思义，天才的成就是惊人的，但在他们通往终点的道路上，有一些是可预见的，其他则似乎是凭空冒出来的。有时候，天才会预见到他们的终点在遥远的地方；其他时候，他们也无法预料自己的目的地。他们的思维让人难以理解，但正是这样的思维过程产生了颠覆性的创造力。然而，到目前为止，没有一个人真正洞察他们的思维过程，甚至连有些天才自己动笔写的自传都没有深刻揭示其思维过程。突破性创新者是如何进行思考的？或许，他们的头脑只是在偶然的运气下受到了遗传基因的眷顾？又或许，就像有时看起来的那样，他们的远见卓识是受到了上天的指引？但是否存在一种完全不同的解释？天才们的背后是否有一个更可被我们认知的思维过程？

本书旨在揭示天才的本质，它将带领你在一些富有启发性的思维中徜徉并回答以下问题：天才真的有那么神奇吗？不管天才们的思维是多么具有变革性，它们是否由可预测的、富有想象力的思维模式组成？能否揭示其产生惊人创造力背后的心智特征呢？我希望通过本书证明一点，即一种不那么神秘的、系统性的思维过程成就了天才，即使是最伟大的创新思维也使用了一个可以打开和理解的认知工具箱。

当然，这样的证明本身似乎就是一项艰巨的任务，而且还必须得令人信服。但我们不妨暂时想象一下，倘若我们能够识别出那些蕴含着惊人创造力的活动，那么天才实际上使用了一套策略，而我们则可以模仿这些策略。

科学天才的工具箱里有什么？随着逐渐展开并深入探究他们的故事，我们发现了以下工具：（1）提出正确的问题；（2）观察；（3）类比；（4）归纳演绎；（5）改变观点；（6）拓宽视角；（7）剖析问题；（8）反向思维；（9）重新组合排列；（10）群体的力量；（11）认知框架转换。

这些工具不是魔法，实际上，它们是技巧，在此之前就已经被用来提高孩子和成年人的创造力了。正如我在上本书《走出思维泥潭：如何激发科学创新中的奇思妙想》（*Innovation Generation: How to Produce Creative and Unusual Scientific Ideas*）中所写，结合了这些工具的创造力训练项目可以大大提高几乎所有人的创新能力。这些项目的学员虽然年龄、性别不同，甚至在智力水平上也有差异，但在创造力测试中产生的想法数量都要比常人多出两到三倍，而且他们的想法更具原创性。完成创造力训练的专业人士会变得更有生产力，他们的思维会变得更灵活，更倾向于用新颖的方法去解决问题。

我希望这本书能够证明：在科学领域，那些最具创造力的人所使用的工具是我们任何人都能学会的，而且这些工具可以提高我们的创造力。天才不是无所不能的，也不是神，他们只不过是技艺娴熟的大师级工匠，用创造力带给了世界一个个惊喜。

聆听这些故事时，还有另外两个问题值得我们思考。第一个问题是，事实上是否存在两类科学创造者——循规蹈矩的创造者和颠覆规则的创造者？他们所对应的两种创新分别被称为“渐进性创新”和“颠覆性创新”。本书讨论的所有创新者都引发了社会变革——也就是说，他们创造了一种全新的状态。然而，社会变革并不总是意味着科学变革。渐进性创新不会改变科学的本质，而颠覆性创新则可以。在商业用语中，渐进性创新是由许多渐进性的进步带来的，它创造出并没有打破人类（本书中为科学）常规的产品。而颠覆性创新则颠覆了现状，人们不得不离开习惯的舒适区并接受由此带来的彻底改变。

正如我们将看到的，创新成果的命名可能会误导人们对渐进性和颠覆性创新的判断。达尔文的进化论并不是一种渐进性创新，而是一种颠覆性创新，它迫使专家和公众重新思考关于我们周围生命和我们人类物种起源的假设。相反，绿色革命和避孕革命并不是科学意义上的颠覆性创新，它们由一系列不算太大的进步组成，尽管如此，大规模的社会变革在这些进步的协同作用下还是产生了。撇开创新成果的命名不谈，我们似乎有理由问这样的问题：如果将那些在创新上前进一小步的天才和那些在创新上取得巨大飞跃的天才进行对比，他们的思维方式一样吗？

第二个问题是，认知如何与性格相互作用？正如我们将看到的，突破性新想法的诞生往往伴随着强烈的好奇心、不可动摇的自信和顽强的毅力。基尔克·瓦恩多（Kirk Varnedoe）在他的著作《完全漠视：现代艺术何以现代》（*A Fine Disregard: What Makes Modern Art*）中声称，改变艺术史的现代艺术家们通过“无端的重新排列”找到了机会，触动了文化神经。他认为，现代艺术实际上是在那些有着“单纯、富有人情味且很固执”行为的人的推动下产生的。科学创新者是否也有意愿，甚至是渴望，为了某种着迷的东西而藐视传统？这些特征在科学发现中有多普遍呢？又有多必要呢？这些特征都是好的吗，还是会成为科学创新者的软肋？

每个时代都需要伟大的创新者。今天，我们需要独到的洞察力来解决人类面临的巨大威胁，比如癌症、阿尔茨海默病、肥胖、新发传染病和气候变化等问题。然而，美国国家科学院的一个蓝丝带委员会却在最近发出警告：现代美国科学在寻找解决方案方面进展缓慢。为什么会出现这样的问题？根据这一颇具声望的委员会的说法，这是因为美国没有维持好它的“创新生态系统”，即它的智力资本。此外，《商业周刊》（*Business Week*）、《国家评论》（*National Review*）和《纽约时报》（*New York Times*）发表的一系列评论指出，美国正处于令人担忧的创新放缓之中。泰勒·考恩（Tyler Cowen）在其2010年的畅销书《大停滞》（*The Great Stagnation*）中虽然肯定了信息技术的进步，却对很多其他科技领域的创新停滞而感到忧心忡忡。美国知名专栏作家戴维·布鲁克斯（David Brooks）提醒我们，假设一名生活在1970年的人穿越时光来到2011年，如果她希望看到与20世纪上半叶（当时马车变成了月球火箭）相当的进步，她肯定会对科技进步速度大失所望。

为了保持健康和繁荣，社会必须最大限度地发挥我们每个人的潜力。我们都希望创造一些有趣的、原创的事物。通过了解著名科学家所使用的方法，我们能进行有效的模仿吗？通过向天才学习，我们能成为更好的创新者吗？

在开始前，我们首先需要树立一种信念——我们可以做任何我们认真打算做的事情，我们的思维可以得到发展和提升。这是天才们普遍具有的一种特质，也是对他们的创造力至关重要的一个特质。有了足够的自信，结合启发性故事的引导，我们最起码能学到一些有趣的东西。透过天才的神秘面纱，我们甚至可能会发现自己惊人的创造力。

C——02 hapter

第 2 章

自然选择还是上帝造物？

查尔斯·达尔文

Charles Darwin

新奇的事物往往会引发争议。如果将创新发现的影响按其争议性程度来进行排序，自然选择进化论将排在首位。查尔斯·达尔文的《物种起源》（*On the Origin of Species*）在1859年出版时就曾引起“轰动”。宗教权威认为这是对神明的亵渎，而科学家们对此激烈争论了半个世纪。达尔文那时的社会和科学地位都建立在他对当时主流科学的贡献上，他自己也预见到并成功回避了这一理论可能引发的轩然大波，把这份手稿锁在办公室里长达20年之久，并告诉他的妻子只有在他去世后才能将其发表。直到一位名叫阿尔弗雷德·拉塞尔·华莱士（Alfred Russell Wallace）的富有创造性的年轻博物学家准备抢先发表时，达尔文才匆忙将手稿付印。

时至今日，美国公众仍然对达尔文的自然选择进化论感到惊讶，并且持有不同意见。尽管它对许多科学领域（如遗传学、心理学、社会学和生物学等）都产生了深远影响，但仍然不断有人著书立说来挑战它、修改它或完全不相信它。在最近一系列的盖洛普民意测验（Gallup Polls）中，只有不到20%的美国人认同达尔文的核心观点：在没有上帝指引的情况下，人类是由其他生命形式经过了数百万年进化而来的。大约45%的人选择相信另一种完全相反的说法：“在距今大约一万年内的某个时期，上帝创造了人类，基本上就是现在的样子。”另有35%的人认为，人类由其他生命形式缓慢发展而来，但上帝引导了这一过程。达尔文的理论如此地违反直觉，对宗教教义的背离是如此之彻底，以至于150年后大多数美国公众仍然拒绝接受它。

什么是自然选择进化论？让我们先把它分成两部分，然后再试着理解它，认识它的奇异之处。首先，物种不是一成不变的。该理论的这一部分被称为“进化”，它解释了世界上丰富的动植物多样性。在这种多样性中，物种是生物分类的基本单位。物种通常被定义为一群能够相互交配并产生可育后代的有机体。在达尔文之前，人们普遍认为这种生命的最基本元素是绝对的，是永不改变的。而包括达尔文在内的进化论者则认为事实恰恰相反：在物种内部，身体和行为的改变都是不可避免的。

达尔文理论的第二部分更具争议性，更加匪夷所思，堪称惊天动地。据达尔文推测，进化的驱动力是“自然选择”。自然选择意味着性状的改变，因为那些具有生殖优势的性状在种群中变得更加普遍。

达尔文认为，随机变异是遗传自双亲的性状混合的结果。尽管“龙生龙，凤生凤”，但由于后代的性状都是双亲性状的混合，所以他们完全是独一无二的。那些能够更好地适应环境的遗传性状更有利于生物的生存和繁殖。以加拉帕戈斯地雀（Galápagos finches）的喙部形状为例，有些喙的形状最适合取食某些特定种子，而另一些喙的形状则更适合取食其他种子。拥有能成功打开最常见类型种子的喙的雀类最有可能茁壮成长。然而，大自然没有那么仁慈，环境资源并不足以喂养或支持所有物种的所有后代。那些性状最能适应环境的个体，比如拥有最佳喙部形状的雀类，最有可能赢得生存斗争并产生更多后代。连续几代之后，优势性状开始占主导地位——自然选择了它。

把繁殖想象成是一个大自然从物种牌组中随机发牌的游戏。如果某张牌在特定环境中能够增强持牌人的耐受性，那么在下一轮中该牌将被发给更多玩家。另一方面，降低耐受性的牌会被丢弃。最终，这张能增强耐受性的牌就会成为游戏中最具统治力的牌。

如果达尔文的逻辑推理就此止步，他的理论也许就不会如此饱受争议。但他进一步提出，经过漫长自然选择的物种会演变成其他物种，比如，人类就是由猿猴进化而来。

达尔文在后来出版的《人类的由来及性选择》（*The Descent of Man and Selection in Relation to Sex*，1871）一书中提出，在进化过程中，虽然人类在体形上趋向于更小更弱，但也在向着高级认知发展，进化出了复杂的行为策略来吸引配偶。在达尔文看来，野兽引诱美人回洞穴的故事是写实而不是虚构。这是维多利亚时代的社会所强烈反对的。

达尔文是如何得出这样一个颠覆性理论的呢？虽然在我们的印象里，他是一个退休贵族（晚年确实如此），但他绝不是循规蹈矩的人。一开始，达尔文就辜负了家人对他进入上流社会的期望，他没有像他父亲一样成为一名医生。他从爱丁堡大学医学院退学，把时间都花在了打猎、甲虫收集和植物分类上，这些兴趣爱好对社会来说似乎毫无用处。“不务正业”的达尔文在他父亲的安排下进入剑桥大学学习神学，因为他的父亲担心，如果达尔文继续这样下去会成为整个家族的耻辱。也就是说，达尔文早期的行为既不合常规，也没有得到称赞鼓励。相反，他的这些行为散发着随意性、好奇心和个性的气息，而这些是伟大创新者的普遍特征。

如果当时没有收到植物学教授约翰·史蒂文斯·亨斯洛（John Stevens Henslow）的来信，年轻的达尔文可能会不得不成为英国国教的牧师，可能永远都没有机会进行创新工具使用方面的训练以发掘自己的天才潜质。当时，英国皇家海军“小猎犬号”准备进行环球航行（1831—1836），“小猎犬号”此行的目的是绘制南美洲海岸的地图。亨斯洛向罗伯特·菲茨罗伊（Robert FitzRoy）船长推荐了达尔文，达尔文由此成为随行的博物学家。这项工作不仅没有报酬，还需要自筹资金。幸运的是，在一位德高望重的叔叔的帮助下，达尔文成功说服父亲同意自己上船——给自己5年时间强化思维能力。

达尔文最重要的工具是观察。达尔文童年时期在甲虫收集和植物分类方面的经验，使他拥有了一双博物学家的慧眼，从而能够清楚地描述那些用来对物种进行分类的微小细节。在“小猎犬号”的航行中，他的观察能力受益于耐心、毅力和纪律的培养而得到提升。他从南美洲和南太平洋把一箱又一箱的动植物标本运回了英国，这些收藏的规模在当时显得十分庞大，具有非常高的历史价值。在法尔茅斯（Falmouth）下船后，他立刻成为科学界的名人。毕竟，他发现了已经灭绝的大型哺乳动物的骨骼化石，其中包括大地懒（Megatherium）——一种与树懒非常类似的来自巴塔哥尼亚（Patagonia）的巨型生物。

但是观察并不能满足达尔文的好奇心。他肯定曾经遇见过丰富多样的生物，见识过惊人的多样性。但这一切是如何形成的呢？最终，一个宏大的问题在他的脑海中浮现。这个问题比之前任何博物学家提出的问题都要大胆得多。达尔文问道：“自然界的所有生物是通过什么方式形成的？”

提出正确的问题是达尔文走向认知成熟的第二个基本步骤。但他的问题涉及范围太广，只有随着时间的推移才能慢慢被接受。达尔文在回国后不久就开始写笔记，其中记录了自己早期的复杂思想斗争。他称自己对进化论的思考是“思想上做出的最费力、最痛苦的一次努力”。在这些笔记中，达尔文记录了自己独一无二的思维认知过程。值得注意的是，达尔文的记录显示他运用了创新者宝箱中的所有工具。

这些工具中影响最广泛的是认知框架转换。传统观点认为，所有生物都是上帝完美造物的复制品。既然这种完美不可能有任何改变，那么提出物种是如何随时间变化这样的问题就毫无意义了。值得注意的是，达尔文能提出所有物种是如何起源的问题，必然是否定了所有关于神灵介入的假设。这使得他能自由地去提问——物种是否会变化以及它们是如何变化的，也使他能自由地去突破认知框架——物种变异普遍存在且随机发生。达尔文认为，美人和怪物都是由严酷无情的环境所创造的，并非脱胎于慈爱神灵的完美设计。

如果达尔文接受过英国国教牧师的培训，他就不太可能会将自然选择概念化。在达尔文那个时代，杰出的生物学家首先被培养成神学家，然后才是科学家。他们相信上帝之手无处不在。在 1802 年出版的《自然神学：从自然表象中收集的关于上帝存在和属性的证据》（*Natural Theology: Evidences of the Existence and Attributes of the Diety, Collected from the Appearances of Nature*）一书中，威廉·佩利（William Paley）推广普及了上帝和钟表匠之间的类比。他的观点是：如果我们中的任何一个人在地上发现了一块表，我们会认为它出自专业工匠之手。同样地，当我们观察到自然界动植物的完美和多样时，我们会将其视为造物主——上帝的杰作。这个逻辑建立在一个由柏拉图（Plato）推广普及的更古老观点之上，即所有的生命都源于被称为“自然种类”的原型，而这些原型的数量是有限的。在柏拉图看来，物种都是不相关的，是截然不同的：猫是猫，狗是狗，两者永远不会产生交集。大卫·奎曼（David Quammen）在他的《不称职的英雄》（*The Reluctant Mr. Darwin*）一书中评论道：“如果不相信神创论，就等于拒绝一个由教会教义和文明秩序交织在一起的假设。”

这并不是说在达尔文之前没有出现过突破性的、反教派的思想家。其实，早前的思想家们就非常大胆地提出过物种进化论，并且拒绝接受神创论。其中包括让－巴蒂斯特·拉马克（Jean-Baptiste Lamark）和他的学生杰弗里·圣希莱尔（Geoffrey Saint-Hilaire），甚至还包括达尔文的祖父伊拉斯谟斯·达尔文（Erasmus Darwin）。不幸的是，他们提出的进化论遭到了强烈的驳斥。特别是，这些早期的进化论者提出了用进废退的理论。例如，长颈鹿伸长脖子去吃树最上面的叶子，这种伸长的动作会导致脖子变长，下一代长颈鹿会通过遗传获得更长的脖子。这比达尔文的解释更有针对性，在很多方面也更有吸引力。用进废退的理论将下一代所拥有的特征归因于双亲的常用动作。不幸的是，它也引出了一些相当愚蠢的想法，例如，所有软体动物和无脊椎动物的结构必须如出一辙才行。这样的推断不仅很快地终结了拉马克进化论，而且终结了整个变异性的概念及其起源。更糟糕的是，进化论作为一种社会发展理论，很快就被暴力的社会无政府主义者所信奉。因此，对主流思想家来说，进化论是一个危险的想法。

达尔文并没有提出进化论框架，因为那已经形成了。他使用重新组合排列的工具整合了当时已有理论中最好的物种变异理论。但他也用自己不那么显而易见的自然选择理论取代了拉马克关于遗传特征源于使用的观点。自然选择理论充满了随机性和任意性，它的提出标志着达尔文完成了突破性的认知框架转换。

要提出一个反对“教会教义和文明秩序”的观点时，无论是谁都会感到紧张。达尔文在自己的思想发展过程中经历了激烈斗争。关于这一点，我们可以从他早期的笔记中找到蛛丝马迹，他有时会写下一个想法，然后再进行反驳。这是他自己内心的一场斗争——一场初露头角的大卫（David）与实力强大的歌利亚（Goliath）之间的斗争。[1]事实上，早在 1838 年，他就在笔记本上记下了他的理论的精髓，但直到 1844 年才小心翼翼地向其他人暗示自己的想法。在给新朋友——年轻的植物学家约瑟夫·道尔顿·胡克（Joseph Dalton Hooker）的一封信中，达尔文写道："自从回来后，我一直在开展一项大胆狂妄的工作，我认为物种不是一成不变的，我知道这就像承认一场谋杀一样艰难。"

从"小猎犬号"航行归来后，达尔文成为一个传统意义上的贵族，拥有大量土地。在这种情形下，他能酝酿出这样的思想就显得更加不同寻常。他在 1839 年与表姐艾玛（Emma）结婚，两人搬到了肯特郡（Kent）乡下的唐恩小筑（Down House），生育了 10 个孩子（其中两个孩子在婴儿期夭折）。由于达尔文继承了一大笔财产并进行了明智的投资，他们的家境变得富裕起来，与此同时，生活也开始变得平淡乏味。达尔文再也没有冒险到过离家很远的地方，部分原因是反复发作的胃痛、呕吐、心悸，甚至还有疖子，而这些显然会因为社会接触而变得更糟。似乎只有严格的饮食、睡眠和运动养生计划，才能防止其疾病复发。显然，达尔文已经变成了最枯燥乏味的传统主义者。

但掩藏在表象之下的是，一种与生俱来的好奇心和思维独立性正在沸腾。一旦达尔文开始踏上通向自己理论的道路，便义无反顾。他已经提出了一个惊天动地的问题，打破了现有的认知框架。现在，他要将自己思考的庞大问题分解成大脑能处理的碎片。它就像一棵树，前两个分支分别代表进化和自然选择：（1）动植物是否有所不同？（2）是什么过程诱发了自然变异？事实上，达尔文在笔记本上画了一棵树来帮助自己将理论形象化。进一步分解第一个问题，他问自己：

① 大卫与歌利亚都是《圣经》中的人物，大卫这名年轻人靠着超凡的勇气、坚定的信念和卓越的智慧打败了巨人歌利亚。——译者注

“为什么性别如此重要？”一个想法是性别分类允许变异。用他的话来说，“根据这一观点，如果一种动物在分隔的岛屿上停留足够长的时间，它们应该会变得不同”。因此，每个问题都被分解成子问题，每次分解都通向下一次分解。

敏锐的观察力是达尔文思想的一个标志性特征。在《物种起源》和《人类的由来及性选择》这两本书中，他运用了大量的例子，每一个都来源于他自己清晰且不带偏见的观察。但达尔文也借鉴了其他人的观察结果。通过热烈讨论和相互通信，达尔文与志同道合的知识分子们建立了紧密的联系，这些同时代的人极大地影响了达尔文的思想。例如，达尔文在1837年回到英国后不久，就向鸟类学家约翰·古尔德（John Gould）咨询了他从孤立的加拉帕戈斯群岛带回的一批棕色鸟类。令达尔文惊讶的是，在古尔德看来，这些被收藏家认为是黄鹂、蜡嘴鸟和鹪鹩的鸟实际上都是雀类。尽管喙的大小和形状千差万别，但古尔德告诉达尔文，这些鸟是近亲。它强化了达尔文还在“小猎犬号”上时进行的一系列推理：如果在孤立的、相邻的岛屿上生活着有亲缘关系的鸟类，那它们是否都起源于同一个祖先？古尔德的观察结果表明的确如此，它们都属于同一物种。

类比是达尔文思想的另一个核心工具，其中有两个类比特别重要：选择性育种和人口爆炸。达尔文问道：农场主们为了某些特性而进行动物繁育——为什么大自然不这样做呢？我们所看到的在人类手中如此有力的选择原则，是否也适用于自然？毫无疑问，对人类有用的变异已经产生，那么在伟大而复杂的生存斗争中，在数千代人的发展历程中，有时会出现在某种程度上对每个人都有用的其他变异，这难道不可能吗？

另一个强烈影响达尔文思想的类比来自托马斯·马尔萨斯

（Thomas Malthus）关于人口爆炸的煽动性文章。马尔萨斯指出，人口按几何级数增长。假设 2 个英国人生育了 4 个后代，4 会变成 8，8 又会变成 16，几代之后，世界上就挤满了英国人。相反，食物供给只能按算术级数增加。因此，在没有战争和瘟疫的情况下，人口数量总是会超过农业生产能力。根据马尔萨斯的说法，其结果是不可避免的大饥荒。只有拥挤和资源竞争才能抑制人口增长。对达尔文来说，这可以解释适应性更强的性状是如何被选择的，补上了缺失的一环。马尔萨斯提出，人类受到资源和竞争的限制。达尔文解释说，优势性状通过适者生存在种群中占据主导地位。

达尔文对适者生存概念的构建也得益于他会从不同的角度去想象问题。他在《物种起源》一书中写道："因此，我们需要发挥想象力，试着找出任一种类相较于另一种类的某种优势，这是有帮助的，……我们所能做的，就是牢牢地记住，每一个有机体都在努力以几何级数增长；在生命的某个时期，在一年中的某个季节，在每个世代或每隔一段时间，每个个体都必须为生存而奋斗，还要承受巨大的破坏。"因此，达尔文把自己想象成一株植物或其他某种生物。在这个想象中，他被暴风雨袭击，被捕食者吃掉，被迫忍受漫长冬季的严寒。

在影响达尔文思想的工具中，最后一个，可能也是最引人注目的工具是反向思维。达尔文彻底颠覆了当时人们普遍持有的两种观点：（1）上帝创造了永恒不变的物种；（2）这些精心创造的作品一个比一个出色，其中最完美的是人类。与此相反，他认为：（1）所有物种都是从共同的祖先进化而来；（2）大自然对所创造的变异毫不关心，变异的最终形态只代表竞争适应性，而不是任何等级体系。最终，达尔文在《人类的由来及性选择》一书中将他的理论扩展到了人类，他写道："除非我们故意地视而不见，否则我们可以根据现有的知识大致认识到自己的起源；我们也不必为此感到羞耻……一个毫无偏见的人在研究生物时，无论是多么不起眼的生物，都会对它奇妙的结构和特性产生极大的热情。”因此，根据达尔文的理论，生物都是从彼此进化而来，没有一种生物（包括人类）比其他生物更高级。

达尔文留下了大量反映其思想的文字。因此，他对创新工具的使用可能是突破性科学创新史上最清楚的记载。他以广泛的观察为基础，提出一个大胆的问题，然后对其进行剖析。为了找到答案，他进行了长期而艰苦的思考，在 20 多年的时间里，他反复阐述着自己的观点。他的思想不断地在对立面之间转换。他用演绎法来构建逻辑论证，即通过自然选择方式进行的进化必然遵循物种变异和生态多样性等观察结果。归纳法使他能从广泛的观察中做出概括。通过否定传统的认知框架，以他人工作为基础（站在他人的肩膀上），使用类比、改变观点、重新组合排列、拓宽视角、演绎归纳和反向思维这些创新工具，极具原创性的达尔文理论就此诞生了。

发表一个半世纪后，达尔文的自然选择进化论现在又得到了来自基因研究重要发现的佐证，表明这一理论是基本正确的。对于地球上生命起源的问题，其他任何解释都无法取代它的雅致和广博。尽管如此，这一想法所具有的惊人原创性依然受到质疑。显然，再多的证据也无法完全消除这种怀疑。许多人视《物种起源》为自《圣经》以来最有影响力的书，也许这是达尔文著作引起的最大讽刺。

Chapter 03

第 3 章

注解达尔文

创新工具的使用

达尔文的天才之处真的如此依赖于创新工具的支撑吗？抑或是我们的这种观点仅仅是对历史的事后改写？为了找到答案，让我们打开创新工具箱并进行深入挖掘。狄德罗（Diderot）在1753年对科学的反思很是精辟，虽然他没有列举出所有的工具，但抓住了工具使用的一个重要方面：

我们获取知识的方式主要有三种：观察自然、思考和实验。通过观察来收集事实，通过思考把收集到的事实结合起来，通过实验验证结合的结果。我们对自然的观察必须细致，我们的思考必须深刻，我们的实验必须精确。遗憾的是，我们很少看到这三种方式的结合。

对我们每个人来说，使用一些创新工具可以增强观察和思考能力。每次我们说“他有着像熊一般大的块头”或“她的头发有着阳光般的色彩”，都是在使用类比。这样的观察和思考更容易构建认知。但我们大多数人很少能够规范化地对各种工具进行组合使用。我们将在本章中看到，像达尔文这样的天才正是狄德罗所描述的罕见类型。

工具1：提出正确的问题。要得到一个创新的答案，首先需要提出正确的问题。创新者与生俱来的好奇心激发着他们提出大量的问题。可是，随意提问就像蒙着眼睛扔飞镖一样不靠谱。创新者却找到了以正确方式提出正确问题的方法。他们是怎么做到的？

那些能够激发目标明确的创造力形成的重要问题并不像看上去那

样神秘。一方面是技术的融合，另一方面是理论结合证据，能够至少让一些问题变得“显而易见”。没有合适的技术，创新者就无法“看到”事实。没有合适的理论，就没有开发“可视化”设备的基础。达尔文关于物种起源的问题建立在早前进化论者提出的理论以及他自己从“小猎犬号”所收集数据的基础之上。对他来说，技术并不是那么重要。相比之下，本书第9章的主人公托马斯·爱迪生（Thomas Edison）则需要一个技术——迈克尔·法拉第（Michael Faraday）发明的“发电机”，以探究如何创造一个住宅照明系统，而灯泡就成了这个系统的主要特征。爱迪生的照明系统反过来又阐述和证明了电流、电阻和电压背后的基本科学理论。科学创造了技术，技术成就了科学，二者相辅相成就带来了最重要的问题。

那些“时机成熟”的问题往往因为显而易见，而时常引发激烈的竞争。第5章专门介绍了爱因斯坦——科学界最独特的思想家之一，他发表了第一篇使用布朗运动来证明原子的物理存在的论文（他的经典论文之一）。其实，奥地利物理学家马利安·斯莫鲁霍夫斯基（Marian Smoluchowski）此前曾提出过同样的想法，但没有将其发表。亚历山大·格雷厄姆·贝尔（Alexander Graham Bell）只比他的竞争对手伊莱沙·格雷（Elisha Gray）早几个小时提交了电话专利。如果格雷第一个提交专利，贝尔电话公司（Bell Telephone）可能就会被称为格雷电话公司（Gray Telephone）了。杰出的头脑特别能捕捉到“时机成熟”的问题，这并不是单纯地受到命运的眷顾。正如巴斯德所说，“机遇总是偏爱那些有准备的头脑”。

大多数科学家把好奇心限制在对现有理论的精确阐述上，而富有创造力的科学家所提出的问题都有一个非常独特的特点，那就是问题都很宏大。一言以蔽之，标志性的创新者会提出一些宏伟的、冒险的、大胆的问题［“宏伟、冒险、大胆的目标”（big hairy audacious goals，BHAGs）一词由詹姆斯·柯林斯（James Collins）和杰里·波拉斯（Jerry Porras）创造，用来描述富有远见和吸引力的愿景］。学生组织——国际经济学商学学生联合会（Association Internationale des Étudiants en Sciences Économiques et Commerciales，AIESEC）的目标是：让世界上每一个年轻人都能发现自我潜能并进行开发。推特（Twitter）则立志成为“地球的脉搏”。

在本书所给案例中，宏大问题都带来了颠覆性的答案，比如，所有物种是如何形成的？物质的本质是什么？贫穷国家如何实现农业上的自给自足？

工具 2：观察。达尔文的自然选择进化论深深植根于观察。他在“小猎犬号”的航行中收集了大量数据，回到英国后，又对英国乡村的植物和动物进行了广泛调查。达尔文对选择性育种进行过研究，并对单个生态系统中的植物共存现象感到困惑。通过这些观察，我们自然而然地认识到，生命的多样性源于生存斗争。

要进行精确的观察需要克服两个障碍。第一个障碍是习惯化。任何住在乡下的人刚来城市里过夜时都会发现，街上的嘈杂声让人很难入睡。然而，几天或几周之后，喧闹声似乎已经消失得无影无踪。重复的感官刺激会导致一个被称为习惯化的过程。当我们反复受到同样的刺激时，越来越少的神经元会被激活，这一点甚至也得到了显微镜下的蛔虫——秀丽隐杆线虫（C. Elegans，只有 302 个神经元）实验的证实。习惯化是自满的生理基础。为了克服这一自然倾向，发现者必须坚持不懈地关注那些通常看起来平淡无奇和无关紧要的细节。

第二个障碍是人们倾向于只看到自己所期望看到的东西。过多的感官信息超出了我们的处理能力，我们所采取的策略是利用假设来过滤这些信息，有选择地处理这些信息。留意到别人错过的东西是杰出创新者的一项特殊技能。本书第 10 章中出现的欧内斯特·卢瑟福（Ernest Rutherford）被称为核物理学之父，他注意到从一支微小的“枪”中射出的 α 粒子（后来发现是氦）在射向目标时，并没有完全形成一条干净利落的直线。覆盖在目标上的元素越密集，散射就越厉害。事实上，当 α 粒子撞击金箔时，粒子会向后偏转。似乎没有人注意到这种反常现象。但卢瑟福对此大为震惊，还留下了这样一句名言：“这简直难以置信，就像你向一张纸巾发射了一枚 15 英寸[①] 口径的炮弹，结果它却弹回来击中了你。”根据这一观察结果，卢瑟福推断，α 粒子和目标必定都是由相互排斥的、带单一电荷的核组成。这成为卢瑟福关于原子结构的革命性构想的基础。

工具 3: 类比。类比是科学创新最常用的工具之一。它的核心是将从一种情形中获得的经验应用到另一种情形。小学生们用乒乓球环绕一个悬挂着的棒球来模拟太阳和行星之间的空间关系。人们将血管与道路系统或水道等同起来，认为光就像池塘里的波纹一样传播。人类大脑轻而易举就能建立联想。我们的联想就像一张网络，展开得越宽广，两个不同联想所形成的网络就越有可能重叠，然后形成类比。

极具创造力的人通常会联想出广泛的相似模式。达尔文就意识到，农场主们所进行的选择性育种只是一种人工干预的自然选择形式。本书第 12 章的主角保罗·巴兰（Paul Baran），将计算机网络与大脑中的神经通路联系起来，创造了互联网背后的计算主干网络。此外，他还把通过网络传递的信息想象成是放在邮箱里的信件。本书第 11 章的主角，免疫学之父梅契尼科夫（Metchnikoff），把白细胞抵御外来入侵者想象成进化中的有机体为生存而战。

① 1英寸约合2.54厘米。——译者注

工具 4：归纳演绎。归纳推理是基于对某些个体实例观察的模式来进行概括。例如，本书第 13 章中提到的主角，格雷戈尔·孟德尔（Gregor Mendel），在成千上万次豌豆杂交的基础上建立了经典遗传学理论。可是，不是所有的知识都能建立在数据收集的基础上。我们的感官并不总是能够察觉到事物的本质。事实上，我们没有发现猿类和人类之间所有的进化中间体，但这并不能证明达尔文的进化论是错误的。我们肉眼无法直接看见原子粒子这一事实也不能否定电磁理论。

演绎推理则根据逻辑规律，总是从假设（表述为公理或给定条件）出发，然后走向结论。归纳是从一系列的观察发展到理论；而演绎是先有理论，再通过观察加以验证。归纳需要敏锐的观察力，演绎则允许你使用纯粹的想象。

创造力往往出现在这两种认知方式的交汇处。创造力研究的先驱汉斯·艾森克（Hans Eysenck）认为："也许不协调本身就是一个有创造力的人的标志，在本书中，他们以一种不同寻常的方式来结合不同的逻辑策略。"

达尔文的自然选择理论建立在大量观察的基础上，但其本质却源于逻辑的层层递进。爱因斯坦在运用演绎的同时不忘借助思维实验的力量，思维实验实际上是一些思维场景，爱因斯坦畅游其中，思考着各种事件背后的物理学，比如一个人在行驶的火车里行走。然而，这些理论只是为其他人已经积累的知识提供了一个框架，这些知识是经验性的，是基于数据收集的。爱因斯坦相信，"正是理论描述了我们所能观察到的东西"。在观察和理论之间，在实验证据和纯粹的推理之间来回穿梭是他们的取胜之道。

工具 5：改变观点。"要想评判一个人，先穿上他的鞋子走一英里[1]。”这句有力的格言鼓励我们从不同的视角看待问题。在阿比吉特·班纳吉（Abhijit Banerjee）和埃丝特·迪弗洛（Esther Duflo）合著的《贫穷的本质》（*Poor Economics*）一书中，他们基于现场实验提出了“对贫困经济学的彻底反思”，这些实验清晰地揭示了极度贫困的人所做决定背后的逻辑。例如，摩洛哥丹吉尔的郊区到处都是未完工的房屋。为什么？因为在一个穷人没有足够的资金来避免过高银行费用的社会里，这是最安全、最有效的攒钱方式——一次一块砖。班纳吉和迪弗洛认为，如果富人能换位像穷人一样去思考，他们可能会帮助世界上那些生存最困难的人找到摆脱贫穷的新办法。换句话说，班纳吉和迪弗洛认为，最可靠的慈善源于改变一个人的观念。

站在旁观者的角度，有些行为可能看起来很奇怪，甚至不合逻辑。在瑞典，大多数公民都会向教会纳税，但没有哪个政党会考虑提倡教授达尔文学说以外的任何进化论。美国向来以政教分离为荣，然而，就在2005年，宾夕法尼亚州约克郡一个学校的董事会要求老师们用神创论的近亲——“智能设计论”[2]来指导孩子们。这样的内在矛盾，从内部看是多么的合理，从外部看又是多么的不合理！

达尔文的突破在于把自己想象成一株植物。爱因斯坦曾想象过以光速前行。本书第4章的主人公玛丽亚·蒙台梭利（Maria Montessori），一位伟大的科学家和教育家，曾把自己想象成一个孩子。切入视角越陌生，见解就越深刻。

工具6：拓宽视角。当耐克推出广告宣传语“Just Do It（想做就做）”时，其领导层希望相关活动能扩大耐克的品牌知名度。据公司传

① 1英里约合1.61千米。——译者注

② 智能设计论是贴上“科学”标签的宗教神创论，是相对进化论的一种假设。智能设计论的倡导者认为，“在自然系统中，有一些现象用无序的自然力量无法充分解释，以及一些特征必须归结于智能的设计”。——译者注

说，这个想法来自一个被判有罪的杀人犯，他被绑在电椅上将要行刑前说，“Let’s do it（动手吧）”。还有传闻称这条标语出自一位耐克公司高管之口，这个版本就比较普通，也没有那么吸引人了。无论起源如何，耐克的广告代理公司威登肯尼迪（Wieden and Kennedy）表示，他们从未想到这句广告宣传语会产生如此巨大的影响。“Just Do It”将耐克公司的客户群体从运动员扩大到了所有运动爱好者，从而使耐克的市场份额增加了两倍。数百万人将“Just Do It”理解为一种行动起来的呼吁，而不是仅仅局限于跑步这项运动，它是对精神解放的呼唤。

以一个科学问题为例，我们如何在美国的学校餐厅中为孩子们提供更有营养的食物？一个显而易见的答案可能是将健康食品包装成孩子们喜欢吃的东西（比如西葫芦薯条）。但如果我们拓宽视角，转而问“如何让美国人吃得更好”这样一个问题呢？原先那些如涓涓细流一般的联想马上就会变成汹涌的江河，这可能会进一步引出更多问题：价格、文化和便利程度会起到什么样的作用？为什么低收入家庭购买的营养食品较少？为什么高营养价值的食物往往更贵？农业补贴对食品价格有什么影响？拓宽视角会产生好奇心和新奇感。

天才们提出的宏大问题往往都源于自身广阔的视角。达尔文的问题是：自然界所有的生物是如何形成的？他的广阔视角突出体现在运用了涉及面很宽的研究方法。为了解饮食和心脏病之间的联系，在本书第 8 章中出场的安塞尔·凯斯（Ancel Keys）在国际上扩展他的研究网络时形成了地中海饮食的概念。本书第 14 章的主角，化学家拉塞尔·马克通过合成黄体酮，使口服避孕药成为可能，他为此分析了 400 种植物和 4 万千克植物材料，最终才发现了完美的化学前体。大胆的想法带来了巨大的科学回报。

工具 7: 剖析问题。宏大问题都很复杂。而且，科学世界里的答案不会轻率地就被接受，除非它们经过了广泛而严格的验证过程。当遇到地下管道泄漏时，管道工通过一段一段地关闭管道来找到泄漏的位置。同样地，要证明一个完整的理论，往往需要证明每一部分的正确性。

1950 年，有 4000 万辆汽车在路上行驶，超过 33 000 人死于交通事故。60 年后，汽车数量暴增至 2.48 亿辆，但高速公路上的死亡人数却低于 1950 年统计的死亡人数。这些统计数据显示了在提高公路安全方面取得的巨大成功。但这一切是如何发生的呢？答案是剖析导致交通事故死亡的根本原因并加以消除。

根据基本的物理原理，两车相撞时的冲击力取决于每辆车的速度和速度变化，而影响速度变化的要素包括每辆车的质量和重心之间的距离。在测试了各种方法来改进这些部分后，汽车工程师成功地找到了更耐用的材料，考虑了合适的重心，并设计出了更安全的保险杠；公路工程师则建议进行适当的限速；安全带和安全气囊也诞生于对机动车死亡问题剖析的基础上。

成功的创新者会一直进行剖析，直到将问题分解成可验证和可回答的部分。达尔文为了回答“种内变异是否存在”这个问题，提出了一些子问题，例如：为什么性别如此重要？被隔离到与世隔绝的生态环境中的物种会发生什么变化？一个物种是从另一个物种进化过来的吗？

本书第 7 章的主人公，著名社会心理学家斯坦利·米尔格拉姆（Stanley Milgram），他通过系统地调整参数，然后重复地进行实验，来剖析自己所提出的问题。例如，他开展了一项研究来测试从众心理的影响力，该研究要求受试者在一个他们知道是正确的答案和一个不正确但随大流的答案之间做出选择，并告知受试者，他们的答案将被用于设计飞机上的安全信号。

工具 8: 反向思维。反向思维通过两种方式起作用，要么推翻假设，要么意识到事件意外转变的重要意义。反向思维扭转了我们的常规思维模式。布拉德·佩斯利（Brad Paisley）有一首有趣而温暖人心的歌曲，讲述了一个充满歉意的追求者试图通过不断地赠送鲜花来取得他真爱的原谅。他没有直接哀求她重新点燃对他的爱，他反其道而行之，问道："停止无谓的杀戮吧！难道你听不到那些玫瑰花在哭泣吗？告诉我，还有多少花儿要死去？"

意外发现，即对"幸运的意外"的重视，是创新的一个特别有力的触发器。并不是每个人都能理解意外发现的意义，但创新者可以。抗生素之父亚历山大·弗莱明（Alexander Fleming）是通过意外发现创造奇迹的典型代表。1928 年，当他结束度假回到实验室后，发现一个培养皿上长出了霉菌。不幸的是，这种霉菌杀死了他正在研究的葡萄球菌，实验被破坏了。现在回过头看，其他人也遇到过同样的问题，可他们只是简单地丢弃了失败的细菌培养皿。但弗莱明意识到这种霉菌不是灾难，而是机遇。从此，他改变了工作方向，开始专注于研究霉菌如何抑制细菌。最终，经过鉴定，这种霉菌是青霉菌。弗莱明将其提取物称为青霉素，第一种抗生素就这样诞生了。

意外发现也开启了癌症化疗的时代。芥子气在第一次世界大战和第二次世界大战中被用作生化武器，它会导致眼睛、皮肤和呼吸道的严重烧伤。它的破坏力是如此可怕，以致其生产和储存最终被国际条约禁止。斯图尔特·亚历山大（Stewart Alexander）医生在意大利巴里治疗遭到德国人喷洒芥子气攻击的受害者时，注意到一个意外现象——受害者的白细胞被抑制了，大多数科学家只会简单地将这一事实添加到芥子气的影响列表中，但亚历山大医生打破了这个思维惯性。因为癌细胞是所有细胞中分裂得最快的，所以他推断，既然芥子气能够阻止快速增长的白细胞进行分裂，那么这种药剂或许可以用于治疗癌症。事实上，在经过动物和人体实验之后，芥子衍生物盐酸氮芥（Mustine）成了第一种用于治疗白血病的化疗药物。

意外发现是一种偶然的反向思维。一个同样有效的创造性策略是创造一个有目的的思维逆转。在达尔文生活的那个时代，关于生命是如何形成的主流信仰是神创论。人们认为，上帝创造了所有物种作为他关爱的完美体现。达尔文颠覆了这一观点。他在自然选择理论中提出，通过在一场残酷的生存斗争中胜出而获得主导地位的变异最初是随机产生的，上帝的关爱与大自然推动物种进化的随机机制毫无关系。

工具 9：重新组合排列。格言"重新摆放泰坦尼克号上的躺椅"带有讽刺意味，用于形容做了无用之事。但是，对以前的想法进行重新组合排列或找到它们不寻常的用途绝不是无用的。一旦我们被告知某一物体的用途，我们就被固定在那个特定用途或功能上，格式塔心理学家卡尔·邓克尔（Karl Duncker）称这种倾向为"功能固着"。有一个例子很经典：给受试者一支蜡烛、一盒火柴和一盒图钉，要求他们把蜡烛固定在墙上。大多数受试者都试图用图钉将蜡烛固定在墙上，或者把蜡烛熔化后粘到墙上（结果是这两种方法都不管用）。其实，诀窍是把图钉从盒子里拿出来，把蜡烛放在盒子里，然后用图钉把盒子固定在墙上。大多数受试者都被难住了，因为他们不会想到要改变盒子的功能，使它成为蜡烛的底座。相比之下，创新者似乎完全不会受到功能固着倾向的影响。

爱迪生是运用重新组合排列工具的大师。留声机作为他标志性的技术革新之一，只不过是将之前的发明加以组合而已。电报中继器是爱迪生已经获得专利的一项发明，用于电报信息的记录、存储和之后的回放。声波振记器是利昂·斯科特（Leon Scott）的一项发明，它可以记录膜片随着声波振动而产生的移动。斯科特将一张涂有油烟的纸固定在一个旋转的圆筒上，用看得见的方式记录声音。爱迪生的留声机把两种功能组合在了一起：在旋转圆筒上录音，以及信息的存储和回放。一个连接在膜片上的金属针将听觉振动记录到留声机覆盖有一张锡箔纸的旋转圆筒上。第二个膜片就像最初录制时那样将声音播放出来。作为电报中继器的语音版本，留声机在技术上引起了轰动。

不同学科的结合也能产生不同寻常的见解。当城市规划专家、地理信息专家和营养学家一起研究食品店的位置时，他们意识到，贫穷的城市社区往往缺乏营养食品，这一事实将贫困和肥胖联系了起来。新型的药物缓释系统在纳米颗粒工程师与药理学家的通力合作下诞生。不同学科间的互动催生出了全新的研究领域，如生物工程、遗传流行病学、天体物理学、神经精神药理学等。

工具 10：群体的力量。即使科学家们看起来像独行侠，但他们也是在一个由同事、导师和学习榜样组成的网络中工作的。因此，尽管人们普遍认为某项发现或发明是由一个人完成的，但这个人的成功几乎总是建立在他人工作的基础上。

被认为是詹姆斯·沃森（James Watson）和弗朗西斯·克里克（Francis Crick）发现的DNA结构，实际上是群体科学的成果。如果两人没有看到罗莎琳德·富兰克林（Rosalind Franklin）拍摄的X射线晶体学照片，他们就永远不可能解决这个问题。在沃森和克里克“破解密码”前几个月召开的一次会议上，所有想要解开DNA结构之谜的科学家们聚在一起分享数据和见解。富兰克林拍摄的照片上模糊的DNA螺旋状轮廓给沃森和克里克（他们的文章和富兰克林的晶体学数据同时在《自然》杂志上发表）提供了一条关键线索。

甚至连爱因斯坦，一个公认的非凡天才，也是站在如伽利略（Galileo）、牛顿（Newton）、普朗克（Plank）和麦克斯韦（Maxwell）等巨人的肩膀之上。如果没有他人积累的实验知识，爱因斯坦不可能设计出他那令人震惊的关于自然运行的理论。

在21世纪，社交网络、自组织团体和开源的力量将公共学术和创造力推向了顶峰。由数千名自愿的内容贡献者和编辑撰写的在线百科全书——维基百科（Wikipedia）已经成为全球信息的一个来源。视频分享平台YouTube已经成为展现创造才能的重要平台。Linux是一个开源操作系统，由价值高达10亿美元的免费工时创造而成。我们在本书后文中将会看到，这种热情合作的载体——互联网也是群体发明的产物。

工具11：认知框架转换。人的常规思维会受到习惯性模式的束缚，语言学家称之为“认知框架”。认知框架是我们用来解释新信息的预设条件。它们让我们能够用一种由假定的准则组成、通用且高效的思维方式来思考和说话。如果没有认知框架，科学家们将不得不在每次思考或行动之前不断地检查他们的假设。在一个没有认知框架的科学世界中工作，意味着每个实验都必须从基本原理开始。实际上，这样会让人崩溃。

同时，认知框架具有内在约束性。在最近的一项实验中，受试者被要求在阅读一份简短的描述后，为社区中不断上升的犯罪率设计解决方案。当犯罪被刻画为一种传染病时，受试者提出了诸如减少贫困和增加教育等社会解决方案。当犯罪被比喻为野兽时，受试者选择了带有惩罚性的法律干预。此类实验告诉我们，我们的信念、态度和行为都会受到对环境的认知框架的引导。

想想19世纪六七十年代之前，在罗伯特·科赫（Robert Koch）、巴斯德等人建立细菌理论之前，当一名科学家会是什么样子。虽然自1670年安东·范·列文虎克（Anton van Leeuwenhoek）观察到植物和动物的细胞并发现细菌时，显微镜就已经问世了，但是细菌的存在意味着什么呢？当然现在我们会立即知道病变组织中的细菌是致病因子。然而，在细菌理论诞生之前，科学家们不会想到这样的解释。相反，他们会认同“细菌是自发产生的”这样的观点。如果细菌会毫无缘由地出现在发臭的肉中，那么它们不也会在人体器官中自发产生吗？直到巴斯德和科赫发现某些特定疾病是由特定细菌引起的，科学家和临床医生才有了一个理解传染病的起源和传播的认知框架。在细菌理论这样的颠覆性创新产生之前，人们认为疾病无处不在，也无法预防。随后，约瑟夫·李斯特（Joseph Lister）作为先驱，开启了抗菌之路。

达尔文颠覆了神创论的认知框架（在科学上也被称为“范式”），用进化论取而代之。卢瑟福打破了原子不可再分的范式，用亚原子粒子存在的证据取而代之。蒙台梭利推翻了知识必须由长者传授给孩子的假设，相反，她证明了孩子们可以成为自己最好的老师。

托马斯·库恩（Thomas Kuhn）在他关于科学过程的经典论述《科学革命的结构》（*The Structure of Scientific Revolutions*）中对“常规科学”和“科学革命”进行了区分。他认为，绝大多数科学家所从事的工作是对公认的理论进行完善和阐释。换句话说，库恩认为在常规科学中，认知框架是神圣不可侵犯的。库恩把颠覆性创新称为“范式转变”。他把它们想象成不常见的、周期性的破坏，它们代表着从根本上改变了科学世界观的深刻见解。我们也可以称之为打破认知框架，但这两个术语都意味着颠覆关于自然的基本假设，将带来未知甚至令人担忧的影响。

并不是每个人都同意库恩关于认知框架转换的观点。持反对意见的学者们认为常规科学也充满了创新，其中就包括《人类理解》（*Human Understanding*）一书的作者史蒂芬·图尔敏（Stephen Toulmin）。根据图尔敏的观点，进步产生可能是通过信念的缓慢侵蚀，而不是信念的突然消失。在接下来的章节中，我们将会看到，需要转换认知框架的颠覆性创新（类似库恩的观点）和不需要打破认知框架的渐进性创新（类似图尔敏的观点），这两个过程都是社会变革的强大力量。可是，这又引出了一个有趣的问题：认知框架转换的创新与非认知框架转换的创新有本质区别吗？我们将在下面几章中探讨这个问题。

总而言之，达尔文实际上用到了所有的创新工具（见图 3.1）。每种工具都是有益的，合在一起便具有了变革性。创新工具箱中有许多工具是寻常科学家每天都在使用的。使用其中的多种工具，特别是当熟练使用和组合使用时，可以成为天才的助力。其他那些天才科学家和发明家使用这些工具的普遍性和一致性又如何呢？接下来几章的故事将会回答这个问题。

	提出正确的问题	群体的力量	类比	重新组合排列	观察	归纳演绎	改变观点	拓宽视角	剖析问题	反向思维	认知框架转换	自主性	开放性	坚韧性
达尔文	🔧	🔧	🔧	🔧	🔧	🔧	🔧	🔧	🔧	🔧	🔧	🔧	🔧	🔧

图 3.1　达尔文：创新工具及特征

C——04 hapter

第 4 章

奇迹创造者

玛丽亚·蒙台梭利

Maria Montessori

科学史学家认为存在这样的黄金时期：科学进步的步伐是狂热的，随之而来的社会变革的步伐也是狂热的。毫无疑问，19 世纪至 20 世纪之交就是这样一个黄金时期。在瑞士，没过几年，爱因斯坦就到他的“奇迹年”了，在那一年中，他发表了一系列堪称具有划时代意义的学术论文。奥地利的西格蒙德·弗洛伊德（Sigmund Freud）正在开发一种革命性的新方法，叫做精神分析。意大利的古列尔莫·马可尼（Guglielmo Marconi）即将接收到第一个来自大西洋彼岸的无线电信号，并建立起一个通信帝国。威廉·伦琴（Wilhelm Roentgen）在德国发现的X射线为研究核物理学提供了一个突破口。20 年前，美国人托马斯·爱迪生已经发明了电灯泡。10 年后，亨利·福特（Henry Ford）将要制造出第一条汽车装配流水线。

与此同时，在罗马的一家精神病诊所内，一名“菜鸟”医生正在为如何改善发育障碍儿童的生活伤脑筋。这是一个没有人愿意去思考的问题，人们认为这些孩子毫无疑问就是智力低下，没有什么能改变这一点。但是，在这位最独特创新者的仔细观察下，这些对心智异常孩子的观察结果将导致人们对教育见解的彻底转变。并且，“蒙台梭利”也将成为一个家喻户晓的名字。

1870 年，玛丽亚·蒙台梭利在意大利的安科纳出生。在举家迁到罗马后，蒙台梭利的家人虽然愿意让她继续接受高等教育，但希望她能成为一名教师，当时人们认为这一传统职业对聪明且充满活力的“现代”女性来说，是不二之选。但蒙台梭利志不在此。她不顾老师和家人的反对，选择在一所男子技工学校进行学习，并立志要当一名工程师。后来，当她决定要成为一名医生时，人们认为她的志向是可耻的，并且她的父亲和罗马大学的临床医学教授都告诉她这是不可能的。尽管如此，蒙台梭利还是进入了这所大学学习数学、物理和自然科学。当她在所有科目上都表现出色时，学校才最终让步。在那个年代，要想获得医学学位不仅需要完成课程学习，还需要进行学术研究。鉴于蒙台梭利在1896年提交的论文质量是如此出色，堪称典范，审查委员会无奈之下只能授予她全日制医学学位。由此，她成为意大利第一位女医生。事实上，罗马大学不仅授予她学位，还认可了她的坚韧和智慧，为她提供了继续在精神病诊所担任助理医生的工作机会。

当时，人们还没有对心理健康进行亚类划分：精神错乱和发育障碍被同等（且很糟糕地）对待。儿童和成年人一样，都被关在荒凉的地方，忍受着贫困和孤立。蒙台梭利的部分职责是前往罗马周围的每一个收容所，为大学诊所挑选合适的病人。蒙台梭利目睹的状况激起了她对这些可怜人的极大同情。她感到特别震惊的是这些孩子们对刺激的渴望。他们会伸手去抓东西，甚至在吃饱后还会在地上搜寻食物的碎屑，只是为了有东西可以摆弄。于是，这位年轻的医生大胆地推论道：与智力低下相关的发育迟缓可能不仅仅取决于自身性情，同时也与环境有关。

蒙台梭利首先提出了一个大胆的问题：在某种程度上，智力低下是否不仅是儿童天生的发育问题，也是教育方式的问题？如果是这样，教育能否成为促进他们发展的手段？由于将智力低下的儿童隔离在死气沉沉的机构在当时是合规的，因此这个问题探讨的是基本假设或认知框架。它勇敢地挑战了冷漠的医疗系统，实际上，它暗示了社会态度需要彻底改变。

蒙台梭利受过的医学训练让她认识到，要回答自己的问题，第一步是要以前人的研究为基础，吸收前人的研究成果。她开始阅读过去 200 年来所有关于教育理论的重要论文。虽然今天我们认为教育影响行为是理所当然的，但在当时，这一理念几乎没有得到关注，更没有得到系统的研究。只有少数教育家研究过教育方法带来的生理和心理影响，但这些人，包括福禄贝尔（Froebel）、裴斯泰洛齐（Pestalozzi）和塞根（Seguin），几乎不为人知。但是，蒙台梭利发现他们的工作还处在萌芽阶段，这恰恰暗示了她实现自己所追求目标的可能性。她了解到，通过指导使精神病患者康复是可能的。

蒙台梭利认为她发现了自己的使命所在。在付出诸多努力获得医学学位后，她却从医疗实践领域跳进了教育研究这一未知领域。这位医生出身的教育家成了第一所国立特殊儿童学校的联合校长。来自意大利各地的发育障碍儿童被带到学校，在蒙台梭利的理论和方法的指导下生活和学习，她当时一边使用着这些方法，一边对其进行着改进。教学结束时，大多数学生已经取得了相当程度的发展进步，许多学生都能成功地通过国家考试，进入到一般只有正常儿童才能进入的公立学校。

蒙台梭利的神奇方法是什么？许多孩子一生都被忽视，从未受过教育，他们怎么能达到传统学校里智力正常孩子的水平呢？答案在于蒙台梭利运用创新工具来发展变革性的教育理论和实践。

蒙台梭利最常使用的也是对其产生最大影响的创新工具是观察。她会用几个小时、几天甚至几周的时间只是简单地、有条理地观察孩子们与环境的互动情况。蒙台梭利发现，当孩子们自由行动时，他们会全神贯注于某一个物体或活动。其中，有一个孩子会一遍又一遍地重复一项活动直到她似乎有能力完成为止，在此过程中她有时会很激动不安，但之后便进入一种愉快的放松状态，甚至试图帮助其他孩子完成同样的活动。那孩子就好像打开了一个开关。蒙台梭利认为她所看到的这一切在以前根本无法想象，孩子们正在自学。儿童的自学现象与传统观念相矛盾，传统观念一直认为，儿童在社会中地位低下，学习也是大人手把手传给孩子的礼物。

为了进一步验证这一观察结果及其意义，蒙台梭利开始从孩子的角度思考。她想，如果我是个孩子，当我每次试图控制环境时，所有的途径都会被剥夺，我会有什么反应？若我被送到学校去学习，然后发现只能静静地坐在那儿看着，不能自己进行尝试，那会是什么感觉？如果我像个小的洋娃娃一样被周围的人一直控制着，可能会因为动作太慢或不正确而不能自己做任何事，那会怎么样呢？

蒙台梭利讲述过一个六个月左右大的女婴的故事。当把拨浪鼓给她时，她一次又一次地把拨浪鼓掉在地上。她松开拨浪鼓的时候并没有看着拨浪鼓，她看着的是自己的小手。经过更仔细的观察，蒙台梭利注意到这个婴儿有计划地改变了松开拨浪鼓的动作，她每次会打开一根手指，然后看拨浪鼓会不会掉落。在掉落的东西被人拿走的时候，还有一些婴儿会放声大哭。如果这个女婴的母亲把掉在地上的拨浪鼓拿走，她也会哭起来，她的母亲会认为这是在毫无根据地发脾气。正常情况下，我们早已会按照成人的标准来判断婴儿的反应。但蒙台梭利意识到，这个女婴不是出于任性才松开拨浪鼓，她是出于想要了解自己双手的能力才这样做的。

在从孩子的角度来看待世界的过程中，蒙台梭利开始意识到，孩子们的行为都是被迫的。例如，孩子被迫生活在一个幻想世界，因为他的生活环境中只有故事和玩具。当孩子希望通过学习如何参与现实生活中的活动来获得自主权时，他失败了。人们认为打扫卫生和做饭不适合孩子来干，就算成年人想要教孩子这些技能。但从孩子的角度来看，一切都发生在一个不舒服且尴尬的环境里，即使不是完全不可能，也会很困难。蒙台梭利开始相信，取消日常活动对孩子来说不是一种解脱，而是一种挫败。

类比也给蒙台梭利带来了新的见解。她先是着眼于大自然，观察动物幼崽是如何被对待的。她注意到，动物妈妈在分娩后，会把它们的后代藏起来一段时间。从离开子宫到活蹦乱跳，这中间需要一个过渡，避光和远离其他动物有助于确保过渡过程尽可能顺利、安全。相比之下，人类小孩出生后，母亲能够得到喘息和休整，但孩子却被置于明亮的灯光下，暴露在一群陌生人面前。在蒙台梭利看来，这说明人们没有考虑儿童的需求。

蒙台梭利开始相信儿童的需求遭到了忽视，不仅如此，更糟糕的是，他们受到了压迫。启发蒙台梭利思想的第二个类比是奴役。她说："人权从未像儿童的权利这样受到如此漠视。"就在几十年前，美国南北战争为美国非裔奴隶赢得了自由。奴隶制存在的主要理由之一是，奴隶的智力尚未发育到足以独立生存的程度。许多南方人声称，那些奴隶像"孩子似的"。蒙台梭利认为，儿童也受到了"奴役"，因此需要重新获得独立和尊严。

到现在为止，蒙台梭利的思想已经经历了几个不断扩大的阶段：（1）环境可能是影响儿童发展的因素；（2）教育会影响正常儿童的进步；（3）儿童的自学现象使她想到一种更加以儿童为中心的教学方法；（4）道德唤起了一种以儿童获得尊重和尊严的权利为基础的教育制度。这些观念越来越重要。

现在，蒙台梭利不只是提出一些小的解决方案而已。她呼吁建立一个以尊重为基础、以儿童为中心的课程体系，这呼吁简直惊天动地。

孩子们将不再依赖和顺从，恰恰相反，他们将独立而自信。蒙台梭利认为，孩子们并不是不能自理，他们是在成长；他们很自然的冲动不应该被压抑，而应该被激发，以促进他们自己的进步和快乐。

因此，蒙台梭利教育法源于认知框架的一种转换，这种转换反驳了一种长久以来的观念，人们的态度一直是“大人说话，小孩别插嘴”。在蒙台梭利教育法中，允许孩子们自我成长。孩子们选择自己的活动，按自己的节奏工作。[①]蒙台梭利从成年人手中把控制权夺了过来，把它交给了那些以前从未拥有过的人。

蒙台梭利的认知框架转换使她完整地回答了她最初的问题：在某种程度上，智力低下是否不仅是儿童天生的发育问题，也是教育方式的问题？如果从儿童特有的情绪爆发到个体的智力发育迟缓，一切都是因为受环境影响呢？现在，蒙台梭利将使用另一个类比：精神分析学。精神病学家在患者的经历中寻找行为的原因。蒙台梭利认为，儿童的异常行为源于一种“埋藏在人类的社会潜意识中”的动机。她主张，如果孩子们得不到应有的尊重，不能被有尊严地对待，他们唯一的办法就是采取行动。正如每一种行为都会引起相应的反应一样，无情的成年人对孩子建设性冲动的扭曲会导致其行为异常。蒙台梭利报告称，在应用了以儿童为中心的方法后，被视为童年一部分的退化性举止完全消失了。

在国立特殊儿童学校取得如此显著的成果后，蒙台梭利开始考虑是否可以更广泛地应用她的方法。她认为，也许终极问题应该是：她的方法给智力低下儿童带来的好处是否也会出现在正常儿童身上？一般情况下，教育能否真的成为培养儿童成功发展的手段？带着这些雄

① 在蒙台梭利教育法中，工作是一个非常重要的概念，指的是儿童在“有准备的环境”中和环境相互作用的活动。——译者注

心勃勃的问题，她决定回到大学学习人类学和心理学，以扩展和丰富自己的方法。可是，将方法转移应用并不容易。她又花了 6 年时间，才为正常儿童开发了一种以儿童为中心的综合教育方法。

圣洛伦佐的面积占罗马的四分之一，是罗马最贫穷的地方之一。为缓解过度拥挤的状况，两栋普通的公寓大楼被修建了起来。父母们外出工作时，学龄前的孩子们在大楼内到处乱跑，肆意破坏公寓和楼梯。这些“小恶魔”必须得找人来管教一下了，所以家长们尽管资金有限，但最终还是同意聘请一位老师。他们的选择就是蒙台梭利。

这正是蒙台梭利一直在寻找的机会，如果取得成效，就可以证明任何一个孩子只要允许自我实现都可以“改过自新”。当教室里配备了儿童桌椅，让孩子们自由探索各种各样的物体时，蒙台梭利的理论得到了证实。她只是让“环境……教育孩子”，儿童之家（Casa dei Bambini，意大利语，蒙台梭利给她的学校起的名字）的孩子们就变得自律、守秩序并且听话了。这样的发展实在出人意料，以至于一些观察家声称这些孩子是被催眠了。

成熟的蒙台梭利教育法将孩子的“任务”定义为发展。在发展过程中，孩子拥有前所未有的灵活性。蒙台梭利非常仔细地剖析了哪些特定环境能够最有效地指导孩子学习。她开发了一系列木制工具来培养孩子发展特定的技能，蒙台梭利教育法的实践者称之为“教具”。这些教具都是按主题和复杂性安排的，而一个孩子能否使用某个教具则取决于其学习的方向和速度。例如，某个孩子可以玩计数工具，但提供这个工具的前提是这个孩子参加过解释性课程，而在这个孩子达到适当的成熟水平之前，是不会教授这门课程的。

蒙台梭利将老师描述为一个观察者和向导。老师作为权威人物的作用既不是下命令也不是做出评判，而是进行赋能。事实上，同伴在教学中扮演的角色和老师一样重要甚至更重要。蒙台梭利学校的课堂上通常包括 2—6 岁这样年龄跨度大的混合年龄组学生。孩子们既互相支持，也互相挑战。因为经验较少的孩子需要学习，同时更有经验的孩子会学习如何教那些经验更少的孩子，孩子之间就自然形成了配对。

时至今日，传统的蒙台梭利学校环境既没有成绩等级，也没有其他的外部激励。因为这些措施被认为会让孩子变得消极。孩子们行动的动力全部来自对操控那些精心设计后具有吸引力甚至诱人的教具的好奇心。这种方法可以培养一种内在动力。

蒙台梭利写了几本书来描述她的发现，包括《蒙台梭利教育法》（*Montessori Method*）和《教育人类学》（*Pedagogic Anthropology*）。她提出幼儿的学习分为三个阶段：准备阶段，与物体的互动阶段，以及使人清醒的内在心理活动阶段。她说，如果这些阶段被打乱，孩子就会变得心烦意乱并表现出来。因此，当允许孩子在环境约束下独立时，他们表现得最好。1—3 岁的孩子们想自己收拾东西或者把收拾好的东西再拿出来，他们更喜欢工作而不是娱乐，他们认为奖励和惩罚只不过是干扰而已。在 4—5 岁时，孩子们甚至自发地开始写作。

世界各地都报道了儿童之家的有关情况，这为蒙台梭利引来了许多来访者。来访者们都要亲眼看看这些“奇迹儿童”，而且许多人把蒙台梭利的教育法带回了自己的国家。在美国（由爱因斯坦引进）、澳大利亚、英国，在澳大利亚新南威尔士州的每一个幼儿园，蒙台梭利的教育法都产生了惊人的效果。到 1913 年，玛丽亚·蒙台梭利的才华已经得到了弗洛伊德、亚历山大·格雷厄姆·贝尔以及爱因斯坦的认可。1918 年，她在旧金山世界博览会上展示了一间蒙台梭利教室，教室向公众开放了 4 个月，赢得了博览会上仅有的两枚金牌。蒙台梭利曾先后6次获得诺贝尔和平奖提名，她的工作还启发了有史以来最具影响力的发展心理学家之一的让-保罗·皮亚杰（Jean-Paul Piaget，他在日内瓦管理着一所蒙台梭利类型的学校，也是瑞士蒙台梭利协会的负责人）。

今天，蒙台梭利教育法已遍布世界各地，除南极洲以外的每个洲都有它的身影。据估计，全世界约有2万所蒙台梭利学校。研究表明，在严格执行蒙台梭利教育法的情况下，无论是在阅读、数学，还是在高级社交技能的标准化测试中，蒙台梭利学前班的学生（与传统学前班的学生相比）的表现都更出色。有报道称年长的蒙台梭利学生比其他学校的学生拥有更强的动力和社区意识。在一项随机对照研究中，蒙台梭利学生的文章也明显更富创意。

蒙台梭利的思想永远散发着光芒，也不断地被重新发掘。最近很受欢迎的可汗学院（Khan Academy）将蒙台梭利自主学习的概念扩展到了一个基于网络的虚拟教室。可汗学院已经能够展现出许多与蒙台梭利学校相同的优势，例如，如果允许那些被认为“迟钝”的孩子自己调整节奏，他们往往会赶上甚至超过他们的同学。

注解蒙台梭利：创新工具的使用

蒙台梭利既不是催眠大师，也不是奇才。她是一位科学天才，在使用创新工具方面表现出了广泛的能力和令人印象深刻的灵活性。她称自己对儿童的观察是“尊重事实本身”的，这是她的新教育范式的一个标志。观察结果让她直觉地发现，孩子们渴望刺激，并且具有很强的自学能力。除了自己的观察结果外，她还利用了前人和同时代人的观察结果，利用群体的力量自学了人类学和心理学技能，并进一步验证了自己的假设。

观察与演绎相互作用。蒙台梭利“猜测”教育环境在某种程度上是儿童发展的一个关键因素。这个推论使她提出了一个正确的问题，而且是一个大胆的问题：在某种程度上，智力低下是否不仅是孩子们天生的发育问题，也是教育方式的问题？如果是这样，教育能否成为促进孩子们发展的手段？

蒙台梭利最深刻、最有力的方法之一是改变她的观点。孩子们的思想变成了她自己的思想。她并没有站在成年人的角度将管教看作是塑造孩子的必要手段，她从孩子的角度出发，认为殴打和斥责是对尊严的侵犯和侮辱。从孩子的角度来看，暴力引发暴力，因此，一个被贬低得如此厉害的孩子会以“不服从管教”来作为回应也是可以理解的。

作为一位思维灵活的大师，蒙台梭利能够拓宽和剖析她的教育项目中的各种要素。当她将目光从国立特殊儿童学校转向幼儿教育时，她是在拓宽自己的视角。她主张，智力低下儿童能够获得的好处，正常儿童也可能可以获得。但是，她也能注意到微小细节。特别是，她亲自设计了以儿童为中心的教学环境的每一个元素。

类比启发了蒙台梭利的思想，其中对奴役压迫的类比影响最为深刻，成为她的观点的主要根据之一。她认为，就像那些被认为“孩子似的”奴隶一样，孩子实际上是他们父母的私有财产。蒙台梭利由此开始相信，孩子们需要的是获得独立。

所有这些工具都使蒙台梭利能够反向思考和打破认知框架。最终，她的颠覆性转变推翻了一个“不言自明”的观念——只有成年人才能教育孩子。在蒙台梭利学校，孩子们受益于能够自学和教导别人的环境。蒙台梭利学校不仅提供良好的学习环境和丰富的群体交流，还是培养创造力的典范。学校对同伴互动和自我指导的支持现在被认为是创新生态系统的原型。蒙台梭利不仅自身富有创新精神，而且在她的学校里，蒙台梭利为培育下一代创造者留下了宝贵遗产。

	提出正确的问题	群体的力量	类比	重新组合排列	观察	归纳演绎	改变观点	拓宽视角	剖析问题	反向思维	认知框架转换	自主性	开放性	坚韧性
蒙台梭利	🔧	🔧	🔧		🔧	🔧	🔧	🔧	🔧	🔧	🔧	🔧	🔧	🔧

图 4.1　蒙台梭利：创新工具及特征

Chapter 05

第 5 章

弯曲时空

阿尔伯特·爱因斯坦

Albert Einstein

在现代社会，全球定位系统（Global Positioning Systems，GPS）就像微波炉一样无处不在，并且用途广泛，常被用来进行测绘、追踪和导航。但你有没有想过它是如何工作的呢？卫星发出信号后，需要利用三角定位原理确定我们汽车的位置，而全球定位系统能超精确地测量这个过程所需的时间。对于这种远距离精确测量时间的能力，我们该感谢谁呢？也许我们谁都猜不到，这个人就是阿尔伯特·爱因斯坦。

1905 年，爱因斯坦发表了四篇论文，彻底颠覆了物理学的核心原理。他的论文对世界运行方式进行了全新的解释，在此基础上催生出的现代科技改变了我们的日常生活，也加深了我们对探索宇宙的渴望。从爱因斯坦获得的赞誉来看，我们不难看出他对科学和社会的影响之巨大。他被称为现代物理学之父。为了纪念这位伟人，人们用“爱因斯坦”命名了一个公园、一座纪念碑、几项国际奖项和一种化学元素。1999 年，《时代》（*Time*）杂志在其 20 世纪的最后一期中将爱因斯坦评为“世纪人物”，国际公认的伟人如圣雄甘地（Mahatma Gandhi）和富兰克林·罗斯福（Franklin Roosevelt）等也只能甘拜下风。事实上，从隐喻意义上讲，“爱因斯坦”这个名字已经成为天才的同义词，如果我们认为一个人非凡卓越，我们会将其称为“爱因斯坦”。

爱因斯坦有着如此超人的智慧，他的思维过程如此独特和不同寻常，难道我们只能敬而远之地对其惊叹吗？那么有没有另外一种可能，爱因斯坦仅仅是“正常”创新思维的又一位非常成功的代言人呢？

在爱因斯坦发表论文最多的一年，他取得的突破催生出了物理学中三个不同的新领域，这一年通常被称作他的“奇迹年”。他从理论上解释说明了光电效应，即光既是粒子（从技术上讲是量子）又是波，从而推动了量子力学这一新领域的发展。就像一首儿歌里唱的那样：“髋骨连接着大腿骨，大腿骨连接着膝盖骨……”量子力学又催生出半导体；半导体是晶体管的组成部分；晶体管构成了计算机；计算机创造了互联网；而由此产生的应用程序，从谷歌（Google）到脸书（Facebook），已经重塑了社会。

爱因斯坦在他的“奇迹年”中发表的另一篇论文里，从统计学角度论证了分子（或原子）的存在。物理学家和化学家曾经认为原子只是一个理论的或虚拟的概念，而他的这篇论文将其转变为有实际大小的实体。此篇论文既开创了统计物理学领域，又为探索和计算原子提供了一种切实可行的实验方法。也许与普通人更相关的是，爱因斯坦的见解（在物理学家开始对原子的概念丧失兴趣的时候提出的）将科学带进了原子时代。随着科学新时代的到来，太空旅行、核能等应运而生，当然其中也包括核武器。

爱因斯坦在第三篇论文中提出了他最著名的方程：$E = mc^2$，描述了物质和能量的等效性。最后，在第四篇论文中，他提出了狭义相对论（为$E = mc^2$提供了理论基础）。这也许是最令人难以置信的突破，却不是他获得1921年诺贝尔奖的原因，他是因为发现了光电效应才获奖。不过，狭义相对论确实是物理学上的一次重大变革，它指出，在光速限制下，距离和空间都会被压缩，这预示着时空中有一个新的维度，同时它也预测了宇宙时空是弯曲的，这些对其他人来说都是难以想象的。爱因斯坦的这些理论既给我们带来了有用的东西（如GPS），也带来了令人困惑的东西（如黑洞）。

尽管爱因斯坦做出了巨大的贡献，但根据他自述中对自己思维方式的深入剖析可以证明，他所用的都是为人所熟知的方法，并没有那么的神秘莫测。爱因斯坦提出了最大胆、最“放肆”的问题，但他运用正常的创新工具回答了这些问题。

爱因斯坦不在乎他的问题有没有答案，以及有没有办法回答。他只关心它们是不是足够宏大和有助于从根本上去理解宇宙的本质。电磁和光的本质是什么？原子存在吗？它们是如何运动的？牛顿断言运动是相对的，但当我们知道真空中的光速总是恒定的时候，我们又怎么能继续执着地相信他呢？

除了能提出大胆的问题之外，爱因斯坦还有一种天赋，就是他能通过搜集一堆杂乱的、不一致的证据并剖析其共同本质来回答这些问题。也就是说，他可以将以前观点中最好的那部分重新排列组合为一个新的合适替代方案。尽管这样说似乎有些亵渎的味道，但这些重新排列所参考的许多基本思想和所有的实验数据确实不是都来源于爱因斯坦。他的天才之处在于将现有的证据融合起来，并且做一些改变。爱因斯坦在解决问题时加入了一些新元素，它们可能是来自另一个领域的现有观点，但它们通常都会打破认知框架，因为爱因斯坦会替换问题中的固有假设。不管怎样，重新排列组合加上爱因斯坦的新观念使得那些现有的想法和证据得以共存。

20 世纪初的物理学处于一种混乱的状态。自牛顿和伽利略时代以来公认的观点与关于原子行为的新理论和实验结果发生了激烈碰撞，换句话说，牛顿的经典力学定律似乎与更加现代的热力学和电磁学定律相冲突，从而产生了一系列悖论。

热力学是在 19 世纪发展起来的一门描述机器中能量流动并将其最大程度加以利用的学科。大约就在那个时候，越来越多的工业生产过程燃起了人们制造永动机的愿望，这一愿望点燃了热力学领域，最终却因热力学新定律的发现而破灭。热力学第二定律指出，如果没有新的能量输入，就不可能无限地将热能转化为功。这是因为哪里有能量，哪里就有熵。熵总是增加的，原子就会自然地由于熵增而失去能量，总是从一个较热的状态变为一个较冷的状态。融化的冰块在没有能量（比如来自冰箱）输入的情况下不会再次冻结，这一过程是单向不可逆的。而经典力学认为，由于热能只是影响原子的动能，那么原子A撞击原子B，或者原子B撞击原子A是一样的，即相互作用都是可逆的。所以，根据热力学，显然需要冰箱来制作冰块。相反，牛顿力学预测，冰块中的原子应该完全能够冻结，就像它们在室温下能够融化一样。

物理学走到了一个十字路口。大多数专家都拒绝抛弃热力学中那些非常吸引人的原理。人们纷纷反问，经典力学有可能是错的吗？或者原子并不是真实存在的，只是一个理论概念？

如何解决这一悖论引起了人们极大的兴趣。原子真的存在吗？它能解释热力学和经典力学之间的矛盾吗？爱因斯坦这一问题可谓占尽天时地利。事实上，爱因斯坦不知道的是，物理学家路德维希·玻尔兹曼（Ludwig Boltzman）和J.威拉德·吉布斯（J. Willard Gibbs）已经找到了一个解决方案——热力学第二定律可以通过分子四处跳动的事实来理解。在不知情的情况下，爱因斯坦在一系列论文中重复了他们的工作（他的文献库有限），并最终在1905年发表了一篇影响力巨大的论文[①]。但爱因斯坦也扩展了他们的研究成果，因为在那篇论文中，爱因斯坦大胆地用统计学重新包装了他们的观点。

原子存在的证据来自生物学上的一个类比。布朗运动是小的有机体的不规则运动。它最初由英国植物学家罗伯特·布朗（Robert

① 即《论动体的电动力学》。——编者注

Brown）发现，用来描述漂浮在池塘顶部的那些微粒的运动。布朗曾将它们不停歇的、无规则的运动描述为“群游现象”。爱因斯坦假设原子也会表现出群游现象，他的原子间随机相互作用的统计模型使他能够在不违反经典力学的情况下解释热力学第二定律。而且，爱因斯坦计算出了原子的大小，他提出如果使用显微镜的技术人员有足够强大的工具，就可以轻易地看见原子。

因此，爱因斯坦不是通过发现新的物理定律或定理来证明原子存在的。他也没有试图在对立阵营之间做出判断。相反，他将现有认知框架与一条新信息（原子的运动）和一种新方法（统计物理学）结合了起来，后者本身就是两个现有学科的结合。这是一个运用创新工具的精彩例子，涉及三种截然不同的创新工具：提出正确的问题、类比和重新组合排列。

在爱因斯坦 1905 年发表的所有论文中，关于狭义相对论的那一篇极具变革性。构成爱因斯坦狭义相对论的两个假设是：（1）物体的运动相对于观察者的参照系而存在；（2）与参照系无关，光速在真空中是恒定的。但可以肯定的是，这两个假设是相互矛盾的。运动怎么可能同时既是相对的又是恒定的呢？爱因斯坦再一次将一些前所未闻的东西纳入了讨论，使问题得以解决。在这种情况下，“前所未闻”的元素与原本的认知框架相差如此之大，似乎是对我们基本假设的一个几乎难以想象的挑战，也是将相对性假设与光速恒定性联系起来所需要的线索。

相对性假设是指［使用爱因斯坦在他的《相对论：狭义与广义相对论》（*Relativity: The Special and General Theory*）一书中自己的解释］，如果一块石头掉到地上，它的轨迹并不会是某种固定的、真实的路径。事实上，不同的观察者可能会看到不同的轨迹。换句话说，轨迹是相对于观察者的参照位置而言的。爱因斯坦举了一个例子，一名乘客在行驶的火车上扔了块石头到铁轨上。这名乘客看到石头笔直地掉了下来。然而，站在铁轨旁边的路人会看到石头的下落轨迹为抛物线。谁是正确的？他们都正确。运动是相对于在任何惯性（非加速）坐标系中移动的观察者的视角而言的。这个假设一点也不新鲜，它是经典力学的一个一般性特征，由牛顿和伽利略提出，并为地球围绕太阳公转这一观点提供了根据。

第二个光速恒定的假设似乎简单易懂——大多数小学生都知道光速是3亿米/秒。但如果你思考一下光速恒定的含义，会发现其实它的含义很奇怪。詹姆斯·卡卡里奥斯（James Kakalios）的《迷人又有趣的量子力学》（*The Amazing Story of Quantum Mechanics*）一书提供了一个例子：想象一下，你正驾驶着一辆汽车，旁边有辆卡车行驶得比你快一点，并且正慢慢地靠近你。你把脚踩在刹车上，但卡车并没有从你身边飞驰而过，而是继续慢慢开过来。你加速，卡车还是慢慢开过来。这是独立于运动参照系的恒速运动。但同样，这并不是爱因斯坦提出的新想法。1676年，丹麦天文学家奥勒·罗默（Ole Romer）首次提出了光的恒常性。根据对木星及其卫星的观察，他指出，由于日食光线到达地球所需的时间恒定，当它的卫星距离地球最远和距离地球最近时，这两种日食会有所不同。后来，詹姆斯·麦克斯韦从理论上证实了光速恒定，他在1862年左右提出光是电磁波的一种形式。

整个19世纪末，物理学界都在为能够找到一个可以同时解释相对性（经典力学）和光的恒常性（电磁学）的答案而争先恐后。但出现的所有解释都是一些特例。爱因斯坦并没有试图寻找另外的解释，他回到了第一性原理——事实上，他支持的假设在第一性原理之前就已经存在。

我们测量运动，本质上是在测量时间。爱因斯坦直接推翻了时间不变的观念，并用相反的理论取而代之：时间是相对的（就像那块从火车上扔出的石头的轨迹一样）。他要求我们重新考虑一些我们认为是理所当然的东西，即速度被定义为在一段特定时间内移动的距离。速度会改变，但时间不会，当你的车以60英里/时的速度行驶时，车在移动，它所花的时间虽然可以测量，但并不随着车速的变化而变化。爱因斯坦的理论突破是，他指出了时间的恒定不变不是靠观察确定的——它只是一种假设。

假设（正如爱因斯坦所解释的那样）闪电击中了火车沿线的两个地方（A点和B点）。你站在两个击中点的中间（M点），通过巧妙地利用镜子，你可以同时看到A和B。为了证明这两个地方是同时被击中的，你提议在镜子中进行简单的观察，看两道闪电是否同时出现。但爱因斯坦指出："只要你知道……光线沿A→M传播的速度与沿B→M传播的速度是相同的，你的假设就会是正确的。但是，只有当我们已经有了测量时间的方法时，才有可能对这一假设进行检验。"换句话说，爱因斯坦不愿意假定每个向量的时间都是相同的，他要求测量两个向量的时间。

最终（需通过一个数学证明，因过于复杂无法在这里再现），爱因斯坦证明了时间确实不是恒定不变的。像运动一样，它是相对于观察者的参考点而言的。同样地，爱因斯坦证明了距离也是相对于参照物的。因此，测量一列火车的长度时，从另一列正在行驶的火车上测得的结果可能与站着的路人测得的结果不同。最初，爱因斯坦使用洛伦兹变换方程进行了数学上的论证。随后，爱因斯坦的狭义相对论被其他人通过实验和观察实现了经验性证明。通过演绎和归纳推理，当速度接近光速时，时间和距离都不是不变的。

爱因斯坦通过质疑基本假设，再一次打破了现有的认知框架。他推断，如果当时流行的观念是不正确的，时间和距离都是相对的，那么运动的相对性原理和光速不变原理就可以协调一致。如果有人质疑并阐明更基本的假设，那就没有必要抛弃早已存在的观察结果或理论。但是，爱因斯坦认知框架转换的结果令人难以置信。现实世界中，物体的运动速度远比光速慢，所以我们没有觉察到时间和距离的相对性，但当物体的速度接近光速时，时间和距离会收缩。对我们来说，时钟会变慢，尺子会变短。爱因斯坦已经接受了这些“怪事”，他无所畏惧。

出众的才智确实驱使爱因斯坦去追求这些既大胆又充满想象力的想法，但他的个性也起到了推动作用。爱因斯坦出生于德国，父母都是不信教的犹太人，父亲是一名工程师。爱因斯坦认为自己是个充满好奇心的孩子。正如在他 67 岁时所作的“有点像我自己讣告”的《自述》（*Autobiographical Notes*）中记载的那样：“……当一种经历与我们已经完全固定的概念世界发生冲突时，这种‘疑惑’似乎就会产生……在我还是一个四五岁孩子的时候，我就体验过这样的疑惑。我的父亲给我看了一个指南针，那根针总是指着固定的方向，这根本不符合事物的本质，而事物的本质可以在无意识的概念世界中寻得一席之地……事物背后一定隐藏着一些深层次的东西。”这段话预示着爱因斯坦对假设的探索倾向。由于爱因斯坦充满好奇，他受的大部分教育都是在课堂之外完成的。他认为，传统教育抑制了求知欲。“事实上，”他写道，“现代教学方法没有完全扼杀掉探究的好奇心，这简直就是一个奇迹，因为这种娇嫩的‘小苗’除了鼓励外，主要是需要自由。”还是孩子的时候，爱因斯坦就开始制作机械装备和模型，12 岁时，他就已经可以独立阅读数学和科学哲学方面的书籍。

爱因斯坦还很顽强。他写道："并不是我有多么聪明，只是我与问题相处的时间更长。"事实上，他可以把自己关起来，一连几天甚至几周地思考问题，这种能力已经成了传奇。

"意志坚强"这四个字并不足以形容爱因斯坦的独立学术思维。他从苏黎世联邦理工学院（Zurich Polytechnic）毕业并获得教学学位（teaching degree）时，已经惹恼了很多教授，所以找不到任何教职工作。爱因斯坦对自己科学才能的信心很容易被理解为固执。科学正统观念的束缚是他所不能容忍的。幸运的是，在一个朋友父亲的帮助下，爱因斯坦在瑞士专利局找到了一份工作。事实证明，爱因斯坦极其幸运，因为他能在第一时间接触到那些领先的新技术（这是申请专利的前提），他不仅有大把空闲时间，还能接触到一群非常聪明和愿意倾听的同事，因此可以跟同事们分享自己的想法。

爱因斯坦解决问题的反传统方法包括使用视觉图像。在一个改变观点的经典例子中，他经常进行所谓的"思维实验"。这些近乎梦境般的想象使爱因斯坦能够将一个复杂的问题分解成易于理解的部分。几何学是一门涉及图像和实物的学科，在早期特别吸引爱因斯坦，并可能推动他形成了自己的视觉方法。他写道："（几何学）的清晰和确定性给我留下了深刻的印象。"例如，有一个思维实验帮助他形成了狭义相对论，他的解释如下：回想一下我们之前讨论过的火车的场景。这一次，一名男子正在车内行走，并且和火车的行进方向一致。一名路人正看着火车，试图弄清楚车内的男子走了多少距离。换句话说，在男子和火车都分别以一定的速度（以秒计）前进的条件下，路人想知道该男子在 1 秒钟内走了多少距离。公式是距离 = 速度 × 时间（例如，男子以 60 英里/时的速度行走了 1 小时，那他移动的距离就是

60 英里）。根据经典牛顿物理学，在路人看来，该男子每秒所走的距离为 =［男子的行走速度（v）+ 火车行驶速度（w）］×1 秒（行人和火车的速度单位均为米/秒）。

现在，爱因斯坦让我们想象有一束光正沿着铁路线移动，火车也在沿着铁路线移动，尽管后者的速度明显要慢得多。就像上文中前进的男子和火车，但在这里，光速（c）取代了男子步行的速度。从路人的角度来看，现在是D =（$w+c$）× 时间。解方程可得光速c = D÷时间−w。但这是不可能的。这个方程说的是，光在一秒内移动的距离比它应该移动的距离要短——它的速度小于c。然而，我们知道光速总是一个常数（c）。经典力学定律中，运动（速度）的测量要基于每个人的相对位置，恰好与光速的恒定不变相冲突。爱因斯坦的思维实验让他自己（和我们）清楚地看到了这个悖论。

爱因斯坦的想象不是轻易就能成功的。“我一直在思考，月复一月，年复一年。99 次，我的结论都是错误的，”他说，“第 100 次我对了。”换句话说，爱因斯坦在他的“奇迹年”中解决的每一个问题都代表了他多年的工作。经过十年的费力思考，狭义相对论才得以问世。爱因斯坦的深度思考还告诉我们，他就像伟大的实验主义者一样剖析自己的问题。他会反复思考每一个问题的各个方面，直到问题得到解决，然后再将其放回到整体中。

当然，爱因斯坦并不是一名实验主义者。他解决问题的方法不是生成可归纳概括的数据。事实上，大多数人认为他是演绎主义者，使用纯粹的逻辑和想象从公理中推演出答案。然而，仅靠演绎很难形成爱因斯坦的思想。更准确地说，这位著名的科学家不仅从公理走向理论，也从他人的观察结果走向理论。经验的输入和纯粹的逻辑共同启发了爱因斯坦的思想。

突破性的思想总是引来批评者，爱因斯坦的一些理论也是如此。菲利普·莱纳德（Philipp Lenard）的光电效应实验是爱因斯坦于 1905 年发表的第二篇论文的触发器，论文中提出用光的波粒二象性来解释光电效应。但莱纳德却是爱因斯坦最激烈的批评者之一，他不遗余力地谴责爱因斯坦和他的光电理论，以至于毁了自己的事业。他留给后世的印象并不是伟大的实验物理学家，而是一个狂热的反犹分子（他后来成为希特勒统治时期的物理学领袖）。其他人虽然没有那么多的个人成见，但持有的怀疑态度一点也不少。罗伯特·密立根（Robert Millikan）因其最前沿的观测结果而获得诺贝尔物理学奖，他花了 10 年时间试图证明爱因斯坦的光电理论是错的，但他最终承认，对于自己的观测结果，唯一的解释就是光既是波又是粒子，正如爱因斯坦提出的理论所说的那样。

爱因斯坦让最不寻常的想法变得合理。正如托马斯·库恩在他的《科学革命的结构》一书中准确指出的那样，“持续使用甚至会让最奇怪的概念变得合理，而一旦变得合理，新概念……就会成为解释和探索自然的基本工具”。事实上，爱因斯坦的开创性理论在解释自然本质方面，从最小的组成部分（原子及其组成部分）到最大的层面（宇宙），都已经得到了认可。爱因斯坦是科学现代性的塑造者。

注解爱因斯坦：创新工具的使用

面对离奇古怪、令人费解的问题，爱因斯坦是像超人一样解决它们的吗？他所采用的方法是常人无法企及的吗？尽管这些方法的使用者是一位天才，但有充分的证据表明运用这些方法并不需要超能力。就像达尔文和蒙台梭利一样，爱因斯坦不过是在运用创新工具方面几乎比任何人都要聪明而已。

爱因斯坦提出并回答了一些宇宙中最广泛的问题：光的本质是什么？原子存在吗？我们如何调和经典力学和热力学？从所有这些问题中体现出来的不是对障碍的克服，而是完全没有意识到存在任何障碍。爱因斯坦的想象力是无限的。与其说他是一个有意要打破框架的人，不如说他对认知框架的存在根本无动于衷，所以他开创新领域就像龙卷风横扫房屋一样。

重新组合排列是爱因斯坦天才思维的核心要素。例如，为了调和热力学与经典力学，他添加了一个新的部分：原子的群游现象。同样地，为了调和两个早已存在而又相互矛盾的观念，即运动相对于观察者的参照系而存在，然而光速在真空中是恒定的，与参照系无关，爱因斯坦干脆抛弃了参照系。当爱因斯坦假设时间和距离都不是固定的时候，矛盾就自动解决了。

爱因斯坦还借鉴了其他人的工作成果，因此也受到了他的科学界前辈和同辈的影响。例如，布朗运动最初由英国植物学家罗伯特·布朗发现，用来描述池塘漂浮微粒的运动。这一观察结果成为爱因斯坦证明原子物理存在的核心论据。而且，布朗运动是一个类比。爱因斯坦认为，布朗所描述的池塘表面微粒的运动和原子的运动，都是一种类似的运动，永不停息且没有规则。

爱因斯坦思想中最具传奇色彩的部分之一就是他对思维模型的运用。物理系任何一名学生都知道著名的“一束光与火车一起移动”，这是一个改变观点的经典例子。爱因斯坦为了推断出问题的答案，他能够想象自己在火车里行走，和光束一起旅行，以及其他各种体验。但这些思维实验并不是凭空捏造出来的，它们都是基于已知的现象，也就是经验性的观察结果，再结合演绎性的洞察力飞跃。因此，爱因斯坦将改变观点和归纳演绎都运用到了极致。

最后，在打破认知框架时，爱因斯坦有时会用到反向思维，比如，他用时间和距离是相对的这一假设取代了时间和距离是不变的这一古老假设。这些卓越的见解，反过来又源于这样一种认识：时间和空间的恒常性不是通过观察建立起来的——它们只是假设。

因此，我们得出结论，爱因斯坦作为20世纪最伟大的天才之一，他的思维方式可以被揭示。当然，如果说我们任何人都可以因此而成为另一个爱因斯坦，那就过于简单化了。爱因斯坦能够运用创新工具箱，提出正确的问题，梳理各种假设，识别那些可以通过重新组合排列或反向思维产生变革效应的假设，这些能力真正定义了他的天才所在。此外，他的个性特征——好奇心、毅力、决心和自主性——远超平均水平。但是，他的思维模式可以被解构。爱因斯坦的才华令人惊叹，但并不神秘。

	提出正确的问题	群体的力量	类比	重新组合排列	观察	归纳演绎	改变观点	拓宽视角	剖析问题	反向思维	认知框架转换	自主性	开放性	坚韧性
爱因斯坦	🔧	🔧	🔧	🔧		🔧	🔧	🔧	🔧	🔧	🔧	🔧	🔧	🔧

图 5.1 爱因斯坦：创新工具及特征

Chapter 06

第 6 章 找出创新者

达尔文、蒙台梭利和爱因斯坦有相似的行为特征吗？如果我们一整天都和一群科学家待在一起，并且知道他们中有一个人被认为是天才，那这个人能被识别出来吗？大多数创造力专家都会给出肯定的答案。创造力研究者G.J.费希特（G.J. Feist）在总结一项1998年针对创造性人格研究的元分析时指出："过去45年的实证研究表明，有创造力的人不受时间和环境变化的影响，行为始终如一，正是这样的行为方式使他们与众不同。可以肯定地说，通常'创造性人格'确实存在，而且人格倾向确实与创造性成就有着规律的、可预测的关系。"有证据表明，"创造性人格"有助于天才科学家们掌握共同的思维地图，让我们先来探讨一下这些证据。

杰出创新者的一些主要性格特征包括：强烈的好奇心、自我确信和顽强执着。公共卫生领域的先驱伊格纳兹·塞麦尔维斯（Ignaz Semmelweis）就是最好的例证。1846年，塞麦尔维斯刚结束产科实习，来到维也纳总医院工作。当时，产褥热［现在已知是由一种名为金黄色葡萄球菌（*Staphylococcus aureus*）的细菌引起的］使得在医院分娩比脑部手术还要危险。产妇们都请求住进维也纳总医院的第二产院的病房（工作人员都是助产士），而不是第一产院的病房（工作人员都是住院医师），因为她们认为第二产院更安全。但是没有人理会她们的请求。这在一定程度上是因为当时的科学框架不包括疾病可以在人与人之间传播这一理念。塞麦尔维斯是唯一一个听进去产妇请求的人，虽然他很清楚自己还不知道产妇是怎么患上产褥热的。收集了几个月的数据之后，塞麦尔维斯取得了第一个突破，他发现产妇们是正确的：住院医师所在的第一产院的产褥热死亡率（12%）远远高于由助产士负责接生的第二产院（4%）。

塞麦尔维斯为查明原因费尽了心思。他跟每个人交谈，仔细观察每件事，研究每一种可能性。尽管同事们都开始与因试图解决谜题而狂热的他保持距离，塞麦尔维斯却更加“变本加厉”。但当时所能确定的只是这两个产院的人员配置不同，而他根本无法理解这条线索的意义。

此后不久，一次意外事件启发了塞麦尔维斯，尽管那是个悲剧。他的朋友雅各布·克莱齐卡（Jacob Kolletschka）在一次产褥热病例尸检过程中被手术刀意外划破了手指。随后，克莱齐卡开始发热并最终死亡，他的症状和后来的尸体病理解剖结果都与那些死去的产妇一样。塞麦尔维斯立刻觉察到产褥热的罪魁祸首就是附着在住院医师手上的“尸体物质”。医生们试图通过尸检了解病因的良好愿望却最终招致了死亡。

于是，塞麦尔维斯开启了一场“洗手运动”。为了让大家坚持洗手，他在所有产房都放置了氯水浓缩液，并且严格监督每位住院医师使用。第一产院的产妇死亡率也因此从12%下降到1.3%。

随着同事们越来越不愿意洗手，抱怨氯水会把他们的手弄得干裂发红，塞麦尔维斯变得更加强硬和咄咄逼人。很遗憾，他在医院的第一个聘期结束时，并没有被继续聘用。他去了佩斯州（今布达佩斯），在小小的圣·罗胡斯医院做无薪的产科医生，他再一次地实施了那些几乎能消除产褥热的措施。他的狂热再次导致自己被开除。后来的塞麦尔维斯心灰意冷，精神崩溃，被关进精神病院，并在那里英年早逝。

随后20年内，路易斯·巴斯德和罗伯特·科赫将会建立细菌理论，约瑟夫·李斯特将会推行手术室消毒。如果塞麦尔维斯有着不同的性格，他会凭直觉发现产生在现代医学中挽救生命最多的创新之一吗？他会有更多的追随者和更大的影响力吗？但如果真是这样的话，他还会取得如此颠覆性的突破吗？

创造力科学家霍华德·加德纳（Howard Gardner）把创造性思考者比作儿童。在他看来，两者都自私、以自我为中心、偏狭、愚蠢、固执……但较为积极的方面是，“他们能够无视惯例，顺着线索抽丝剥茧，提出成年人通常不会问的问题，直接触及问题的本质”。

塞麦尔维斯的故事证明加德纳是对的。激发塞麦尔维斯天才的行为同样也导致了他的不如意。尽管我们已经推断出要保持创新精神就得像个孩子一样，但我们对如何模仿杰出科学家还是知之甚少。我们怎样才能更系统地描述创新行为？

让我们将区分“科学能手”的特征概念化为三个通用维度：自主性、开放性和坚韧性。自主性是一种允许人们独立思考和不愿遵循传统理念的特征。创新者通常以不关心社会规范而著称，他们“意志坚强”，且往往性格内向。一方面，这样的特征正是支撑起有益的独立学术思维的基础，但另一方面，不合群和不愿意顺应潮流会让他们显得很对立甚至反社会。

自主性几乎等同于自我效能（自信）。似乎没有什么能阻止创新者完成创造过程。爱因斯坦是一个男人，蒙台梭利是一个女人，他们都无限地相信自己的能力。自我效能赋予创造性思考者在多年的奋斗、枯燥乏味和怀疑论者的否定中继续前进的决心。自信也会有软肋——它与傲慢、自恋和敌对情绪有一些共通之处。

好奇心和对经验的开放性是创新人格的第二个维度，它们不仅普遍存在，而且可能对创造力来说是必不可少的。本书里的所有创造者都有着强烈的好奇心。与那些安于现状的人相比，创新者求知若渴——为了满足自己想要知道更多的欲望，他们愿意冒险。创新者的求知欲往往是广泛的。爱因斯坦既是科学家又是人文主义者，主要兴趣有哲学、政治和文学——这些兴趣可能促使他实现了跨领域的融合。

多德（Dowd）曾经说过：“创造力要求我们不断地重新评估现有的认知范畴，并且愿意在必要时进行修改甚至舍弃。”好奇心与开放性关系密切，但开放性还另外隐含着少受抑制，不受期望或框架的限制。创新者更善于观察那些可能被忽视的事物。他们更乐意用新的方式看待事物。他们更善于发现重要的问题，并承担解决这些问题所带来的风险。他们会寻求新的事实和经验，以新的方式看待或组合信息，还会尝试一些非常规的实验。可以说，能够对新的思考方式保持开放是创造性思维的必要条件。与此同时（正如我们即将看到的），拓宽科学边界与越过道德准则之间可能只有一线之隔。

坚持不懈是创新者最常被注意到的最后一个特征。阿德尔森（Adelson）采访了2002年富兰克林学院奖的获得者，发现与他们所有成功的、创造性的努力最为一致的特质就是他们解决问题的决心和奉献精神。维娜·普拉布（Veena Prabhu）曾和她的同事提到艾萨克·牛顿爵士，“他非凡的天赋可能源于他能够在必要时花数小时、数天或数周的时间仔细思考一个问题，直到将问题解决。”坚韧性使创造性思考者能够克服障碍。提出想法是一回事，取得成果则完全是另一回事。雄心和自律这两种品质能支持创造者忘我地投入，从而获得成功。艾萨克·牛顿很少出门，他经常沉迷于自己的想法，有时甚至忘了穿衣服。同时，不受约束的雄心所带来的危险在科学领域是众所周知的，就像在商业和政治领域一样。其他特征也一样，有一些是好事，但是如果过多就会具有危险性。

创新者必须克服困难，尽管这些困难有时看起来似乎不可能克服，但对他们来说，这个过程会使其振奋和上瘾。伟大的创造者以超人般的坚韧渴望着找到他们的“圣杯”。想象一下，爱迪生被他的工程团队包围着，他们刚刚制造出能正常工作的灯泡，而且证明了他们是地球上唯一能做到的团队。想象一下，当达尔文写到“我的理论是一个大胆的理论……它试图解释或断言动物的所有本能都是可以解释的”时，是多么的兴奋。对于富有创造力的人来说，变革性的创新是成功攀登乞力马扎罗山时的喜悦，是彩票中奖时的狂喜，是获得高级职位时的欢呼，是三者的合而为一。

因此，自主性、开放性和坚韧性在创新者中几乎是普遍存在的。但是，既然本书试图理解创新思维以便模仿它，我们就必须要问：创造力特征可以后天习得吗？大多数研究表明，人格特征在生命早期就显现出来，会在家族中遗传，而且很难改变。著名的人格专家山姆·高斯林（Sam Gosling）对创新人格能否后天获得的问题给出了如下答案：

有一定的可能性和学习空间，但大多数特征都有很强的遗传成分，所以可能性非常有限。人们所能做的就是通过采取策略来改善行为（就像我在责任心不强的情况下依然可以开始写作），但个人的内在运转机制并不会因此而真正地改变（我永远不会像一个有责任心的人那样真正地看待这个世界）。

与其站在相对固定的潜在人格特征的角度来考虑创新特征，不如将这些特征视为可变影响的函数。这三种影响分别来自社会、认知和动机。

动机肯定会影响创造力的产生。让人极度兴奋的任务能帮助那些有好奇心和执着的人产生探索的欲望，即使失败的可能性很高。做工艺品时，相比一个认为艺术项目幼稚的人或没有艺术天赋的人，一个热爱手工的人更有可能追求创造性。达尔文的兴趣在于收集甲虫和分类植物，所以他不会成为一个充满激情的医生。

社会和环境因素，如创新商业专家特蕾莎·阿玛比尔（Teresa Amabile）所倡导的“开放的群体氛围”，可以鼓励创造性的自我效能，即进行独立思考的自信。阿玛比尔认为，在这样的环境下，新颖的想法，即使受到建设性的批评，也会得到支持。个人应该摆脱阻碍创新的限制，无论是从财务、社会还是法律上。与之相对的是，乔纳·莱勒（Jonah Lehrer）在他的《想象》（*Imagine*）一书中指出，头脑风暴之所以不起作用，是因为缺乏批评。他引用的研究表明，最好的想法产生于冲突和辩论。正如一句古老的格言所暗示的那样，我们中的许多人只有在必要的时候才会拿出最好的作品。

值得注意的是，伟大创新者的早期生活普遍都充满坎坷，这与莱勒的观念不谋而合，他认为来自环境的冲突或压力会引发创新。例如，蒙台梭利作为一名女性，叩响了由男性主导的科学大门。在一项针对301名天才的研究中，有五分之一的人是在童年或青少年时期成为孤儿的。贫穷和困苦也普遍存在于天才的生活故事中。讽刺的是，天才往往不是从安逸舒适中而是从逆境中成长起来的。克服这些障碍可能会有助于自主性和坚韧性的发展。尽管如此，无论是早期的贫困还是后来的支持，无论环境是自由的还是约束的，处境似乎在伟大创新者的培养中都起着一定的作用。

要成为一个创新者，核心是要有好奇心、毅力和自信。对于具有这些人格特征的人来说，创新可能会来得更自然。对于其他人来说，他们的这些人格特征倾向没有那么强，但动机、环境和认知可能会交织在一起来增强人格特征，从而增强创新思维。

在接下来的故事中，这些天才都有着怎样的人格特征？让我们得出自己的结论吧。例如，下一位科学名人就充满了好奇心、自主性和毅力。他是一个特别极端的例子吗？还是说当谈到天才时，仅仅有智商和认知路线图是不够的？是创新工具造就了天才，还是创造性人格造就了天才？又或者天才产生于两者之间某种美妙的结合呢？

C hapter 07

第 7 章

你只想到心理学吗？

斯坦利·米尔格拉姆
Stanley Milgram

纳粹大屠杀——纳粹对600万犹太人的系统性灭绝——是少数人的行为还是多数人的合谋？当然，如果一个国家里都是正常人，那他们不可能会串通一气。

希特勒（Hitler）是一个非常狂热的反犹主义者，所以，纳粹大屠杀这场噩梦也许都是因为一个疯子。在他上台前十几年的一次采访中，他说："我一旦掌权，就会建造一排排的绞架……然后把犹太人一个个绞死，把他们一直吊到发臭为止……直到慕尼黑的最后一个犹太人被消灭。"或者，纵然一个人不可能实施如此大规模的谋杀，大屠杀也可能在"悄悄逼近"德国民众。1935年，希特勒通过了带有迫害性的《纽伦堡法》（*Nuremberg Laws*），剥夺了犹太人的德国公民身份和基本公民权利。这是尊严的丧失，但不是生命的丧失。1938年，发生"水晶之夜"（Kristallnacht）事件，纳粹组织了一场针对德国犹太人的公众性暴行，7000多家德国商店和1600多座犹太教堂被毁或遭到破坏。暴行过后，有3万名犹太人被送到集中营，如果他们同意移民或将财产移交给纳粹，并且支付沉重的"赎罪税"，就能获得释放。迫害的升级，进一步提高了暴力级别，但还不至于堕入罪恶深渊。

然而，当纳粹进一步提出最终解决方案，要消灭纳粹占领区的所有犹太人时，他们已经无法反抗了。最终解决方案中有什么内容呢？有苦役、酷刑、死亡集中营、毒气室、每日尸体配额。有多少人参与实施了这样的暴行？又有多少人对邪恶有所察觉却当作视而不见？定义人类文明的道德和文化又在哪里呢？

一方面，历史学家和伦理学家已经花费了两代人的时间来讨论这些问题。另一方面，科学并不是用来为这些问题提供答案的——或者我们可以问，科学会给出答案吗？

心理学是一个试图理解个人和群体的行为和心理过程的学科。在第二次世界大战之前，心理学思想的两个最主要学派是精神分析和行为主义。由创造性天才西格蒙德·弗洛伊德（Sigmund Freud）发展起来的精神分析学，提出了一种由本我、自我和超我演绎的内在心理剧，每一个“我”都受到童年经历的影响，并通过梦境表达出来。在约翰·沃森（John Watson）、伊万·巴甫洛夫（Ivan Pavlov）和B. F. 斯金纳（B. F. Skinner）这些大师的领导下，行为主义者因为弗洛伊德的理论缺乏经验性证据的支撑而反对它，他们只关注那些可以测量的生理机能。他们认为，能够引起快乐或痛苦的重复刺激会导致根深蒂固的行为。例如，在巴甫洛夫的一个经典实验中，狗（在自主神经系统的控制下，看到肉时会分泌唾液）在每次吃肉时会听到一种铃声，久而久之，狗只要听到这种铃声就会分泌唾液。这种行为（分泌唾液）是可测量的，但未知的事物就如同大脑中的“黑匣子”，它不仅决定了是否选择分泌唾液，而且决定了如何做出这一选择。

然而，精神分析和行为主义都无法解释纳粹统治下德国人的行为，但是选择参与实施大屠杀超出了内在冲突或生理学上的反映，它必然代表了心理学上的某些东西。由于无法弄清楚究竟发生了什么，这激发了心理学研究领域的一场危机，并引发了研究范式转变。于是，一个心理学学派应运而生，提出可以根据社会状况来衡量和理解行为的微妙之处。这就是社会心理学。

想象一下，鲍勃是一个超级冰球迷，也是一个忠诚的朋友和值得尊敬的公民。他从未在街上吐过痰，更不用说实施暴力行为了。在温哥华加人队（Canucks）输掉2011年斯坦利杯（Stanley Cup）后，鲍勃发现自己成了温哥华一群破坏商店和焚烧汽车的暴乱分子中的一员。事后，鲍勃自己比别的任何人都要惊讶。他还是那个低调、爱开玩笑的鲍勃，但他的突发性行为与其说是鲍勃个人的行为，不如说是鲍勃被群体中疯狂的非理性所裹挟时的行为。

斯坦利·米尔格拉姆，虽然不是社会心理学的奠基人之一，却颠覆了这一领域内的认知框架，他的实验也成为科学界最具争议的实验之一。库尔特·勒温（Kurt Lewin）是米尔格拉姆的前辈，他是一名犹太人，逃离纳粹后来到艾奥瓦大学（University of Iowa）[①]，希望了解权威主义影响下的行为。情境主义是他所创立的社会心理学的一个分支，后来被米尔格拉姆定义为“有能力以实验的形式重建各种类型的社会经验，使模糊不清的社会力量的运作变得清晰可见，以便可以用因果的语言来探索它们”。勒温的经典实验要解决的问题是，当11岁男孩们的社交俱乐部由成年领袖领导时，在不同的权威风格下，男孩们会有怎样的表现？他发现，在专制和民主的领导风格下，男孩们的生产力水平相当；在自由放任的领导风格下，男孩们的生产力水平较低。但是，专制的领导人激发出了男孩们的攻击性。勒温已经证明，像领导风格这样一种无形而又复杂的社会现象会引发群体行为。

米尔格拉姆使用了很多创新工具。在他的职业生涯和个人生活中，使用最普遍的工具之一是群体的力量。米尔格拉姆1933年出生于一个犹太移民家庭。他的父母经埃利斯岛进入美国后，便在布朗克斯安顿下来，他是家里第一个获得研究生学历的人。早年在詹姆斯·门罗高中（James Monroe High School）就读时，他就体验到了群体智慧。他在入学智商测试中拿到了惊人的158分，因此被选拔进入到“天才”

① 又译作爱荷华大学。——译者注

项目。在那里，他发现自己处在一个早熟的圈子里，这个圈子开始影响他的思想。在门罗高中，米尔格拉姆遇到了菲利普·津巴多（Philip Zimbardo），这个人日后将会开展一个臭名昭著的斯坦福监狱实验，在那个时代，该实验是唯一一个与米尔格拉姆的实验相媲美的社会心理学实验。津巴多在斯坦福大学心理系大楼的地下室里仿造了一座相当逼真的监狱，由若干个长为9英尺[①]、宽为6英尺的单间牢房组成。他挑选了21名在心理测试中表现特别正常的受试者，随机将他们分为看守和囚犯。随即，看守们就变成了严格的纪律执行者。他们在凌晨2点唤醒囚犯，强迫他们做俯卧撑。囚犯们进行反抗时，看守就用灭火器喷射他们，将带头反抗的囚犯关进禁闭室。一直到第6天，看守的行为一直是残忍和不人道的。囚犯们从刚开始时的哭闹、愤怒转变为温顺甚至麻木。津巴多提前结束了实验。他证明社会环境的力量超出了任何人的想象。

在研究生学习期间，米尔格拉姆从学科之间的协同中体验到了群体的力量。在皇后学院以优异成绩获得政治学学士学位后，他计划在外交部谋取一份职业，但一位院长建议他了解一下哈佛大学的社会关系系，该系把令米尔格拉姆着迷的政治学研究与令他印象深刻的自然科学的运用结合在了一起。事实上，哈佛大学的社会关系系非常特别，它大胆地整合了好几个学科：社会心理学、临床心理学、社会人类学和社会学，以便捕捉它们的创造性交叉点。

米尔格拉姆获得了一份旨在鼓励非相关专业的学生进入社会科学领域学习的奖学金。不幸的是，他未能被哈佛大学社会关系系录取，因为他从未上过心理学课程。但他毫不气馁，利用整个夏天的时间（上夜校补习）报名参加了6门心理学和社会学的本科课程，并且取

① 1英尺约合0.30米。——译者注

得了优异成绩。到秋天，他便进入了社会关系系开始学习研究生课程。哈佛是米尔格拉姆发挥创造力的伊甸园。他的一位教授回忆说，当他被要求主持一个心理语言学的研讨会时（学生通常在这个研讨会上讨论一篇学术论文），米尔格拉姆带来了一盘磁带，里面包含了所有你能想到的言语：口误、孩子说出的第一个词，以及精神错乱的话语。他总是能做出一些令人意想不到的事，还有他那迷人的奇思妙想和幽默，令人印象深刻。人们还记得他对规范的漠视，比如对年轻老师无礼地直呼其名。

米尔格拉姆的论文也是完全建立在群体的力量之上，换而言之，建立在他的导师所完成的工作之上。米尔格拉姆在哈佛的学习榜样所罗门·阿希（Soloman Asch）设计过一个关于从众现象的经典实验，实验是这样的：当一名真正的受试者进入房间时，一群由阿希花钱雇来的同盟者正围坐在一张桌子旁。研究对象会错误地认为，他只是坐在桌子旁的 8 个受试者之一。在场的每个人都被要求看一张画有一条线的图片，并大声说出另外三条线中哪一条的长度最接近这条线。每次重复这个过程时，真正的受试者都被安排在最后作答。首先，所有的同盟者都会给出一个正确的答案，就像受试者一样。然后再分发一幅图，这次每个同盟者选择的线明显就是错误的，而所有同盟者都同意这个错误答案。受试者是怎么做的呢？当然，他看到了这些线，知道长短最接近的那条线并不是其他人已经指定的那条。难道房间里的其他人都错了？他是不是被搞糊涂了？在大约三分之一的情况中，真正的受试者违背了自己的判断，遵从了大多数人的意见。阿希认为，他的研究结果反映的不是对刺激的某种机械反应（正如行为心理学家所推断的那样），而是一种对社会选择的主动权衡。

米尔格拉姆的博士研究内容是对从众的跨文化检验。他将阿希的方法应用于挪威和法国社会，开展了有史以来第一个跨国界进行的社会心理学研究。这一研究融合了政治学（不同政治制度的一致性）、社会学（跨文化比较）和心理学，是一种对政治和社会都有着超凡意义的设计，是米尔格拉姆后来研究工作的一个预演。

为了解释他的发现，米尔格拉姆使用了另一种创新工具：改变观点。在挪威，有一半到四分之三的受试者屈从于错误的社会评价。米尔格拉姆推测，挪威人比美国人更加地循规蹈矩，因为在把自己想象成这种文化的一员时，他注意到一种强烈的群体认同感。转变成挪威人的观点后，他表示“这种社会凝聚力和高度的从众密切相关，这一发现不足为奇”。相比之下，他发现法国人是难以捉摸的。在法国，从众受试者的比例要比挪威低，但仍高达 34%—59%。米尔格拉姆称法国人批评和判断的方式“（似乎）经常不合常理”。

米尔格拉姆的论文研究也反映了从阿希那里学到的另一种创新工具：剖析。米尔格拉姆进行了多个版本的实验，并系统地调整参数以区分出社会影响的本质，这后来成为他研究的一个标志。为了让受试者把诚实看得比从众更重要，他告诉受试者，从实验中收集到的信息将用于设计飞机上的安全信号。为了进一步地降低从众效应，他采用了同样的“飞机”情境，并且不要求受试者在组内分享答案——只要求受试者把答案写下来。在这两种情况下，从众的比率都有所下降，但幅度不大——挪威、法国分别保持在 50%、34% 或以上。这种系统性方法使他不再局限于回答“人们在多大程度上从众？”而是开始思考一些难以确定的问题，比如，究竟是什么社会环境促使人们从众？

米尔格拉姆的论文表明了他自己对从众的矛盾心理。这篇论文为他赢得了哈佛大学博士学位，但他却没有发表在同行评议期刊上，而是发表在了行业杂志《科学美国人》（*Scientific American*）上。他的下一个实验将使他离信奉正统的神圣殿堂更远。

接下来就是米尔格拉姆最重要也是最臭名昭著的研究——服从实验。在实验中，他证明了普通人会在权威的指示下表现出令人震惊的残忍。“我对通过判断线条的长短来进行从众测试还不满意，”他在解释这个实验的起源时说，“我想进一步知道群体是否能迫使一个人做出一种更容易体现人性的行为，比如对另一个人表现出侵略性，比如对他施加越来越严重的电击……就在那一刻，我的想法发生了转变……一个人会在实验者的命令下走多远？那是一个激动人心的时刻……”

米尔格拉姆利用演绎的方法提出了一个非常宏大也非常大胆的问题。基于“人们都是循规蹈矩的”这一假设或公理，他提出了一个理论，即在权威的影响下，人们几乎可以做任何事情。他问道：一个情境能否强大到足以遮蔽一个人自己的道德，甚至人性？

这个问题使用重新组合排列工具将几个不同学科的研究融合在了一起：在政治学上寻求对纳粹大屠杀的理解；在伦理学上对根深蒂固的道德价值观的可塑性提出了质疑；在情境心理学上则试图理解情境的力量。米尔格拉姆凭借这种重新组合排列超越了勒温，后者曾提出群体情境是否会影响行为的问题；而勒温则超越了阿希，后者曾提出群体是否会影响决策的问题。这个新问题更具有根本性，也更加令人不安。

如果对米尔格拉姆的问题是否源于纳粹大屠杀还有任何疑问，那他关于服从实验的第一份出版物的引言部分无疑已经给出了答案：“服从，作为行为的决定因素，与我们的时代特别相关。有可靠的证据表明，在 1933 年到 1945 年期间，有数百万无辜生命死于系统性屠杀的命令……只有在非常多的人服从命令的情况下，（这些暴行）才能大规模实施。”德国在大屠杀期间的不人道行为是因为当局要求服从吗？类似地，不论是谁，即使是一个美国人，会在同样的情况下做出同样的行为吗？

米尔格拉姆在耶鲁大学开始了他的第一份学术工作，他集中所有精力来确保服从实验的每一个细节都是正确的。实验过程是这样的：通过广告招募年龄在20—50岁之间在纽黑文地区工作的男性受试者。受试者认为他们正在参与一个关于人们如何学习的实验。每个受试者一到，就会受到实验者的欢迎。实验者是一名演员，穿着灰色的实验服，看起来像科学家而不是医生（我们的社会习惯是服从医生）。房间里还有一个所谓的受试者，但实际上是一个被雇佣的同盟者。实验者解释说，这项研究的目的是弄清“教师”实施惩罚的强度如何影响“学习者”记忆单词的能力。这两名男子被告知，他们可以在任何时候退出这项研究，但仍可以保留因参与这项研究而获得的4.5美元报酬。谁是教师、谁是学习者由受试者和同盟者抽签决定，其实抽签结果是被操纵的，所以受试者总是会成为教师。

实验第一步，实验者在教师（受试者）的注视下把学习者（同盟者）绑在椅子上，并把电线连接到他的手臂上。学习者会提到他有轻微的心脏病，这是一个不经意的细节，后来却成为受试者痛苦困境的一部分。实验者向学习者保证，电击可能会很痛，但不会造成严重伤害。

实验第二步，所有人都各就各位。受试者和实验者来到一个与学习者一墙之隔的房间，坐在一台非常逼真的机器前，机器标牌上写着：ZLB型电击发生器，戴森仪器公司，马萨诸塞州沃尔瑟姆市。实验者负责向受试者介绍这台机器。机器正面有一排开关，相邻开关的间隔电压为15伏，电压范围为15—450伏。开关下面的描述随着电压的升高越来越严重：轻微电击、中度电击、强烈电击、剧烈电击、极端强度电击和危险的严重电击。在 435 伏和 450 伏开关下面只简单地刻着“XXX”，令人产生可怕的联想。拨动开关后，灯光开始闪烁，机器嗡嗡作响，仪表指针向右摆动。事实上，这一切都是假的，学习者从未被真正电击过。但这无疑是十分逼真的，每一个受试者都知道，他们是在向学习者教授词组，而每一个错误的回答都会导致学习者被施加越来越严重的电击。

实验第三步是将受试者置于一种被要求参与实施一种令人憎恶的行为的情境中。托马斯·布拉斯（Thomas Blass）在米尔格拉姆的传记中记载道：

实验者：现在，如果他给出的答案是正确的，你说“正确”，然后继续下一行。带有下划线的是正确答案……

受试者：哦，我知道了。

实验者：如果他给出错误的答案，你说“错误”，然后告诉他，你将施加多少伏的电压。

受试者：嗯。

实验者：执行惩罚后，给他读一次正确的词组，然后继续下一行。例如，对于强壮（STRONG）这个词，如果他选择了 3……［正确答案应该是 2“手臂（ARM）”］

受试者：嗯。

实验者：你就说“错了，15 伏”，接着按下开关，读出“强壮的手臂（STRONG arm）”，然后继续进行下一行。

受试者：好的。

实验者：现在，他每答错一次，你就把电击发生器的开关往上加一挡。

受试者：嗯。

实验者：你必须严格按照程序来，这很重要。

为了加强情境的真实性，要求受试者本人同意接受一次45伏电击（实验中唯一的真实电击）。几乎所有的受试者都表示，没想到电击这么不舒服。

当学习者给出错误答案，受试者增加惩罚电压时，会在电击之后听到学习者的呻吟声。在更高的电压下，学习者会抱怨说："他已经受够了"；他会请求离开这儿；他会恳求结束这个实验；随着学习者的抗议越来越强烈，他会说："我的心脏开始不舒服了。请放我出去……放我出去。我的心脏不舒服。放我出去！"最后，他会完全停止回答（这些回应实际上都是录音，会在特定的电压下播放）。

如果受试者停止或犹豫，实验者就会按照脚本平静但有力地给出一些提示，比如："请继续""老师，实验要求你继续下去""继续下去是绝对有必要的""你别无选择""如果你不继续，我们将不得不中止整个实验。"值得注意的是，实验者（权威）从未有过强迫的行为，也从未进行过任何威胁。

尽管学习者苦苦哀求，高达65%的受试者仍然施加了最高450伏的电压。也就是说，对约三分之二的受试者来说，服从凌驾于不准伤害陌生人的禁令之上。这一结果对心理健康专家甚至是米尔格拉姆来说都是一个爆炸性消息。40名没有看到实验结果的精神病学家被要求预测受试者会进行到什么程度。他们普遍设想大多数受试者不会施加超过150伏的电压。他们认为，只有千分之一的受试者会继续提高电压到450伏。

这并不是说受试者冷酷无情。米尔格拉姆仔细观察了每次实验的录像，发现大多数人都表现得极度焦虑——叹气、摇头、擦拭额头上的汗水、无法控制的颤抖和不恰当的大笑。在实验的某个时刻，几乎所有人都曾向实验者（房间里的权威）寻求安慰。（以下内容直接摘自米尔格拉姆的记录本，1965 年）

受试者：已经施加到 150 伏的电压。你还想让我继续吗？

受试者：已经施加到 165 伏电压。那家伙正在那里大叫，后面的电压会更高，他容易犯心脏病，你真的还想让我继续吗？

受试者：已经施加到 180 伏电压，他受不了了！我不会杀死那个人的！你听到他的喊叫了吗？他在大叫。他受不了这么高的电压。如果他出什么事怎么办？……我的意思是，如果那位先生出了什么事，谁来负责？

实验者：我来承担责任。

受试者：好吧。

受试者：电压已经到 195 伏了。你听，他在大叫。听着……哎呀，我不知道。

实验者：实验要求你继续下去……

在这一案例中，尽管受试者曾多次激烈地表示反对，但他还是完成了实验，施加了最高电压。

在每个实验结束时，实验者都会向每个受试者说明真实情况，其实学习者是实验室雇佣的同盟，实际上从未被电击过。受试者也会知道，这项研究的目的不是测试学习或记忆，而是测试服从权威的程度。大多数受试者称他们的感受很复杂，既感到宽慰，又因为被骗而感到懊恼，还因为没有早点停止而感到尴尬。

米尔格拉姆的结论，用他自己的话来说就是，“……我曾经怀疑，在整个美国，一个邪恶的政府能否找到足够多的道德低下者，以满足德国所维持的那种全国性的死亡集中营系统的人员要求。我现在开始认为，从纽黑文就可以招募到全部人员”。权威凌驾于道德之上这一发现几乎是无可辩驳的，因为米尔格拉姆对其方法的剖析是如此的一丝不苟。通过创造一个看起来毫无疑问是真实的环境来引导出受试者“正常”的行为。设计细节包括一台逼真的电击器、一套可信的关于记忆强化的理由托词、对受试者施加真正的 45 伏电击、实验者的提示不存在强制、不改变学习者的抗议录音，甚至包括实验者的实验服颜色。

米尔格拉姆剖析这个问题的另一种方法是单独分析影响服从的每一个因素。在一连四份出版物（1963—1965）中，米尔格拉姆详细描述了 18 个不同版本的实验。例如，把学习者移到另一个房间是否会让他更抽象、更不像一个真实的人？因此，米尔格拉姆创造了不同的物理距离情形，距离范围从（1）能够反映学习者痛苦的唯一迹象是电压在大约 300 伏时敲击墙壁的声音，到（2）一种“触手可及”的情形，在这种情况中，要实施电击，受试者必须迫使学习者将手放在一个金属板上。尽管近距离降低了受试者完成实验的可能性，但即使在“触手可及”的情形下，仍有 30% 的受试者完全服从，施加了 450 伏的电压。只有一个版本的实验条件让几乎所有受试者拒绝了权威。实验安排如下：两名同盟者与受试者一起作为教师加入实验，而拉动开关需要三个人共同决定。首先是一名同盟老师拒绝继续，然后是另一名同盟老师拒绝继续（分别在电压 150 伏和 210 伏时）。在这种情况下，只有 10% 的真实受试者仍然完全服从。米尔格拉姆总结道：“人们彼此之间提供的相互支持是我们对抗过度权威的最强堡垒。”

许多评论家拒绝接受米尔格拉姆的研究结果。一些人认为，受试者知道他们是在做实验（考虑到他们的焦虑程度，这不太可能）。其他质疑者说，受试者只是想成为优秀受试者（但这难道不是另一种方式的服从吗？）。最后，一些心理学家表示反对，他们认为随着社会的进步，人们有了独立信仰，这种情境已不再是那么不可抗拒了。

最后一种批评在 40 年后进行的一项实验中遭到了部分反驳。杰瑞·伯格（Jerry Burger）博士在 2009 年发表的论文中，对 70 名男性和女性进行了与米尔格拉姆完全相同的实验，但附加了两个主要的例外条件。任何有心理学知识或被认为可能会在实验中承受极大压力的参与者都被排除在外。此外，电压开关最高只到 150 伏。70% 的参与者在按下 150 伏开关后还准备继续（米尔格拉姆实验中 79% 的参与者在按下 150 伏开关后继续按到 450 伏）。无论是性别差异还是人格特征，包括同理心和控制欲，都与保持服从的倾向无关。伯格总结道："虽然社会态度的改变会影响行为，但我的发现表明，在米尔格拉姆实验中，影响参与者服从的情境因素在今天仍然有效。"

然而，面对米尔格拉姆的服从实验，质疑算是最小的反应。有批评者声称，这项研究的基础是欺骗，受试者被引导做出伤害别人的行为。直到十年后，随着 1974 年《国家研究法案》（*National Research Act*）的通过，机构审查委员会及其关于人类受试者的现代法规才开始生效。尽管如此，故意伤害研究对象，就像科学家在纳粹德国时期所做的那样，仍然是可耻的。米尔格拉姆本人指出，欺骗受试者"并不好"，但他认为没有其他方法可以让受试者暴露他们的真实行为。即使是在实地考察之后，他的研究还是得到了美国国家科学基金会（National Science Foundation）的多次资助，并被认为是合乎道德的。此外，由于考虑到实验会引起受试者的忧虑，米尔格拉姆甚至采取了在当时看起来极不寻常的行动，他在研究结束几个月后对受试者进行了调查。在 856 名参与者中，92% 的人返回了调查结果。近 84% 的人表示，他们很高兴参与了研究，三分之二的人表示自己不再被与研究相关的行为所困扰，超过 80% 的人同意应该进行更多类似的研究。

尽管如此，米尔格拉姆在离开耶鲁大学后，却被哈佛大学拒之门外，最终在不知名的纽约城市大学（The City University of New York，CUNY）得到了一份工作。时至今日，在心理学界一些圈子中，仍然可以感受到对他的敌意，可能是因为米尔格拉姆向我们展示了人性中没有人愿意承认的一面，即受试者实际选择的并不是那个我们认为定义人性的道德框架。在米尔格拉姆的 18 个不同版本的实验中，他通过将实验从耶鲁大学转移到一个低级的商店来降低权威的正当性。为了使天平的道德这一端更有分量，米尔格拉姆让受试者可以看到学习者，甚至是将学习者安排在了受试者触手可及的范围内。但仍然有三分之一的受试者施加了 450 伏的电击。这是为什么呢？

答案似乎是因为情境的力量就像认知框架一样大。情境增加了权威的分量。受试者参与的这项实验看似正当，并且由负责任的个人以社会公益的名义开展，而且被告知必须完成。相比之下，“不伤害他人”的认知框架并没有得到情境的积极强化。

认知框架，尤其是那些“在我们面前”的认知框架，极其难以被打破。在另一项实验中，将积极操控与专家的记忆进行比较，结果是指令胜出。受试者是工程师和其他高级专业人员，他们都拿到了一本学习手册。他们被要求计算一个圆柱体的体积，但使用的是手册上的一个错误公式。然后给他们一个同样尺寸的圆柱体，并要求他们往里面装满水，从而观察真实的（不同的）体积。尽管这是他们亲自动手得出的结果，但他们依然相信用印刷错误的公式计算出来的体积。类似地，在米尔格拉姆的实验中，积极操控的服从框架将是（而且确实是）非常难以克服的。出于本能的焦虑反应是认知框架被打破的特征，它既出现在了研究对象中，也出现在了对米尔格拉姆研究结果的反应中。

尽管米尔格拉姆的服从实验是开创性的，但不能轻易地忽视围绕着它的恶名。现代人权保护制度的制定，部分原因是为了保护受试者免受像米尔格拉姆实验带来的那种欺骗。无论我们是否相信“只要结果正确，就可以不择手段”，我们都应该承认，米尔格拉姆在他的受试者中诱发了严重的焦虑。他欺骗了参与实验的受试者，从而将研究伦理推向了极限。自信、自主、雄心和大胆，这些创新人格的构成特征，使这位创新者突破了传统的约束。也许这些人格特征的负面后果是跨越了道德底线，但米尔格拉姆的人格所带来的有益结果是否创造了革命性的见解呢？

注解米尔格拉姆：创新工具的使用

斯坦利·米尔格拉姆的认知框架转换不仅永远地改变了科学，也改变了我们对文明社会的看法。这样的转变令人惊讶。英国著名政治理论家哈罗德·J.拉斯基（Harold J. Laski）在一篇题为《服从的危险》（*The Dangers of Obedience*）的文章中写道：“……文明，首先意味着不愿造成不必要的痛苦。在这个定义的范围内，我们这些不加思索就接受权威命令的人还不能称自己是文明人。”服从实验证明拉斯基错了。米尔格拉姆的认知框架转换颠覆了我们的观念，我们一直认为自己是有道德的人，是社会中的独立主体。

我们从米尔格拉姆那儿学到了什么？也许最大的收获是可以从精确和详细的证据中得到惊人的见解。米尔格拉姆仔细分析了实验条件中的每一个因素，煞费苦心地改变了一个又一个变量，只为准确地解释他所看到的东西。因此，他的工作虽然建立在观察的基础上，但后续对这些观察结果进行的细致分解，使它们获得了新的意义。

米尔格拉姆利用群体的力量，以他导师的工作为基础开展了自己的研究。他的博士论文是对从众的跨文化研究，直接来源于他的学习榜样所罗门·阿希的工作，后者设计了经典的、最初的从众实验。此外，米尔格拉姆的论文还结合了之前几代心理学家的传统观点。米尔格拉姆的早期研究也显示了他改变观点的能力，他把自己想象成挪威人或法国人来解释那些早期的实验结果。

影响米尔格拉姆研究的一个强有力的类比是纳粹大屠杀留下的历史谜团。德国人之所以表现得不人道，是因为他们的文化有一些怪异，还是因为服从权威是人类的普遍特征？米尔格拉姆运用拓宽视角工具由从众实验转向了更棘手的服从问题。但这种拓宽视角起源于他作为一个犹太人和一个正常人对人类实施不人道行为的能力感到困惑。

米尔格拉姆工具箱里的最后三个工具是：提出正确的问题、归纳演绎和重新组合排列。米尔格拉姆最大的问题源于这样一个推论：人，作为从众的奴隶，在权威的影响下几乎可以做任何事情。因此，问题就变成：一个情境能否强大到足以遮蔽一个人自己的道德感，甚至人性？这个问题涉及政治学（纳粹大屠杀）、哲学（道德的绝对可塑性）和情境心理学（理解情境的力量），它需要重新组合不同的学科思维。此外，这个问题的提出既受经验证据的影响，也涉及从纯粹心理学到政治史的启发式飞跃。

最后，米尔格拉姆是一个天才，他的人格特征与认知能力相辅相成。很难想象，一个不那么自信和坚韧的人可以实现他的服从实验所要求达到的范围和严谨程度。也很难想象，一个叛逆程度较轻的人能够提出并回答科学界有史以来一个最具争议性的问题。

	提出正确的问题	群体的力量	类比	重新组合排列	观察	归纳演绎	改变观点	拓宽视角	剖析问题	反向思维	认知框架转换	自主性	开放性	坚韧性
米尔格拉姆	🔧	🔧	🔧	🔧	🔧	🔧	🔧	🔧	🔧	🔧	🔧	🔧	🔧	🔧

图 7.1　米尔格拉姆：创新工具及特征

Chapter —— 08

第 8 章

心脏病带来的启示

杰里·莫里斯与安塞尔·凯斯

Jerry Morris and Ancel Keys

1939年的一天，一位优秀的销售主管准备去参加一场重要会议，当他大步流星地走在芝加哥的人行道上时，一种突如其来的感觉向他袭来。今天天气异常炎热吗？不然汗水怎么会从额头流下？他只好松开领带，试图缓解。为什么这么多人挤在人行道上？他们需要离远一点——这些人让他感到了窒息。为什么他会突然因极度恐惧而感到糟糕透顶？

直到他抬起的手抓住了胸口，他才意识到胸口越来越痛。是什么让他如此痛苦？是他的心脏吗？肯定是他的心脏出了问题。刹那间，他痛得再也无法挪动一步，再也说不出一句话。等他栽倒在地时，就已经死了。

在第二次世界大战前的20年里，新出现的种种怪病开始席卷美国。在死亡证明上，它们的代号为心肌梗死（心脏病发作）、心绞痛、卒中和猝死。这些疾病统称为“心血管疾病”，是由为大脑和心脏供血的动脉阻塞引起的。今天，不管是在男性还是女性群体中，心血管疾病都是世界上所有发达国家两个主要死亡原因之一（另一个是癌症）。每年有近100万美国人死于此类疾病，平均每天2600多人。在20世纪20年代以前，心血管疾病是一种罕见的医学现象。只要出现一个病例，住院医师们就会蜂拥而至。但是，心脏病正在成为一种新的流行病，而且在许多专家注意到之前，心血管疾病导致的死亡人数已经超过了长期以来的健康杀手：肺结核、腹泻和癌症。医生们希望这种增加是因为记录或计算的异常偏差而造成的。然而，希望终归只是希望。

到了20世纪40年代，科学界才终于认识到，这个被许多人称为“富贵病”的20世纪瘟疫是真实存在的，而且已经扎下根来。

坏消息是心脏病已经非常普遍。但好消息是，美国的心脏病死亡人数在1968年达到顶峰后，便一直以每十年26%的速度大幅下降。成功降低心血管疾病的发病率是现代医学最伟大的成就之一。科学上是如何做到这一点的呢？

两位流行病学家，伦敦的杰里·莫里斯和明尼苏达州的安塞尔·凯斯，最先领会到了现代化所蕴含的讽刺意味，那就是，谈到心脏病时，社会进步是有害的。每天享受一块血淋淋的牛排和可以看几个小时电视的休闲时光是20世纪最理想的生活，这两样东西都是中产阶级最近才获得的，却导致数百万美国人失去生命。直到最近才“颠覆”原有生活理念而形成的21世纪价值观——胡萝卜优于炸薯条，跑步机胜过沙发，都是这两位天才的杰作。

莫里斯和凯斯的生命中都充满了各种各样的成就，甚至他们两个人的长寿和临终前的活力都是一种成就。莫里斯直到去世前6个月还在发表文章，享年99岁零6个月。凯斯在去世前10周还受邀参加了一场著名的科学会议，享年100岁。在漫长而富有成果的一生中，两人都在打破认知框架。

伦敦医学研究委员会社会医学研究部主任杰里·莫里斯，创建了一门新科学来研究健康方面的社会不平等现象。1948年，他在研究工作与死亡原因的关系时发现了一些异常。他跟当时很多人一样，对心脏病的“现代流行”感到好奇，他注意到伦敦双层公交车的司机心脏病死亡率比这些公交车上的售票员高。来自同一个社会阶层的人，在同一个环境中工作，死亡率怎么会差别这么大？这是没道理的事——司机整天坐着，肯定比在双层公交车上跑来跑去检票的售票员轻松得多。

经过一番推理，莫里斯得出了一个大胆的结论：这与压力无关。他猜测司机们因缺乏锻炼而死于心脏病。

从事体力劳动的职业可能会让人更健康，这不是什么新鲜的想法。早在 18 世纪，意大利医生贝尔纳迪尼·拉马齐尼（Bernardini Ramazzini）通过对比不同行业从业者所患的疾病，发现邮递员比裁缝和补鞋匠更健康。他的忠告是："建议裁缝们无论如何都要在节假日锻炼身体。" 1863 年，爱德华·史密斯（Edward Smith）在评估伦敦裁缝的健康状况时，再一次偶然发现了这一道理。事实上，使用更复杂的按职业分类进行的劳动力研究表明，体力劳动者的死亡率普遍比久坐劳动者更低。但是，这些简单的相关性并没有引起广泛关注，因为没有人能确切地判断，是运动会改善健康，还是更健康的人一直都在从事体力要求更高的工作。人们还是害怕过度运动，并继续将休闲与好日子等同起来。

莫里斯工作的新颖之处在于他运用了一种叫做流行病学的工具来分析问题，它是一套正式的方法。莫里斯通过将运动是否能预防心血管疾病这一问题进行分解，仔细观察其组成部分，压制住了之前的批评声音。流行病学是研究人群中疾病的模式、原因和控制的学科。医学也致力于了解疾病的原因和治疗方法，但它的重点是每次救治一个患者。作为支撑公共卫生背后的关键科学，流行病学致力于挽救数千人。在过去的一个世纪，美国人平均寿命增加了 30 岁，其中有 25 岁都要归因于公共卫生措施（如确保干净的水和空气、疫苗接种、食品安全和烟草政策），流行病学发现每一项措施都是有益的。

约翰·斯诺（John Snow）通常被认为是流行病学之父。1854 年霍乱开始肆虐，他当时是伦敦苏豪区的全科医生。当时的认知框架是：疾病通过"瘴气"（不良空气）传播，或者由个体特有的"体液"

（如血液和胆汁）引起。斯诺却不以为然。他猜测社区里用来取水的井是传播霍乱的罪魁祸首。然而，由于病原体传播传染病的细菌致病论再过6年才会出现，斯诺的理论基础并不牢固。此外，当斯诺用他简陋的显微镜观察井水时，实际上看不到任何异常。让他深信不疑的是一个经典的流行病学工具：调查。对于斯诺的调查结果，用他自己的话来总结更好：

在前往现场后，我发现几乎所有的死亡事件都发生在离宽街水井不远的地方。只有10人死于明显靠近另一个街道水井的房屋。其中5起案例的死者家属告诉我，他们总是从宽街水井取水，因为比起离得更近的水井，他们更喜欢宽街那口井的水。在另外3起案例中，死者是在宽街水井附近上学的儿童……［约翰·斯诺，致《医学时报》（*Medical Times and Gazette*）编辑的信］

第二天，在斯诺把他的数据交给圣·詹姆斯教区的监护委员会后，该委员会便将宽街水井上用来压水的手柄拆除。这一流行病便戏剧性地戛然而止。

拆除宽街水井手柄这一事件至今仍被流行病学家们津津乐道。然而，事实上，眼前的威胁刚过去，苏豪区官员就将水井手柄重新安上，还驳斥了斯诺的基本假设，即疾病是以水为媒介通过“粪—口”传播的。这种认知框架转换实在是太令人不安（恶心）了，根本无法被接受。几年后，人们才意识到，这口井离污水池只有3英尺远，而粪便细菌正是几次与水井有关的传染病暴发的源头。

尽管细菌理论唤醒了微生物学和传染病研究，但流行病学仍处在萌芽中——直到莫里斯完善了它。

莫里斯本能地提出了一个广泛的问题：是什么原因导致了不同职业之间冠心病的模式差异？现代流行病的成因一直困扰着许多科学家。然而，莫里斯在一组特定的职业中发现了一条特定的线索：公交车司机和售票员。为证明运动是原因之一，他花了 5 年时间收集数据。最后，他指出：

……工作中的体力活动与中年男性冠心病的发病率和严重程度较低有关……在这类研究中，由于通常必须处理不可能“控制”的素材，其准确性要低于预期，而且很难将不同的变量分离，因此研究者需要采取特殊的预防措施。在本实例中，依靠的是从不同方向同时发动攻击以解决问题的能力。

莫里斯的“攻击”包括数据分析，他发现因心血管疾病死亡的公交车司机人数是售票员的 3 倍。莫里斯认为死亡率的差异并非取决于社会阶层，因为公交车司机和售票员都来自同一个社会阶层。此外，莫里斯还巧妙地证明，司机妻子患心脏病的概率并不比售票员的妻子高。莫里斯发现司机和售票员之间的巨大差异在于，司机们当班时，90% 的时间都是坐着的，而售票员每天要爬 600 层楼梯。莫里斯还巧妙地追加了一项调查工作，从而证实体形并不能完全解释这种联系。他从伦敦交通局（Transport for London，该市的公交机构）获得了每位公交车司机和售票员制服的腰围尺寸，分析后发现无论是在小腰围、中腰围，还是大腰围的男性中，都存在体力活动和心脏病之间的相关关系。

为了进一步支撑自己的假设，即区分司机和售票员的是体力活动，莫里斯运用重新排列组合工具将流行病学和病理学结合在了一起。在尸检时，他对从事不同程度体力工作的男性的冠状动脉进行了比较，发现从事体力工作较多的男性冠状动脉阻塞较少。

这些发现激起了莫里斯的兴趣，但他还想找到更为确信的证据，于是他继续使用类比工具来寻求答案。他将目光转向了一种在伦敦四处走动的职业——邮递员。他发现，邮递员的心脏病死亡率比久坐不动的政府工作人员要低。事实上，当他把体力工作按从“重”到“轻”的顺序排列时，冠心病死亡率与其完全相关。

久坐的职业越来越多，面对这一趋势的无能为力让莫里斯反过来扩大了这个问题。现在，他的问题不再是“运动不足是否会导致动脉粥样硬化？”而是“在工作时间和闲暇时间进行的活动对健康都有好处吗？”他在接下来的 30 年里进行的广泛研究将产生大量的证据来支持“从沙发上起来”的建议。他还将开创体力活动流行病学领域，并开始在世界范围内推广有氧运动。

就像莫里斯最初的研究一样，他对休闲活动的研究也建立在以前的研究基础之上，也就是建立在群体的力量之上。长期以来，人们担心剧烈运动会带来伤害，对牛津大学和剑桥大学的划桨运动员进行的一项长期跟踪研究认为，这种担忧是多余的。该研究发现，大学生运动员的预期寿命超过了参保人群或普通人群。这为莫里斯的提议奠定了一个早期的基础，即不仅久坐可能会有害，而且运动——即使是剧烈运动——也有潜在的好处。

最后，在开展精确的科学研究以证明自己的理论时，莫里斯改变了观点。他想，人们整天都在做什么？人们在工作和娱乐时都参加了哪些可能影响健康的活动？他列出了一系列活动，从坐在办公桌前到搬箱子，从打壁球到种植花木。然后，他调查了几组男性，让他们回忆在每项活动中所花费的时间，根据这些信息，他指出持续时间更长、更强有力的活动最能有效预防心脏病。

莫里斯推翻了“节省力气是好事和过度运动是危险的”这一认知框架。他的范式转变思维涉及工具箱中的每一种工具。如果说莫里斯分析证明的是硬币的一面，那与其同时代的著名学者安塞尔·凯斯在证明硬币的另外一面时同样具有变革性——心脏病不仅是一种运动失衡，也是一种饮食失调。

即便是用“另类”和“有主见”来形容安塞尔·凯斯的个性也不是十分恰当。凯斯出生于 1904 年，在加利福尼亚州伯克利长大，当时的加州大学伯克利分校（University of California Berkeley）才成立不久。他的冒险精神似乎更多地来自蛮荒的西部，而不是他的工人阶级父母。在 16 岁，他上学上到一半的时候，凯斯觉得比起教室，他更喜欢户外，于是只带了一套换洗衣服就向南方出发了。凯斯找到了一份薪水不错的工作，但工作环境绝不是大多数人所向往的那样。在亚利桑那州奥特曼镇外几英里的沙漠中，他独自一人在一个小洞穴里工作，整天都在铲蝙蝠粪。有辆卡车每天早上来取装满粪便的麻袋，顺便留下三明治和水，这是凯斯与其他人类保持联系的唯一方式。直到在那里工作 3 个月后，他才觉得自己受够了，于是搭便车返回伯克利，完成高中学业。

尽管凯斯经常缺课、成绩平平，但他的代数老师还是给他写了一封热情洋溢的推荐信，使他得以被加州大学伯克利分校录取。他这种回归传统的转变并没有改变他的冒险性格。大学一年级的时候，凯斯在化学和微积分课上表现出色。之后，他登上了一艘开往亚洲的商船，他想试试自己的德语和中文技能。在中国香港港口，他试图用普通话来表达自己的意思，不过当地人听不懂。但用书面汉语，他可以和最精明的商人讨价还价。于是，在一群人的惊讶注视下，这位西方人买了一张小木桌，这张桌子一直是他最珍视的财产之一。

在接下来的十几年里，凯斯辗转于多间知名学府，积累了大量学术成就。他在加州大学伯克利分校用三年时间获得了理学学士学位，并在六个月内获得了动物学硕士学位。接下来，他在位于拉荷亚市的斯克利普斯研究所获得了进化生物学博士学位，然后在哥本哈根作为博士后与诺贝尔奖得主奥古斯特·克罗（August Krogh）一起研究鳗鱼血液盐度。最后，凯斯在剑桥大学获得了第二个博士学位，他和约瑟夫·巴克罗夫特（Joseph Barcroft）一起研究了高海拔对人类生理的影响。当哈佛大学向他提供一个初级教职的就业机会，让他继续开展高海拔研究时，他接受了。对智利的基尔查山进行的一次考察使他得以在有史以来测定过的最高海拔处测量血氧饱和度。他在 20140 英尺的海拔主动提供了自己的血液样本。但这几乎是以牺牲他当时的同事、后来成为《美国医学会杂志》（*Journal of the American Medical Association*）编辑的约翰·塔尔博特（John Talbot）为代价的。在采集样本时，塔尔博特差点因高原反应而丧命。

在明尼苏达州罗切斯特市备受尊崇的梅奥学院（Mayo Institute），凯斯开始了他的下一段研究生涯。他在那里待的时间虽然不长，但遇到了终身伴侣，也就是他的妻子玛格丽特·基斯（Margaret Keys）。直到 1938 年，凯斯才在明尼苏达大学（University of Minnesota）获得永久教职。他要在那里建立的生理卫生实验室，将变得既举世闻名又臭名昭著。

凯斯关于实验室的愿景是创立一门全新的科学。用他自己的话来说："这不是医学、生理学、生物化学、心理学或体育教育的问题，而是渗入和参与到所有的问题中去。"他的宏大问题是，我们吃的东西如何影响我们生理的各个方面？在凯斯的雄心壮志下，实验室的规模不断扩大，大到只能将其建在大学纪念足球场的地下一层，传说中的27号门就是它的入口。

在了解到凯斯对运动员心脏大小进行的评估研究后，军方呼吁他投入对国家有重要意义的研究中去。凯斯的第一个研制成果是“K”口粮，它里面有干肉饼、花生棒、葡萄干和肉汤酱等食物，这种质地紧密、口袋大小的食品包使美国军队在第二次世界大战期间能够“饱肚行军”。它的普遍使用（1944年共发放1.05亿份）虽然对军事成功至关重要，却遭到了军人的唾骂。

凯斯的第二次军事冒险发生在第二次世界大战快要结束的时候，当时他开展了一项独特又极具争议的饥饿实验。战后，饥饿的欧洲正嗷嗷待哺。凯斯希望能够建立起一种经过实证检验的方法来治疗饥饿至极的人群。在研究中，他有计划地将36名因宗教信仰拒服兵役的志愿者饿到了原来体重的四分之三。在饥饿和恢复饮食的影响方面，该研究产生了有史以来最权威的著作——《人类饥饿生物学》（*Biology of Human Starvation*），它也是迄今为止对生理功能进行的最艰苦评估之一。尽管如此，志愿者减重的幅度还是令人震惊。在凯斯的要求下，150磅①重的强壮男性体重最终减到了112.5磅，他们的脸部皮肤下垂，肩胛骨突出。

尽管获得了一些有用的信息，但该研究在道德方面仍然应该受到质疑，而且确实对受试者造成了严重伤害。此外，这项工作从未产生预期的影响。这部巨著出版时，第二次世界大战已经结束，欧洲已经重新得到了补给。在治疗神经性厌食症女性患者时，饥饿研究发挥了它的最大作用，因为它证明了厌食症女性患者表现出的抑郁、易怒和对食物的痴迷不仅可以用精神病理学来解释，也是在面对饥饿时的代

① 1磅约合0.45千克。——译者注

表性反应，正如凯斯的受试者们所经历的那样。我们不禁要问，凯斯的好奇心是否让他迈出了任何科学家都不应该迈出的那一步？

即使有人对凯斯的饥饿实验提出过批评，批评的声音也没有持续太久。到战争结束时，凯斯已成为全国最重要的营养专家之一。明尼阿波里斯市报纸上的讣告页激发了他对心脏病发病率上升这一重大问题的兴趣，他决定把这作为他在和平时期的追求。19 世纪荷兰的非正式报告显示，远东地区非肉食者的心脏病发病率较低，也许是因为凯斯注意到了这一点；也许是源于他的饥饿实验的结果，实验表明减少热量摄取摄入可以显著降低血清胆固醇。不管怎样，凯斯推断现代流行病是美国人饮食过量的结果。

红肉和鸡蛋的消费在第二次世界大战后呈上升趋势。随着 1948 年第一家麦当劳快餐店的开业，美国进入了疯狂爱吃牛肉的时代。十年后，麦当劳已经卖出了一亿个汉堡包；到 20 世纪 70 年代中期，美国牛肉消费量已经翻了一番。凯斯后来成了一名反对分子，他猜想、证明并且推广了一种富含新鲜水果、蔬菜、面包和意大利面的饮食。他称之为“地中海饮食”。

为了证明自己的饮食理论，凯斯从对少数人的研究转向了对数千人的研究，转向了莫里斯从事过的学科——流行病学。这促使他毕生都在致力于建立膳食脂肪、血清胆固醇和心脏病之间的联系。这是一个传奇故事，两个新的子领域因此而建立：心血管流行病学和营养流行病学。

群体的力量和重新组合排列在凯斯的研究中发挥了重要作用。他那庞大而复杂的研究需要一个由统计学家、营养学家、生理学家和医生组成的多学科团队，每个成员都将各自学科的知识贡献到更大的整体中，他的生理卫生实验室也因此成为世界上最好的心血管流行病学研究中心之一。此外，凯斯与世界各地的研究机构建立了研究合作关系。这些努力将带来300多篇经过同行评议的论文、许多经典著作，以及全球流行病学研究力量的激增。

凯斯的工作建立在群体的力量之上，建立在其他人获得的知识之上。几十年来，人们一直都知道，出生在"错误"的家庭会大大增加患心血管疾病的风险。高血压和高胆固醇会在一些家族中聚集性发生，导致早死和常发性死亡。此外，20世纪初俄罗斯帝国医学院（Russian Imperial Medical Institute）进行的一系列巧妙的病理学研究表明，动脉阻塞的罪魁祸首是脂肪球。病理学家尼古拉·阿尼奇科夫（Nikolai Anitschkow）不断给兔子喂富含脂肪和胆固醇的食物，在兔子体内发现了与心脏病患者冠状动脉病变相似的脂肪动脉病变。这些线索都很吸引人，但还远远不是决定性的。正如现代心血管疾病专家亨利·布莱克本（Henry Blackburn）回忆的那样："关于环境对心血管疾病可能产生的影响，人们在1948年前后在医学上的无知和所持的谨慎态度在今天很难被理解……吸烟和肥胖只是令人反感而已；体力活动既危险又不时髦……"

凯斯发起的第一个正式测试其饮食/胆固醇假说的研究是明尼苏达商务和职业男性研究（Minnesota Business and Professional Men Study）。1947年启动的这项研究非常重要，它要将一种新开发的设计——群组研究应用于心血管疾病研究。群组研究是在某个时间点测量可能的原因和之后产生的影响。假设心脏病患者报告说他们不太喝咖啡，这提示咖啡可能会预防心脏病。但是，如果事实证明咖啡摄入量的减少是因为心脏病患者试图养成更健康的习惯呢？也就是说，咖啡不会引起心脏病发作；心脏病导致患者减少了咖啡摄入量。在群组研究中，流行病学家会先就咖啡消费问题采访研究对象，然后跟踪他们一段时间以确定后来发生的疾病事件。这将能清楚地确定是咖啡摄入量减少在先，还是心脏问题先出现。

像其他许多伟大的创新者一样，凯斯能够将难题进行剖析并分解成可衡量的问题。他没有简单地询问人们吃了什么，而是测量了血清胆固醇（以及血压、心电图、胸透和皮肤皱褶）。此外，他采用最新技术将胆固醇分离成了 α 和 β 脂蛋白亚组分，它们分别是“有益胆固醇”（高密度脂蛋白 HDL）和“有害胆固醇”（低密度脂蛋白 LDL）的前体。

凯斯筛选出了一组特定的受试者，进一步提高了其结果的有效性。在明尼苏达州参与这项研究的 286 名男性都是中年商务人士，这一群体似乎最容易患上这种新型流行病。他选择的这群人都是当地企业推荐的特别稳定的员工，事实证明，在接下来的 40 年间，他们都将是忠实的受试者。他还选择出了能反映不同基准心血管风险的受试者，正如他在论文中指出的那样：“……首先选出的是 50 名体重超重的，50 名体重不足的，以及另外 50 名在当地基督教青年会和运动俱乐部的项目中特别活跃的男性。”这种策略排除了其他因素的影响，更有可能识别出饮食产生的影响，就像在“捡棍子”游戏中一样，人们通过把棍子分散开来，而不是把它们堆在一起，来提高分离棍子的成功率。最后，善于推销的凯斯聘请了明尼苏达州州长爱德华·约翰·泰伊（Edward John Thye）和明尼苏达大学橄榄球队受人爱戴的教练伯尼·比尔曼（Bernie Bierman）。他们的“背书”使得 92% 的被推荐男性决定参与研究，其中 93% 的人在研究中坚持了 15 年。经过 40 年的随访，除了 54 名男性仍处于监测之下，其他大多数人都因心脏病去世。

明尼苏达商务和职业男性研究证实了凯斯的猜想：胆固醇是心脏

病的最强预测因子之一。它颠覆了公众对美好生活的设想。母亲们一直在给孩子们吃动物内脏、鸡蛋和黄油。许多家庭曾认为堆积如山的肉是富足和幸福的象征。然而，凯斯证明胆固醇值 > 260 的男性比胆固醇值 < 200 的男性患心脏病的可能性高出 5 倍多。凯斯打破了“好胃口是踏上健康之路的通行证”这样一种认知框架。

1958 年，凯斯拓宽了这一问题。他在明尼苏达州商务和职业男性研究中提出的问题是：高胆固醇会增加明尼苏达州的心脏病发病率吗？现在，凯斯的问题是：不同文化间的饮食差异是否与心脏病的不同国际模式相关？他曾受邀到许多国家去传播他关于低脂肪饮食的观点，当地食物的多样性给他留下了深刻印象。随着每个国家心脏病数据和结论的出炉，凯斯意识到，来自不同国家的科学家一起工作将产生一套健全有效的全球通用理论。这一非凡的想法得到了美国总统艾森豪威尔（Eisenhower）的私人医生达德利·怀特（Dudley White）的支持，怀特因在总统心脏病发作后负责治疗而名声大振。怀特对凯斯工作的认可为其打开了世界各地的大门。

“七国研究”是凯斯在科学上的胜利，证实了他的见解，让他声名鹊起。在美国、芬兰、希腊、意大利、日本、荷兰和南斯拉夫 40—59 岁的男性群体中，他和他的国际同事共招募到 12 770 人参与研究，其中大部分来自乡下，饮食习惯都很传统。

他们需要开发新的方法来评估饮食，这就需要进行细致观察。他们还需要深入研究来自不同文化的人们的生活——从而改变观点。各个国家的研究小组对所有可能的饮食选择进行了分类。受试者完成的饮食调查会在不同的季节重复进行，其中包括称重七天内摄入的所有食物。研究小组还开发了其他方法，其中包括对营养成分进行细致评估。从凯斯的一篇论文中可以明显看出观察的细致程度：“营养成分是通过对饭菜和菜单的复制品进行化学分析估算出来的……”这些方法是化学和流行病学的结合，是以往调查方法的重新组合排列，从那时起就一直是营养流行病学的基础。

在解释日本和希腊群岛的中年男性与美国和芬兰的中年男性心血管疾病发病率的显著差异时，凯斯推断低饱和脂肪饮食（少于每日热量的 10%）可以降低心脏病风险。这既解释了日本男性的低发病率——他们主要食用米饭、鱼和蔬菜，也解释了希腊男性的低发病率——他们饮食中 35% 的热量来自脂肪，但脂肪是不饱和的，来自水果和蔬菜，也包括坚果和橄榄油。相比之下，在芬兰，这个伐木工们在奶酪上涂黄油的国家，男性摄入的饱和脂肪特别多，心血管疾病发病率特别高。

凯斯发现了一个与直觉相悖的事实，即血清胆固醇的主要决定因素不是膳食胆固醇，而是膳食脂肪。他的“凯斯公式”一直是一种根据饮食准确预测血清胆固醇的工具。凯斯绘制了一张引人注目且广为流传的图表，描述的是一个国家心脏病死亡人数的对数与平均膳食脂肪摄入量之间的关系。这种关系实际上是一条直线。现在，我们承认进行国际上的比较可能会产生误导，而且除了饮食，还有很多因素会导致心脏病发病率不同。尽管如此，凯斯的主要观点被证明是正确的。

凯斯的团队后来由既是医生又是流行病学家的哈里·布莱克本领导，在心脏病领域主持了许多非常著名的多中心研究。凯斯本人于 1972 年退休，但在那之前，他将打破另一个认知框架，从而在科学界之外也变得颇有名气。

1959 年，凯斯和他的妻子玛格丽特跳出了科学的常规范畴，撰写了一本烹饪书来宣扬希腊和意大利饮食对健康的益处，很受欢迎。这本名为《吃得好才健康》（*Eat Well and Stay Well*）的书将食谱和研究结合在了一起，销量超过 10 万册，被翻译成了 5 种语言，并将著名的地中海饮食引入了美国。其中的特色食物是那些凯斯认为不仅对健康有益而且味道也不错的食物。1961 年 1 月 13 日，《时代》（*Time*）杂志的封面人物就是这位标志性的科学家，他是当时明尼苏达大学唯一一位获得如此之高声誉的人。玛格丽特担任第一作者的地中海饮食烹饪书续篇《仁慈的豆子》（*The Benevolent Bean*，1967），进一步巩固了凯斯的名望。凯斯用新获得的财富在意大利皮奥皮村（Pioppi）建造了一座名为“Minnelea”的别墅，它坐落在柑橘园之中，有一个可以俯瞰地中海的露台。

对于保持健康的生活方式，地中海饮食和经常性的休闲运动仍然是现代建议的基石。凯斯和莫里斯一样，利用工具箱中的每一个创新工具来打破现有的对健康舒适食品的认知框架。用不饱和（植物）脂肪替代饮食中的饱和（动物）脂肪是否能降低心脏病和中风风险？早在 2010 年，《考克兰评价》（*Cochrane Review*）就系统地评估了世界上相关的文献，结果表明确是如此。

美国农业部（U.S. Department of Agriculture）的膳食指南建议将每日脂肪总摄入量限制在每日热量的 20%—35%。该指南建议，饱和脂肪所占的热量应不超过每日摄入热量的 7%—10%，即每天约 140—200 卡路里（16—22 克）。

类似地，2010 年发表在高影响力期刊《循环》（*Circulation*）上的一篇系统性综述得出结论说：“有大量证据表明，经常锻炼身体的人患心血管疾病的概率更低。”正如杰里·莫里斯所预测的那样，在所有种族/民族群体中，对所有年龄段（80 岁以上年龄段的数据有限）的男性和女性来说，锻炼都可以降低患心脏病的风险。美国疾病控制中心目前建议每周至少进行 150 分钟中等强度或 75 分钟剧烈的有氧运动，而且越多越好。

注解莫里斯和凯斯：创新工具的使用

也许，对于我们应该吃什么和我们应该如何运动，莫里斯和凯斯用来改变全球观念的最重要的工具就是剖析问题和观察。正如他们的前辈通过打开体腔和观察冠状动脉病理来了解心脏病一样，莫里斯和凯斯通过利用流行病学方法分离出了人群中患病的风险因素。这些天才都考虑到了心血管疾病流行的复杂性，通过仔细挑选，他们找到了导致一个人心脏被侵袭而另一个人却保持健康的不同生活方式。这就像找到了一条至关重要的线索，一旦将其扯开，就会解开整个谜团。

从莫里斯和凯斯的研究中产生的认知框架转换是一种反向思维，它源于提出正确的问题。在这两位天才出现之前，暴饮暴食和尽量不活动是社会性追求。两人不认为这些是高尚的愿望，他们问的是这是否会产生意想不到的后果。莫里斯的宏大问题是：导致不同职业群体冠心病患病率不同的原因是什么？凯斯问道：我们吃的东西如何影响我们生理的各个方面？这些问题不仅仅来自最初的观察，也来自归纳和演绎的结合。把运动和饮食作为导致心脏病的假定因素，这在最初纯粹就是放胆一试。

莫里斯和凯斯不仅是宏大问题的提出者，也是科学技术的拓展者。他们使用新发明的流行病学工具进行了数百人参与的研究，而并非只是少数人的研究。他们利用组合和群体的力量，与世界各地不同学科的同仁建立起了合作关系。见解既来自对他人工作成果的借鉴，也来自一个由有着不同文化背景、拥有不同视角和专业知识的专家组成的多元化联盟。

他们成功地将这么多不同的观点汇集在一起，可能他们每个人也都因此更容易改变观点。莫里斯和凯斯开始以受试者的思维模式思考问题。莫里斯问道：“人们整天都在做什么？”凯斯问道：“如果不是通过诱使人们改变烹饪方式的话，如何改变饮食文化？”不仅是拓宽视角，而且反向思维、群体的力量以及许多其他工具的组合使莫里斯和凯斯能够以在当时看来是突破性的方式进行思考。他们的影响创造了全新的科学领域。以前的假设被打破了，原来被认为好的东西变成了坏的。世界再也不会如此快乐天真地拥抱进步了。

	提出正确的问题	群体的力量	类比	重新组合排列	观察	归纳演绎	改变观点	拓宽视角	剖析问题	反向思维	认知框架转换	自主性	开放性	坚韧性
莫里斯	🔧	🔧	🔧	🔧	🔧	🔧	🔧	🔧	🔧	🔧	🔧	🔧		🔧
凯斯	🔧	🔧	🔧	🔧	🔧	🔧	🔧	🔧	🔧	🔧	🔧	🔧	🔧	🔧

图 8.1　莫里斯和凯斯：创新工具及特征

C——09
hapter

第 9 章

为电而生

托马斯·爱迪生
Thomas Edison

在18世纪和19世纪，各种发明走进了美国家庭的厨房和客厅。当将工程创新应用于机器和制造业时，一种将科学转化为社会繁荣的实用机制便应运而生。这是一场革命，人们称之为工业革命。纺织品的大规模生产、蒸汽机和机床的改进、铁路的加速，以及焦炭在炼铁中的应用都是节点性的进步，它们带来的财富和生活质量的大规模提高是前所未有的。工业革命的动力不是理论科学，而是实实在在的技术。这是一种人们可以看得见摸得着、有用武之地的创造力。

托马斯·爱迪生拥有1093项专利，是留声机、电灯泡、配电系统、电话听筒和电影摄影机等现代奇迹之父。或许可以说，他是唯一一位明显地丰富了现代生活的发明家。我们的问题是：作为一名工程师和发明家，他是否和那些天才科学家一样有着同样的思维轨迹？爱迪生的个性特征无疑是任何杰出创新者都有的。凭着明显异于常人的好奇心、自立和毅力，这个在贫困中长大、缺乏正规教育的半聋男子，后来成为通用电气（General Electric）的著名创始人。就像牡蛎遇到一粒沙子一样，爱迪生似乎绝对不会放弃一个想法，直到把它变成一颗珍珠。当然，爱迪生也很有智慧，而且心灵手巧。但是，这一工业革命的典范人物是否与理论家和实验主义者使用同样的思维地图，即同样的创新工具呢？

从出生起，爱迪生的希望和梦想就随着工业革命而起起落落。然而，具有讽刺意味的是，技术进步和爱迪生都并非一帆风顺。爱迪生六岁时，他的家乡俄亥俄州米兰市因拒绝向湖岸铁路公司（Lake

Shore Railroad）提供免费通行权而遭受重创，主要铁路线因此绕道而行，导致该市经济损失达80%。1853年，爱迪生的父亲萨姆（Sam）被迫和妻子、7个孩子迁往密歇根州休伦港。在那里，萨姆在房地产行业赔了一笔钱后，转营木材和粮食生意。但在米兰遭受重创之后，正如马修·约瑟夫森（Matthew Josephson）在其为爱迪生所作的传记中指出的那样，萨姆"没有了稳定的供应商"。

爱迪生在学校也经历了类似的失败过程。他后来在接受《纽约先驱论坛报》（*New York Herald Tribune*）采访时回忆道："我在班上总是垫底。我曾经觉得……我父亲认为我很蠢。"据传，当他无意中听到一个老师叫他"笨蛋"时，他从教室里跑了出来，并且拒绝回到学校。从此以后，他的母亲就在家里教育他，他从母亲那里得到了坚定不移的鼓励。

9岁时，爱迪生突然开始对技术进步产生兴趣。而且，有点令人惊讶的是，他的这种兴趣发展成了一种难以抑制的狂热。在一本带有插图的《R.G.帕克的自然哲学学院》（*R.G. Parker's School of Natural Philosophy*）（来自他母亲无意中的介绍，是一本自然科学中简单实验的汇编）和一本二手《科学词典》（*Dictionary of Science*）的指导下，爱迪生在自己的卧室里建了一个实验室，在有一次将硫酸溅到家具上后，实验室就被搬到了地下室。他在那里一待就是好几天，进行电力和电报方面的研究。

塞缪尔·莫尔斯（Samuel Morse）、约瑟夫·亨利（Joseph Henry）和阿尔弗雷德·韦尔（Alfred Vail）在1844年发明了电报系统。作为第一个可以发送即时远程信息的设备，电报创造了一场通信革命。它的工作原理是通过电线发送电脉冲。在接收端，一种推动电枢的装置与移动纸带上的墨轮相连。一系列代表字母的短划线和点就由此产生了。电报员很快就发现纸质记录是无关紧要的，训练有素的耳朵可以轻易理解机器发出的咔嗒声。熟练的电报员每分钟可誊写单词多达 30 个。成为一名电报员是许多有科学精神的男孩的愿望，爱迪生也是如此。

然而，与其他满足于在地下室制作简陋电报的男孩不同，爱迪生并不满足于一个游戏模型。他打算建造一台真正的莫尔斯电码电报机，但建造这样一个复杂的设备需要资金。当 1859 年休伦港开通铁路线路后，12 岁的爱迪生违背父母的意愿，坚持要当“糖果小贩”，向乘客们出售零食。他虽然很年轻，却开始了一场冒险，走进了铁路工程师的圣地和底特律的机械工厂。他不得不自己寻找到那些陌生的场所，与令他讨厌的年长男人混在一起，每天还要工作 14 个小时。当然并不全是什么令人兴奋的事情，似乎还有无穷无尽的停工时间，但这些对爱迪生来说并非如此，他在火车上为自己建了一个实验室。

尽管爱迪生早期在发明方面取得了进展，但种种状况都对这位刚刚崭露头角的天才不利。其中最糟糕的是耳疾的发作。爱迪生后来回忆说：“我从 12 岁起就再也没听过鸟儿唱歌了。”这个男孩感到自己完全处于孤立无援的境地，他本可以一个残疾人的身份消失在历史的长河中，但不幸只会使他振作，他发誓要自力更生。他的“避难所”变成了底特律公共图书馆（Detroit Public Library）。在那里，他系统地阅读了所有书籍，从底层书架到顶层书架，从伯顿（Burton）的《忧郁的解剖》（*Anatomy of Melancholy*）到牛顿的《原理》（*Principles*）。

到 15 岁时，随着爱迪生越来越自立、越来越自信，他的企业家气质也逐渐显现出来。在承担了自己所在铁路线的报纸销售工作后，他说服电报员在火车到站前发布头条新闻，从而进行炒作。当火车到达时，爱迪生便能够以翻倍的价格卖出大量报纸。不论是作为发明家还是作为商人，爱迪生都在顺利地成长着。

同年，爱迪生实现了他早年的抱负。当他从一辆迎面而来的火车车轮下救出车站站长的3岁儿子时，站长麦肯齐（MacKenzie）愿意给予爱迪生任何他想要的东西作为奖励，于是，爱迪生要求接受电报员的培训。在接下来的几个月里，麦肯齐如约对爱迪生进行了培训。爱迪生很快就掌握了职业技能并找到了工作，但好景不长，他接二连三地遭到解雇，因为他乱动设备，或者有时会因为停下来思考一个想法导致信息积压。为了避免爱迪生陷入贫困，从新泽西到肯塔基的同事都会借钱给他。但是，他永远都将工资用在购买工具和电线上，而且他的心思永远都在别处，不久之后，人们就清楚地认识到，爱迪生注定不是一名电报员。

在那段时间里，爱迪生埋头于与电力有关的各种各样的计划和发明，甚至在他的梦中也是如此。爱迪生心目中的英雄是科学家迈克尔·法拉第。和爱迪生一样，法拉第很穷，也没有受过正规教育。但是，这位伟大的英国科学实验主义者发现了物理学中最基本的概念之一——电磁感应。电磁力是带电粒子之间的相互作用产生的力，由丹麦物理学家汉斯·奥斯特（Hans Ørsted）于1820年首次发现。十年后，法拉第意识到电和磁是一枚硬币的两面。特别的是，一个变化的磁场会在附近的电路中产生电流。法拉第对电磁［詹姆斯·麦克斯韦后来用数学术语将其形式化］的见解对物理学来说再重要不过了。电磁力是有形世界的基本力之一。除了决定电磁学，电磁力还能将原子聚在一起，解释化学反应和经典力学。

法拉第的发现有着同样重要的实践意义。它成为许多类型的电动机的基础，他自己也以此为基础发明了发电机——现代发电机的鼻祖。

法拉第发电机产生的电能超过了普通电池所能产生的规模。它创造了工业规模的能源，使爱迪生的许多发明成为可能。

在怀揣梦想多年后，爱迪生决定全力以赴成为一名全职发明家。在波士顿，他的第一项专利（1868 年 10 月获得批准，专利号为 90646）——电报式投票记录机没有实现商业价值。他的第二项专利（1869 年 1 月获得批准）股票行情自动收录器比较成功，但爱迪生与赞助人之间的争吵导致赞助人将专利权卖出，他颗粒无收。最后，爱迪生完成了他十年来的梦想——一种可以在一条线路上发送多条信息的双工电报机。在获得 800 美元的贷款后，他在纽约州的罗切斯特市和纽约市之间进行了测试，但没有成功。贷款还没有还清，这个身无分文的流浪汉又从某个倒霉朋友那里借了些钱，然后乘船去往纽约。爱迪生向来乐观，他确信在这座新城市，他会有成功的机会。

市场对黄金的投机拯救了爱迪生，但并不是因为有人给了他一个幸运的投资建议。爱迪生的救星是一种电报装置，叫做“金价指示器”，它可以不断将黄金价格传到华尔街各经纪人的办公室。历史性的命运转折发生时，爱迪生碰巧正出于个人好奇在检查那复杂的装置，它突然坏了。混乱随之而来，疯狂的人们涌入办公室，急切地要拿到黄金报价。当它的发明者塞缪尔·劳斯（Samuel Laws）站在那里发愣时，爱迪生发现了问题所在（一个弹簧掉落在两个齿轮后面）并将其修好。他立即就被雇用，后来以自己的工资作为原始资本，最终成功地为几项有用的电报发明申请了专利。其中一个是改良的股票行情自动收录器，到 1871 年已经从西联汇款公司（Western Union）获得了 50 万美元的订单。

爱迪生早期的电报专利（有 150 项）都使用类比来阐述早期的设计，几乎没有偏离常规。然而，随着他的发明变得更加大胆，他对创新工具的使用也变得更加明显和多样化。例如，四工电报是爱迪生当时最大胆的发明，它使得反向的电流［之前由斯特恩斯（Stearns）获得专利］和同向的电流（爱迪生的重大发明）都可以在一条线上流动。改变观点让四工电报得以问世。爱迪生几乎总是为了“看到”一个想法而画画。在他仍然想不出什么好主意的情况下，他造了一个水泵，水可以在阀门之间来回流动，他用这个来想象电流如何在电路之间流动。四工电报是电报功能效率上的重大进步，同时，它为爱迪生的新事业创造了大量的资本。

接下来出现的并不是什么更具独创性的专利，而是一个通过认知框架转换完成的弹射器。但认知框架转换并非只产生了这一个发明，它产生了一种全新的发明方法。1876 年，在俯瞰费城和纽约之间铁路线的新泽西州牧场上，这位雄心勃勃的设计师建造了一座谷仓形的建筑，这将成为有史以来第一个工业创意工厂。爱迪生称之为门洛公园（Menlo Park）。这里拥有当时所有最新最好的设备，对于一个私人实验室来说，是一套前所未有的工具和仪器；员工都是技艺非常熟练的专业技术人员。门洛公园打破了所有习惯性假设，即发明家都是独自工作，而且处于贫困的边缘。一个世纪后的今天，从国际商业机器公司（IBM）到通用电气，再到微软（Microsoft），工业研发（R&D）实验室已经成为各个组织不可或缺的一部分。作为第一个工业研发实验室，门洛公园这个主意超越了爱迪生同时代人的想象。

门洛公园长 100 英尺、宽 30 英尺，在当时堪称颇具规模，加上它在设备上的大胆投入，淋漓尽致地体现了爱迪生对此所寄予的厚望。爱迪生曾对物理学家乔治·比尔德（George Beard）说，门洛公园将“每 10 天就会产生一项小发明，大约每 6 个月就会产生一项大发明”。尽管这听起来像可笑的吹嘘，但实际的发明周期比爱迪生预言的还要短。在6年的时间里，门洛公园创造了大约400项发明，或者说大约每6天就有一项发明。在门洛公园，爱迪生将发明的问题从“如何设计新设备”扩展到了“一个优秀的团队创造有用发明的最大数量和最快速度是多少”。

门洛公园的生产力水平是任何人，即使是爱迪生，都无法单独达到的，这需要群体的力量。爱迪生的助手们带来了各种各样的技术技能，其中许多人在他身边待了几十年。而且，爱迪生很有眼光，能发现最优秀的人才。他把他们从世界各地带来：查尔斯·巴切勒（Charles Batchelor），首席机械助理，来自英国；路德维希·伯姆（Ludwig Boehm），吹玻璃大师，来自德国；约翰·克鲁西（John Kruesi），钟表匠，来自瑞士；数学家弗朗西斯·厄普顿（Francis Upton）、咨询工程师威廉·哈默（William Hammer）和绘图员塞缪尔·莫特（Samuel Mott）都来自美国。他们合同上规定工作时间是每周6天，每天10小时，但因为门洛公园地处偏僻，工作时间通常都会远远超出规定时间。爱迪生让他的专业技术人员加快推动每天的进度，为了激励自己的团队，他还出台了财务奖励措施，让员工们可以经常分享到利润。

爱迪生在结合归纳和演绎方面很有天分。一方面，他同时管理多个实验细节的能力堪称传奇，据说他曾经在门洛公园同时进行着44个项目。爱迪生亲自监督这些项目的各个方面，获得最新进展并提出建议。他可以将任务分割成几个独立的部分，并将其分配给擅长该部分任务的技术人员，而且决不允许放弃自己的愿景。同时，他又将演绎奉为圭臬。他曾经对一位同事说：“（发明的）第一步总是直觉，之后就是迸发开来。对我来说，所有的发明都是这样的。”也就是说，推动爱迪生的愿景来源于逻辑的内在发展，甚至来源于梦境。另一方面，愿景的实现是一个漫长的攀登过程，要爬上一个由经验性和客观的台阶组成的楼梯。

也许爱迪生天才的核心本质在于他对实用性的追求——他不仅对归纳和演绎进行了结合，而且将发明与商业结合在了一起。这不仅是一种重新排列，而且是一种反向思维，颠覆了当时认为科学技术是利他主义的观点。爱迪生和所有优秀的商人一样，认为门洛公园的首要工作不是为了满足社会的需要，而是为了满足社会的需求——也就是对关键的市场需求做出反应。这是基于资本运作的科学。正如市场决定价格，进而决定价值一样，爱迪生在决定他和他的团队将要发明什么时很重视商业上的考虑。最终，这种反浪漫主义的实用性颠覆了发明的基本理念。它使门洛公园那样规模的工业化研发取得了财务上的成功。

留声机是爱迪生在门洛公园取得的第一个胜利，事实上，正是这项发明为他赢得了“门洛公园奇才”的称号。毫无疑问，留声机是一项革命性的创新。它改变了世界——机器会说话了！当设备启动开始播放时，这个设备会用一段录音问候听众，询问他们的健康状况，询问他们对这个新玩意儿的看法，并亲切地向他们道声晚安，大家感到非常震惊。

留声机背后的创新方法来源于爱迪生重新组合排列现有事物的能力。第一个输入建立在亚历山大·格雷厄姆·贝尔的工作成果之上，他在 1876 年 2 月为第一部实用电话申请了专利。电话机最初的工作原理是这样的：一个薄薄的软铁圆盘，或者叫做膜片，被放在了一个包裹着铜线的磁铁附近。声音撞击膜片发出的声波会使膜片振动，连接在膜片上的铜磁线圈中便会产生脉冲，进而在电话线上产生电流。电话的另一端设置了一个接收膜片，会根据接收到的电脉冲振动，从而再现原始声音。贝尔的这一发明虽然受到了媒体的追捧，但远非完美。它发出的声音微弱而模糊，而且不能同时进行发送和接收。1877 年 1 月，贝尔申请了一项改进电话的专利，改进后的语音质量略有改善，发送者和接收者可以在同一条线路上通话。尽管如此，还是无法通过电话进行远距离通信。

爱迪生解决了这一问题。1878 年 2 月，他申请的专利既扩大了电话的通话范围，又提高了电话的保真度。感应线圈的安装解决了距离问题，通过感应线圈，电池的电流会产生更强的电脉冲。碳粒式麦克风的发明解决了音质问题。爱迪生之前发现，碳粒的电阻会随着压力的变化而变化。通过演绎，他推测碳的这种特性在传递声音振动方面可能是有益的。事实上，随着电话膜片振动而变化的碳电阻极大地提高了传输的音量和语音质量，并成为一个世纪以来电话制造的标准。

在发明留声机的过程中，爱迪生进行重新排列的第二个输入是电报中继器。仅仅在他申请碳粒式麦克风专利的几个月前，爱迪生就申请了一项改进电报技术的专利，改进的装置可以“将来自一个遥远电台的字符在一张纸上压出凹痕（实际上，是在盘片上螺旋旋转的磁盘上压印），并且可以用这张纸来传输同一信息，从而可以自动地将同一信息从一个电报站多次传送到不同的电报站”。换句话说，电报中继器可以记录、存储信息，稍后还可以进行播放。它直接拉开了留声机发明的序幕，留声机之于人的声音就如电报中继器之于莫尔斯电码一样。

最后一个输入影响了爱迪生对留声机的思考。1837 年，利昂·斯科特（Leon Scott）发明了一种叫做“声波振记器”的装置。该装置包括一张涂有油烟的纸，它固定在一个旋转的圆筒上。一根固定在膜片上的猪鬃毛会在纸上勾勒出一个视觉上令人愉快的图案，代表着声音的振动。虽然它只是一个摆在客厅供人取乐的玩具，但在声音的无形与有形之间的转换中，它是关键一步。

有趣的是，对关注度足够细致的人来说，对这些构成要素进行重新排列几乎是自然而然的事情。在对碳粒式麦克风进行实验时，爱迪生将一根短针固定在膜片上，当膜片振动时（尽管他无法听到它的声音），针就会刺痛他的手指，声音也就成了电报的一种工具。与此同时，电报中继器成了一种发声的工具。爱迪生注意到，当触针在快速记录点和短划线时，装置里的一个弹簧开始嗡嗡作响。爱迪生当时说它的音色听起来就像模糊的人声。

经过几个月的反复试验，经爱迪生组装、拆开再重新组装的部件和材料开始创造一个有意义的整体。1877 年感恩节刚过，爱迪生在他的笔记本上画下了后来成为第一部留声机的样机草图。它由两部分组成:（1）一个安装在进给螺杆上、刻有螺旋槽纹的黄铜圆筒，上面包着一层薄薄的压制锡箔;（2）一个与膜片中心相连的触针，膜片又与电话话筒相连。在转动曲柄的同时对着话筒喊叫，膜片会振动，进而带动触针在转动的锡箔上留下印痕。然后将锡箔倒回，并使用相应的播放触针，同时以与原始录音相同的速度重新转动曲柄。

值得注意的是，爱迪生的天才工匠约翰·克鲁西（John Kruesi）在收到图纸并被告知“机器必须会说话”后，制作了一个可行的原型机。在爱迪生对着话筒唱出“玛丽有只小羊羔”后，这首小曲又重新清楚地响起。爱迪生说他“这辈子从没这么吃惊过”。但他并不是唯一一个感到吃惊的人，那台留声机在当年轰动一时。成群结队的人涌向门洛公园，消息传遍了全世界。但令人奇怪的是，在接下来的十年里，爱迪生并没有在商业化留声机上继续花力气。他把改进留声机的大部分工作留给了亚历山大·格雷厄姆·贝尔等人。

在此期间，爱迪生完成了使他家喻户晓的发明——电灯泡，这为他赢得了最多的专利（389 项），并成为他在商业上获得的第一个巨大的成功。大多数评论家说，改进白炽灯的工作反映不出什么洞见，更像是跬步前行，因为他们坚持认为这项发明只是对以前设计的简单细化。事实上，到 19 世纪 30 年代和 40 年代，其他发明家的工作已经确立了现代电灯泡的许多特性。詹姆斯·林赛（James Lindsay）、沃伦·德拉鲁（Warren De la Rue）、约翰·斯塔尔（John Starr）、亚历山大·洛迪金（Alexander Lodygin）、让·罗伯特－乌丹（Jean Robert-Houdin）、约瑟夫·斯旺（Joseph Swan）和亨利·戈培尔（Heinrich Göbel）都曾设计出电灯，其中的光由灼热的灯丝发出。有些人甚至在玻璃灯泡内创造了一个真空环境，以避免灯丝氧化。这些尝试制造出的电灯虽然勉强能用，但它们的缺点，包括持续时间短、生产成本高、需要电流过大，使得它们不适合商业使用。

怀疑论者认为任何人最终都可以克服这些缺陷。其实，这不太可能，因为人们之前在尝试时遇到的技术问题都不是小问题，他们没能走出现有的认知框架。爱迪生的设计之所以成功，是因为他转换了认知框架。

首先，对爱迪生来说，灯泡不仅仅是一个孤立存在的灯泡，而是系统的一个组成部分。爱迪生不是从单个装置的角度，而是从一个广泛的照明系统的角度来思考这个问题的。其次，爱迪生认识到，长期以来认为白炽灯需要低电阻的假设是错误的。低电阻灯丝加重了阻碍商业化的几个缺点；更糟糕的是，这些问题在照明系统中会被放大。这些认知框架的转换使爱迪生对分布式照明采用了一种完全不同的科学方法。

爱迪生的第一个认知框架转换是从一个灯泡扩展到一个整体。尼尔·鲍德温（Neil Baldwin）的传记《爱迪生：发明世纪》（*Edison:*

Inventing the Century）中有一段描述是爱迪生打电话给媒体并向记者们介绍他的愿景，他认为当时需要的是建立一个完整的电力系统。他说："系统的所有部件都必须参照其他部件来构建，因为从某种意义上说，一台机器是所有部件的组合。"随后，这位发明家同意赞助人成立了爱迪生电力照明公司（Edison Electric Light Company），"以拥有、制造、经营和许可使用各种用电力产生光、热或能量的设备"。值得注意的是，这两件事都发生在他成功改进电灯泡的一年多以前，甚至在他开始对此开展任何认真的研究之前。尽管爱迪生最著名的格言之一是"发明是百分之一的灵感加百分之九十九的汗水"，但他带着大胆的设想和强烈的渴望，总是特别超前。这次，他走得太远了，因为他如此公开和过早地提高了人们的期望值。尽管如此，他的设想是正确的，并最终构建好了组成一个分布式照明系统的所有部件，灯泡只是其中的一部分。

第二个认知框架转换是对电学定律的重新理解。支撑爱迪生白炽灯系统的电气原理来自欧姆定律。问题是，欧姆定律一直以来都被受过大学教育的物理学家所误解。欧姆定律是连接电的各组分的指导性数学原理，由德国物理学家乔治·欧姆（Georg Ohm）于1827年提出。表达公式为$I = U/R$，表明两点之间流动的电流（I）与两点之间的电压（U）成正比。因此，电压越高，电流就越大。同时，随着电阻（R）减小，电流也会增加。

想象一下，有两桶水由软管连接，当一个水桶被举起时，重力迫使水通过软管流到另一个水桶。电压可以看作是两个桶之间的压力差或高度差。电荷是系统中电子的数量，类似于水分子的数量。电流（以安培数为单位）是流量，类似于单位时间内从一个桶流到另一个桶的水量。软管部分堵塞会产生阻力。当举起的水桶被挂得更高（更高的电压）时，当软管更粗（更小的电阻）时，水流量更多（更大的电流）。欧姆定律再次表明：电压越大，电阻越小，电流就会越大。

爱迪生认为照明系统必须使用固定电压。就水桶而言，这相当于所有水桶都处于同一高度。爱迪生通过自己对煤气灯的类比得出了电压恒定的结论，煤气灯是爱迪生那个时代存在的唯一家庭照明系统。煤气通过固定的管道系统来输送。虽然煤气很危险（煤气会泄漏进水源，容易爆炸，并引起头晕和头痛），但它是分布式照明系统的一个例子。爱迪生意识到，当煤气在恒定的压力下流动时，煤气管道系统就会产生稳定的照明。同理，如果相连电线上承载的电压是固定的，就会形成一个稳定的电气系统。

爱迪生对欧姆定律的理解来自他的直觉。门洛公园的第一位数学家、普林斯顿大学毕业的弗朗西斯·厄普顿则负责用精确的计算来证实这位老板著名的直觉。在一个常常被提起的故事中，爱迪生递给新聘用的厄普顿一个梨形玻璃灯泡来测试他。“它的体积是多少立方厘米？”爱迪生问道。一个小时后，当厄普顿刚在纸上画出灯泡形状准备计算时，爱迪生再次出现并要求他给出答案。厄普顿要求更多的时间，而爱迪生对他说，答案现在应该已经很明显了。爱迪生告诉这位懊恼的数学家，只要将灯泡注满水，然后把水倒进一个量筒测量体积就行了。

厄普顿的任务是证明爱迪生关于电气系统的另一个观点，即照明系统中灯具的电阻要高。之前所有为灯具开发所做的尝试都是使用低电阻的碳丝或铂丝。根据欧姆定律，爱迪生知道在给定电压下，低电阻意味着电流增大。但他推断增大电流是不可行的。首先，传导更大的电流需要通过更粗的线路。当厄普顿在计算通过一个低电阻的并联电路传导足够的电流需要多少高成本铜线时，他发现铜的需求量大得令人无法接受。此外，电流越大，产生的热量就越多，灯丝烧坏的速度也就越快。

事实上，由于灯丝将存在于一个分布式系统中，爱迪生意识到它们需要有特别高的电阻。根据爱迪生的设想，一条将电力输送到多个灯具上的线路被称为并联电路。在并联电路中，总电阻的倒数（$1/R_{总}$）= $1/R+1/R+1/R$。连接的灯越多，$1/R$ 越大，$R_{总}$越小。例如，两个 10 欧姆的电阻并联，总电阻的倒数为 2/10（即 1/5）= 1/10+1/10，总电阻为 5 欧姆。虽然这似乎与直觉相悖，但并联电路中电阻数量越多，总电阻就越小。一个更小的电阻再次等于更大的电流，这就回到了需要更多铜线的问题。因此，并联系统需要每个灯泡有更高的电阻来维持足够低的电流。厄普顿再次进行了计算，计算结果正如爱迪生所猜测的那样，最大功率的神奇配方是高电阻、高固定电压和低电流。这种系统的铜导体用量将仅为之前方案用量的百分之一。因为拥有能够打破认知框架这样意义非凡的智慧，爱迪生开始照亮纽约！

但要找到一种电阻足够高的灯丝并非易事。爱迪生知道可以通过减小灯泡光纤的横截面（类似于使用小口径软管）来实现高电阻。更细的灯丝还能够更好地散热，因此不太可能被熔化。但是，当遭受来自高电压系统产生的大量热量时，灯丝越细，就越容易被熔断或液化。此时，爱迪生注意到加热金属释放出的气体降低了金属的熔点。为了达到尽可能高的熔点，需要去除周围所有的气体，也就是说，创造一个近乎完美的真空。幸运的是，他对真空技术的把握是完美的。爱迪生从欧洲订购了最新型号的施普伦格尔（Sprengel）水银真空泵，漫长的到货时间让他很不耐烦，便派厄普顿到普林斯顿去借美国当时唯一的一台水银真空泵。有了这个法宝，他最终创造出了一个百万分之一大气压的真空。

此时此刻，爱迪生的实验室以及其中的工匠和技术人员队伍已经很壮大，而且时机刚好。各个小组都要承担新灯泡开发这个大项目中的一部分任务。第一个小组负责完善抽真空的方法，以最大限度地提高真空度。第二个小组负责找到一种能在密封的真空球体中发光的理想材料。第三个小组致力于设计一种发电机，可以在恒定高电压下为多个电路供电。

为了找到理想的灯丝，爱迪生使用了群体的力量，对大约 1600 种不同的纤维进行了快速、连续的测试。铂金似乎是很有前景的一种材料，但它既昂贵又稀有。最后，爱迪生将目光重新聚焦到了他的老朋友——碳的身上。油烟是燃煤烟囱的常见副产品。爱迪生有揉捏煤球的习惯，这样他的手指就能在他思考的时候有些事做。传说有一天，当他把油烟揉成一根越来越细的绳子时，突然灵光乍现。真实的故事可能没有那么偶然，因为厄普顿的计算表明，为了达到所需的电阻，碳丝需要非常细（宽度不超过 16/1000 英寸）。爱迪生和他的团队尝试了很多次，才通过碳化结实的线状物达到规格，直径只有前人所能达到的十分之一。

1879 年 10 月 22 日，一个带有这种灯丝结构的灯泡在燃烧了 13.5 小时后玻璃破裂。紧接着，一个稍作改进的版本燃烧了 40 小时。团队成员们已经两天没睡了，但第二次试验的成功还是引起了一片欢呼。相比之下，爱迪生似乎陷入了沉思，有报道称，他后来说："如果它能燃烧那么多个小时，我就知道我可以让它燃烧 100 个小时。"

在接下来的一个月中，爱迪生提交的灯泡专利包括了制作灯丝的各种配方，并且，团队在几个月内开发出了碳化竹丝，持续时间超过 1200 小时。竹丝的主意来自于爱迪生的回忆，他在一年前去怀俄明州旅行时，对所用鱼竿上的几根线做过检查。爱迪生回忆说，竹丝是一种比棉线更坚固的材料。这证明了他非凡的观察力和对细节的记忆力。此外，这还造就过一个漂亮的类比：竹制灯丝的韧性与其发明者的韧性如出一辙。

1880年，爱迪生获得配电系统的专利，同年成立爱迪生照明公司（Edison Illuminating Company），这是第一家由发明家拥有的电力公司。1882年，他打开珍珠街发电站的电源，为曼哈顿下城的59个客户提供110伏的直流电（DC）。与此同时，灯泡制造公司爱迪生灯厂（Edison Lamp Works）在其运行的第一年就生产了5万只灯泡。爱迪生一直努力完善的直流电却最终输给了尼古拉·特斯拉（Nikola Tesla）发明的交流电（AC）。由爱迪生的劲敌乔治·威斯汀豪斯（George Westinghouse）推广的特斯拉交流电的传输距离比直流电更远，而且电力损耗更少。远距离运输前，可以先将交流电升到高电压，然后再降压分配给客户。爱迪生发动了一场“战争”，试图让美国公众相信交流电是危险的，但即使是天纵奇才也无法赢得这场战争。

注解爱迪生：创新工具的使用

托马斯·爱迪生，一个发明实用物品的标志性发明家，是公认的美国最伟大的创意天才之一。他的思维过程告诉我们，天才发明家与天才科学家没有什么不同。他的好奇心、自主性和毅力驱使他不断地质疑先前的假设。尽管他很注重实用性，但他感兴趣的还是想法。爱迪生几乎使用了所有能想到的创新工具。

爱迪生最擅长的工具是重新组合排列。作为一名高超的观察者，爱迪生能够区分出可能有用或没用的东西，并且接受前者，丢弃后者。他是一个精通类比的侦探，一个热衷于收集可能会有不同用途的物品的收藏家。

在爱迪生这里，甚至各个团队都有不同用途。他最伟大的认知框架转换不是一个装置，而是一个地方——门洛公园。在门洛公园，多学科团队的技术人员使用最先进的设备创建了第一个工业实验室。这样的团队有难得的机会可以专注于被剖解开问题的子部分。同时进行灯泡发明工作的团队包括那些提高内部真空度的小组和那些设计发电机的小组，他们设计的发电机可以在高且恒定的电压下为多个电路供电。

门洛公园不仅是群体的力量和剖析问题工具的缩影，也是反向思维的一个缩影。当时流行的观点是，科学技术是利他的，而爱迪生认为技术需要满足市场需求。他没有发明（在他看来）人们需要的东西，而是发明了人们想要的东西。当然，在这样做的时候，他需要想象消费者的需求，也就是说，要改变自己的观点。他可以想象出改进电报技术的益处，因为他曾经是一名电报员，但在试图发明留声机和电影放映机时，他必须想象出更广泛的需要优先考虑的事情。

爱迪生思想的方方面面都非同凡响。他能够解决电灯发明的问题，因为他把如何制造灯泡的问题拓宽到了如何构建一个完整的照明系统。他不满足于继续做一个幕后发明家，于是成为西部电气公司（Western Electric）的创始人。他的思想也许永远不会被复制，但却不是无法解释的。爱迪生想法跳跃（擅长演绎）但特别注重细节，性格内向却擅长团队领导，总之，他是一个非常复杂的人。但是，透过创新工具的视角，我们至少可以部分地理解他的发明过程。

	提出正确的问题	群体的力量	类比	重新组合排列	观察	归纳演绎	改变观点	拓宽视角	剖析问题	反向思维	认知框架转换	自主性	开放性	坚韧性
爱迪生	🔧	🔧	🔧	🔧	🔧	🔧	🔧	🔧	🔧	🔧	🔧	🔧	🔧	🔧

图 9.1　爱迪生：创新工具及特征

C——10 hapter

第 10 章

两个闪亮的坐标

玛丽·居里与欧内斯特·卢瑟福

Marie Curie and Ernest Rutherford

在19世纪、20世纪之交，两位来自英吉利海峡（English Channel）两岸的科学家揭开了辐射的奥秘：法国的玛丽·斯克沃多夫斯卡·居里（Marie Sklodowsky Curie）[①]和英国的欧内斯特·卢瑟福。他们是天纵奇才，都被尊崇为科学史上最杰出的人物之一。两人都是移民：玛丽·居里来自波兰，卢瑟福则来自新西兰。两人都因基础研究贡献获得了诺贝尔奖（玛丽·居里获得过两次）。两人最后的长眠之地说明他们确实是民族英雄：玛丽·居里安葬于巴黎先贤祠（Paris Panthèon），而卢瑟福则安葬于威斯敏斯特大教堂（Westminster Abbey）。最后，两人都向后人传递了通向科学王国的接力棒：玛丽·居里的女儿艾琳（Irene）获得了诺贝尔化学奖，卢瑟福有十几个学生获得了诺贝尔奖。

尽管如此，玛丽·居里和卢瑟福完全是两种不同类型的创新者。玛丽·居里没有进行华而不实的猜测，她的目标是通过一次又一次的执着观察实现的。因为她发现了放射性元素钋和镭，她的工作所产生的影响巨大，不过由于没有进行认知框架转换，所以没有涉及揭示原子的新真理。相比之下，卢瑟福则把实验当作一种手段而不是目的。尽管被认为是那个时代最伟大的实验主义者之一，但对他来说，观察是一种撬开不完美假设并创造重大结论的方法。卢瑟福改变了科学的版图：他改变了人们对原子本质的基本观点，开创了核物理领域。

玛丽·居里和卢瑟福事业的开启得益于辐射时代的到来。人们普遍

① 下文简称玛丽·居里。——编者注

认为这是威廉·伦琴的功劳，他在1895年发现了X射线。伦琴是意外发现的幸运受益者，他那时正用阴极射线管做实验。阴极射线管在当时很流行，因为它们能产生一种神秘的光。玻璃真空管两端的金属板上连接着一个电池，一种诡异的绿光在阴极（带负电）端开始闪烁，然后消失于阳极（带正电）端的金属板中。许多科学家都想知道这种现象是否与荧光有关，荧光是指某些物质在吸收能量（比如从阳光中）后发光的现象，但没人知道真正的答案。伦琴摆弄这些“阴极射线”是想看看自己能从中觉察出什么。他把其中一根玻璃管用黑色的纸包起来，以免光线逸出，然后为了检查光的密封情况而将房间变得漆黑。突然，他注意到几英尺开外的一块涂有氰亚铂酸钡的屏幕开始发出荧光。光线是怎么从玻璃管里漏出来的？这一结果令人震惊。

接下来发生的事情更加令人不安。习惯单干的伦琴“与世隔绝”了几个星期，试图弄明白玻璃管中的光线是如何通过遮盖物传出来的。他改变了一个又一个参数。有一次，他试着把手放在光源和屏幕之间，屏幕上出现的是他的手骨架。

1895年12月，伦琴向维尔茨堡物理-医学学会（Physical-Medical Society of Würzburg）提交了有关X射线的论文，震惊了科学界。伦琴的研究报告包含X射线的照相底片，其中一张是他妻子安娜（Anna）的手和手上凸起的戒指。“我已经看到了我的死亡。”这句话不仅是安娜对此的评论，也反映了这些照片给科学机构带来的震撼。这种极其奇怪的现象意味着什么？第二年，围绕X射线这一主题，共有1000多篇科学论文和49本书籍（或小册子）发表。1901年，伦琴荣获首个诺贝尔物理学奖。

亨利·贝克勒尔（Henri Becquerel）出身于研究荧光和磷光的科学世家，作为继承人的他做出了下一个伟大发现。身为一名磷光学家，他想知道这种现象，即阳光照射后光的储存和发射，是否可以解释X射线。他的磷光材料库中有各种磷光物质，他便一种接一种地拿来做X射线测试。最后，他将铀元素的一种盐（硫酸铀酰钾）放在用黑纸包裹的照相底片上，然后将它们放在阳光下。他的运气非常好，放置铀的地方有一个阴影。铀似乎在发射射线，就像X射线一样，可以穿透本应不透光的纸。如果铀像他猜测的那样发出荧光，那么这种效应就应该是由阳光驱动的。

他草率得出的这个结论是错误的，但幸运的是，一个意外发现揭示了他的错误，并使他声名鹊起。接下来的几天，巴黎刚好是阴天，没有直射的阳光供他开展下一个实验。他便把铀盐晶体和包好的底片放在一个抽屉里，几天后，实验带来的挫败感让他有些愤怒，但他还是决定冲洗底片。本以为会是一片模糊，但看到的图像却是出人意料的鲜明。他发现是铀本身（不是储存的阳光）发出了这些射线。它不是荧光，而是一种完全未知的东西。贝克勒尔趁此机会称它为贝克勒尔射线，他也因为这一发现比伦琴晚两年获得了诺贝尔物理学奖。

很少有科学家能弄清楚铀释放出的贝克勒尔射线有什么用处，因此，与阴极射线管放出的X射线不同，它没有得到研究者的青睐。然而，杰出的英国物理学家开尔文勋爵（Lord Kelvin）发现，贝克勒尔射线可以被测量，因为它们在周围的空气中产生电活动，也被称为电离。玛丽·居里当时正好在为她的博士论文寻找研究主题，她被测量射线的能力以及该领域的冷门（因此竞争少）所吸引，决定把铀射线作为她的研究主题。

玛丽·居里这位女性创造了许多第一，正如她的二女儿伊芙（Eve）在一本充满崇敬之情的传记中指出的那样：她是法国第一位获得博士学位的女性，是世界上第一位获得物理学博士学位的女性，是著名的巴黎索邦（Sorbonne）大学的第一位女教授，也是第一位两次获得诺贝尔奖的人。她1867年出生于华沙（Warsaw），父母都是教育工作者。由于卷入波兰的民族运动，家族双方都失去了自己的财富。家庭因此变得贫困，所以她在开始自己的高等教育之前，不得不先资助她的姐姐布罗尼斯拉娃（Bronislawa）在巴黎学习医学。直到1891年，24岁的她才跟随布罗尼斯拉娃来到巴黎，在索邦大学攻读物理和化学学位，随后又攻读数学学位。经济拮据的她只能住在一个小阁楼里，晚上还要做家庭教师。即便如此，她也只能勉强维持生计。在等级森严的法国社会，对她而言有两大不利因素：她既是一名移民，也是一名女性。她背负着一种孤立感和作为局外人的愤懑，一生都在努力以获得认可。

玛丽·居里的丈夫皮埃尔（Pierre）无论在性格上还是职业上都与她完美互补。由于皮埃尔在家接受教育，所以迟迟没有获得本可以让他在主流大学获得一个教学职位的博士学位，于是他在二流工业学校——市立高等工业物理化学学院（École Municipal de et Chimie Industrielle）谋得了一个职位。在那里，他在磁学领域日益增长自己的声誉并没有受到重视。他只得到了最基本的实验室，并且和他的新婚妻子共享这个实验室。尽管如此，在结婚两年后，他们生下了一个女儿——艾琳，过着一种既紧张又协作的职场生活。

皮埃尔在发明上的才华为玛丽·居里的第一个重大发现打开了大门。他和他的兄弟雅克（Jacques）一起发明了一种测量电荷的灵敏装置，叫做静电计。以这个装置为核心，他和玛丽·居里用废弃的杂货箱搭建了一个名为“电离室”的奇特装置，以支持她关于铀的博士论文实验。装置的底部是一个金属圆盘，测试物质就放在圆盘上。这个圆盘是带电的，如果放置在上面的物质能够电离空气，那么悬挂在上面的第二个圆盘就会带电。根据静电计的测量，上电荷达到饱和（达到最大电荷）所需的时间反映的就是该物质的辐射强度。玛丽·居里手握秒表，日复一日，精确地校准着静电计，坚定不移并且特别仔细地进行观察。事实证明，这些都起着决定性的作用。

在验证了贝克勒尔和开尔文关于铀的电离电流的研究后，玛丽·居里决定继续进行测试，她测定了能找到的所有已知元素，起初并没有得到任何结果。所以，为了进一步剖析这个问题，她开始尝试那些混合有不同元素的矿物。结果还是一无所获。

1898 年 2 月，她在实验室的笔记本上记录到，沥青铀矿石——一种开采铀的常见来源，产生的电离强度大约是预期的四倍。玛丽·居里当时一定很震惊，但她只是在笔记本上记录下了数值，然后仔细回顾了自己的实验步骤。她重新测试纯铀，并对包括沥青铀矿在内的各种含铀化合物进行了系统的评估。结果再一次表明，沥青铀矿的放射性比铀强得多。经过不懈努力，她测试了大量矿物，偶然发现另一种叫做易解石的矿物也比纯铀的放射性强，尽管它根本不含铀。这些观察结果是如此地出乎意料和有趣，以至于皮埃尔放弃了自己的磁学实验，转而与玛丽·居里一起工作。皮埃尔已经向玛丽·居里展示了群体的力量，现在，他们的协同合作将起到决定性作用。

沥青铀矿石和易解石强放射性的发现引出了两个推论：（1）这些矿物中含有一种新元素；（2）辐射揭示了原子的一些基本的、未知的性质，居里夫妇因此和贝克勒尔一起获得了 1903 年的诺贝尔物理学奖。1898 年 4 月，玛丽·居里的导师加布里埃尔·李普曼（Gabriel Lippmann）向法国科学院提交了一篇关于“铀和钍化合物发出的射线”的论文（因为她和皮埃尔都无权出席），玛丽·居里在论文中写到，这一发现“……让我们相信这些矿物可能含有比铀更活跃的元素”。她是如何得出这一预见性结论的？很可能是通过类比——与最近发现的新元素进行了类比。

元素周期表最早由俄国化学家德米特里·门捷列夫（Dmitri Mendeleyev）于1871年提出。通过以氢（指定原子量为1）为基准，将其他元素按递增的原子量排列成行，他发现了一些不易察觉的神奇之处。位于同一纵列的元素化学性质惊人地相似。因为元素的化学性质呈周期性变化，他就将该表命名为"周期表"。门捷列夫的聪明之处在于，他不仅发现了这一事实，而且意识到，在当时已知的73个元素中，连续的排列会将一些元素放在了错误的列中。因此，他假定还有未被发现的元素，为它们留下了空位。他是对的，聪明的科学家很快就用新发现的元素将空位填上了。

惰性气体氩和氦在1894—1895年进入了元素周期表，玛丽·居里可能就是从这一类比中得到的启发。剑桥大学的卡文迪许实验室教授瑞利勋爵（Lord Rayleigh）（我们将会看到，在卡文迪许实验室众多杰出教授中，他是第一位进行辐射研究的）观察到，从空气中捕获的氮的原子量略高于从地面上获得的氮。虽然这一差别很微小，但瑞利随后还是将工作重点放在了寻找可能原因上。可能是空气中含有一种比氮重的杂质，也可能是灰尘中含有一种比氮轻的杂质。瑞利坚持后一种解释，但这种解释后来被证明是错误的。伦敦大学（University of London）的威廉·拉姆齐（William Ramsay）则继续研究前一种解释。在一项实验中，他将干净空气样本中所有的氧气、二氧化碳、水和氮去除，分离出一种比氮气重的未知气体，这种气体具有一种不寻常的特性，它不会与任何其他气体结合。他称之为"氩"（argon，希腊语中"惰性"或"懒惰"的意思）。这一发现，再加上他进一步发现了包括氖、氪、氙和氦在内的一整个相关的惰性气体家族，为他赢得了 1904 年诺贝尔化学奖和爵士头衔。玛丽·居里阅读了大量德文、法文、波兰文和英文的科学著作，所以几乎可以肯定她知道这个故事。她假设沥青铀矿中含有某种未知杂质，含有一种新元素，基于类似的逻辑，她的假设是一个合理的猜测。

玛丽·居里关于铀和钍化合物辐射的报告还包含另一个惊人的推论。在测量纯元素时，辐射强度与铀或钍的含量直接相关。她认为，如果一单位元素释放一单位辐射，那么辐射一定以某种方式与某种元素结构直接相关。通过演绎，而不是直接观察，她认为辐射一定代表了原子某种固有的性质——某种“特征”。

然而，在接下来的 5 年（或 10 年）里，玛丽·居里并没有顺着这条线索探寻元素的基本性质，与后来一个重大的认知框架转换擦肩而过。相反，她继续追寻难以捉摸的新元素。她在一个临时搭建的棚子里工作，那棚子根本无法抵御巴黎的冬天。她不停地在巨大的桶里搅动着，里面装着成吨的毫无价值的铀矿残渣。她的手因辐射灼伤和变形。但是，她慢慢地、有条不紊地提取出了两种新元素。其中一种最初与铋混合在一起，为了纪念自己的祖国，她将其命名为“钋”。另一种是镭，存在于含钡组分中，放射性水平是铀的 10 万倍，她因此获得 1911 年的诺贝尔化学奖。

玛丽·居里无疑取得了重大发现，助力了科学的发展。为此，她使用了观察、类比、剖析问题、归纳演绎和群体的力量等创新工具。但她从未挑战过公认理论的局限性。她把打破传统认知框架并最终通过揭示原子最深处的奥秘而分解原子的革命性工作留给了来自他国的科学家——J.J.汤姆逊（J.J. Thomson）和他极富创造力的学生欧内斯特·卢瑟福。

和玛丽·居里一样，卢瑟福根本就是个局外人。1895 年，当他获得奖学金来到剑桥时，与周围显得格格不入，那儿的学生通常都来自私立学校，举止得体，而这个大块头吵吵嚷嚷，笑起来咯咯作响。如果不是有两个强有力的特点——头脑和雄心——驱使卢瑟福离开了他在新西兰的家庭农场，他可能永远也不会超越他那没有受过教育的父亲。但当收到电报说他赢得了“1851 年展览会奖学金”时，他扔下铁锹，大声喊道：“这是我挖的最后一颗土豆。”该奖学金来自伦敦世界博览会（London World's Fair）的收益，会轮流颁发给一个来自澳大利亚或新西兰殖民地的学生。卢瑟福那惊人的学术潜力早就已经表现出来。他曾获得新西兰一所高中［纳尔逊学院（Nelson College）］和一所大学［坎特伯雷大学学院（University College，Canterbury）］的奖学金，他在所有科目上都表现出色，尤其是数学、物理和天文学。他的朋友们后来声称，与其说他才华横溢，倒不如说他集专注、热情和科学天赋于一身。

在他乘船去伦敦前，卢瑟福已经展现出了与皮埃尔一样的才能：作为发明家的天赋。和皮埃尔一样，卢瑟福的发明才能对于他的实验设计大有裨益。卢瑟福的行李中有一个接收无线电波的设备，他认为这会是自己未来要研究的东西。无线电波在当时风靡一时，不到十年前，海因里希·赫兹（Heinrich Hertz）发现了它，之后不久便让古列尔莫·马可尼（Guglielmo Marconi）成为千万富翁。卢瑟福在英国最负盛名的剑桥大学卡文迪许实验室当上研究员后，便开始完善他的无线电设备。很快，他就让信号穿过了石墙，而且发送距离达 60 英尺。但是建造无线电报系统并不是卢瑟福未来要做的事。

卢瑟福到达剑桥后，身为卡文迪许实验室主任兼讲席教授的J.J.汤姆逊成了他的榜样，并且吸引这位年轻人去探索辐射。卢瑟福运用自己独特的想象力对以前的装置进行了重新排列，这位年轻学生用重组而成的设备验证了贝克勒尔射线和X射线对空气的电离作用。他进一步指出，这些射线可分为两种不同类型。一种带有的电荷相当大，因此具有很强的电离能力，但穿透力弱，甚至连几片铝箔也不能穿透。另一种电离能力较弱，但穿透力更强。他将这两种新的射线类型命名为 α 射线和 β 射线。这些见解预示着对原子内部的第一次窥视将要发生。

1897 年，也就是在伦琴发现X射线两年后，J.J.汤姆逊有了一个相当于“炸”开了原子的重大发现。像所有射线（如光线）一样，阴极射线也引起了一场激烈的辩论，德国人认为阴极射线是波，而英国人认为阴极射线是粒子。任何能够证明射线会被电磁力改变的人，都会使“阴极射线是粒子”的观点更能站得住脚，因为人们认为波不会受到电磁力的影响。对此进行验证的关键之处是改变阴极射线管内的磁力，从而弄清楚阴极射线是否具有粒子的质量和电量，进而确定它们是否带有电荷。为了避免像以往那些尝试一样以失败而告终，J.J.汤姆逊改变了自己的观点。他想象自己坐在阴极射线管里，躲避着卢瑟福口中的那些“快乐的小乞丐”。通过这种新观点，他设计出了一系列改良的阴极管，通过改变电力和磁力的位置，剖析它们对阴极射线的影响。J.J.汤姆逊从这些实验中得出：“由于阴极射线……被静电力偏转，就好像它们带负电荷一样，并且也受到磁力作用，磁力就像是作用在沿着这些射线路径移动的负电荷带电体上一样，我无法逃避这样的结论：它们是物质粒子携带的负电荷。”

通过平衡仪器内部的电力和磁力，J.J.汤姆逊能够计算出质荷比。根据这些观察结果和一些精确的演绎计算，J.J.汤姆逊推断阴极射线内带电粒子的质量仅为氢原子的千分之一，相当于十亿分之一克的十亿分之一的再十亿分之一。J.J.汤姆逊的发现是当时最伟大的发现之一：

阴极射线中的原子内部存在着“微粒”，后来被改称为“电子”。

在J.J.汤姆逊的惊人发现问世之前（他因此在1906年获得诺贝尔物理学奖，并于1908年被封为爵士），原子无疑是不可分割的。一个世纪以来，包括元素周期表在内的科学进步都假定原子是物质的最小单位，每种元素都是由固定数量和质量的原子来表示的。根据这种观点，假如元素不可再分的话，那么原子也不能。J.J.汤姆逊认为原子是由亚原子结构组成的观点动摇了科学的基础。

然而，混乱才刚刚开始。J.J.汤姆逊对包括观察、改变观点、归纳演绎和剖析问题在内的各种创新工具的使用都被年轻的卢瑟福看在眼里。J.J.汤姆逊提出的亚原子粒子的认知框架转换也给这位年轻学生留下了深刻印象。在推动人们转变对原子的理解上，没有人能比他更有动力。不同于玛丽·居里的问题（物质是如何释放辐射的？），卢瑟福首先提出了一个最大的、最棘手的问题，他问道：对物质的本质来说，统领性理论是什么？

物质的不稳定性远超任何人的想象，这是卢瑟福对物质本质的第一个认识。1898年离开剑桥大学后，卢瑟福在蒙特利尔的麦吉尔大学（McGill University）开始了他的教学生涯，他花费9年时间观察了一些不可思议的事情——元素嬗变。嬗变？这一说法甚至比J.J.汤姆逊的亚原子粒子理论更具破坏性。这就是炼金术——把一种“不可改变”的元素变成另一种“不可改变”的元素，这个过程在几个世纪前就被认为是不可能的。

一个异常现象，一个意想不到的观察结果，致使卢瑟福发现了元素嬗变。面对这一观察结果，玛丽·居里决定不予理会，卢瑟福却对它着迷。当时，他的同事R.B.欧文斯（R.B. Owens）正在测量放射性元素钍产生的电离辐射，当他走进房间时，测量结果发生了变化。似乎像开门这样看似无关紧要的事情改变了电离辐射。进一步的实验表明钍释放出的气态物质（射气）具有某种能力，用卢瑟福的话来说就是“它落在什么物质上，就会让那种物质产生放射性”。居里夫妇（一年前）曾说过，他们的整个实验室正在变得具有放射性。但他们将这一现象归因于实验室会储存和释放能量，就像传统的磷光一样。卢瑟福所持的观点则恰恰相反，他认为放射性污染不是一种能量获得，而是一种能量损失。此外，在卢瑟福看来，射气是一种完全突破性的东西——一种以前从未见过的特性，也是某些原子的基本特性。居里夫妇继续在他们局限性问题的约束下做着研究：物质是如何释放辐射的？而卢瑟福正在一个更广泛的框架内进行思考：对物质的本质来说，统领性理论是什么？

在这个关键时刻，卢瑟福从群体的力量中受益匪浅。弗雷德里克·索迪（Frederick Soddy）是一名化学家，毕业于牛津大学，被多伦多的一所大学的招聘广告吸引到了大西洋彼岸。由于索迪没有提前递交申请，他刚到那所大学就听到了一个令人失望的消息：这个职位已经招到人了。幸运的是，索迪随后进入了麦吉尔大学，在那里，卢瑟福正急需组建一个由化学家和物理学家组成的团队，索迪很快就成为这个团队中的另一半。

在麦吉尔大学工作期间，卢瑟福和索迪在共同撰写的一系列 19 篇论文中将射气问题剖析为了以下几个部分：射气的性质、射气对其产物及母体的影响，以及对这些结果在原子层面的描述。

首先，卢瑟福和索迪确定钍的放射性射气是某种惰性气体。通过类比威廉·克鲁克斯（William Crookes）报告过的一项实验，他们辨别出了它的特性及其对母体的影响。克鲁克斯能够用化学方法从铀中提取出一种气体（他称之为铀X），这种气体具有与其母体元素不同的化学性质，而且它含有母体的所有辐射。整个1902年，卢瑟福和索迪都在使用类似的化学方法生产钍X。他们在几篇具有历史意义的论文中写到，钍X是一种气体，其化学性质与钍不同，它还消除了钍的所有放射性。此外，钍X的放射性会衰减，在4天内损失一半，再过4天又损失一半，以此类推，直至无法检测到的极限。也就是说，钍X的放射性随时间呈指数衰减；卢瑟福意识到，这种系统性的、可预测的衰减就是一个地质时钟。

这一切意味着什么？卢瑟福和索迪认为，从钍变成钍X和从铀变成铀X，不仅是因为损失了辐射和电荷，还因为损失了原子质量。一开始，这只是纯粹的演绎——一种逻辑，即如果一种元素的化学性质发生改变，那一定是因为它的原子质量变了。通过结合归纳和演绎，这位物理学家和这位化学家证明了钍转化为钍X不仅是β射线的损失，而且是α射线的损失。那时，人们已经发现β射线就是J.J.汤姆逊发现的电子。卢瑟福后来证明α粒子就是惰性气体氦。氦有两个电子和两个质子，因此它的原子质量是2，这解释了为什么钍在失去氦后，不仅电荷发生了改变，化学性质也发生了改变。钍减去氦后，原子质量便不再相同；根据定义，具有新的原子质量的元素是不同的元素。事实上，卢瑟福发现，只要时间足够长，所有的放射性元素都会一直发散出其他元素，直到它们最终变为铅元素。也就是说，能产生辐射的元素，它们的元素质量会发生改变，即从一种元素嬗变或转变为另一种元素。

就像J.J.汤姆逊对电子存在的证明一样，卢瑟福和索迪对放射性元素嬗变的研究打破了一个认知框架；事实上，它创造了一种科学转变，完全是构造上的转变。这个认知框架转换源于坚持不懈的工作和许多创新工具的使用：拓宽视角、反向思维、观察、类比、剖析问题、群体的力量和归纳演绎。

居里夫妇认为卢瑟福关于嬗变的观点是荒谬的。1902 年，卢瑟福和索迪发表论文《放射性的原因和本质》(*The Cause and Nature of Radioactivity*)后不到两周，居里夫妇就用一篇论文进行了回击，指责卢瑟福和索迪结论下得过早，下得过于匆忙。1903 年，皮埃尔和卢瑟福再次针锋相对，皮埃尔质疑"射气的物质性质"，而卢瑟福回应称，他说的不是"普通的化学变化"，而是"亚原子变化"。但木已成舟，在居里夫妇依然坚持自己想法的时候，卢瑟福已经将科学拽进了核时代。

卢瑟福不是短跑运动员，而是马拉松运动员。1908 年，他因"对元素衰变和放射性物质的化学性质进行的研究"而获得诺贝尔化学奖。他在获奖感言中打趣道：自己在实验室里目睹过许多嬗变，但没有一个像他从物理学家变成化学家的"瞬间转变"那样令人印象深刻。尽管如此，这是一个令人垂涎的荣誉，一个大多数科学家在职业生涯结束时才获得的荣誉。但卢瑟福不是"大多数科学家"，他更大的发现还在后面。

卢瑟福那强势、风趣的个性和反复无常的脾气让人又爱又恨，这个男人是如何在如此短的时间内取得如此多成就的呢？首先，大家都说他擅长制造设备和构建实验，这有助于获得回答问题所需的证据。其次，他是一个雄心勃勃的人。在 1902 年写给母亲的一封信中，他写道："我必须一直往前走，因为总有人跟我在一条赛道上。为了不被淘汰出局，我必须尽快发表我目前的研究结果。"最后，他的想象力既大胆又没有界限。同事们不止一次地建议他在做出新的推论之前要三思，但是这个来自边远地区的大个子根本不懂什么叫谨慎行事。在卢瑟福为亚原子"神奇魔力"开发出一个框架的同时，他似乎也发展出了一种专业的“神奇魔力”——一种把他的个性转换成珍宝的绝对能力。

获得诺贝尔奖的第二年，卢瑟福最为深刻、最具传奇色彩的想法之一产生了。想法的形成过程再一次揭示了他对创新工具的运用。此时，卢瑟福已经回到世界科学活动的中心——欧洲，成为曼彻斯特大学（University of Manchester）物理研究所的教授和主任。玛丽·居里慷慨地为其新实验室提供了必要的实验原料——镭。卢瑟福身边再次聚集了当时最聪明的年轻科学家。其中一位是亲切友善的德国技术人员汉斯·盖革（Hans Geiger），另一位则是19岁的本科生欧内斯特·马斯登（Ernest Marsden）。

卢瑟福的最新观点源于他对反常现象的重视。早在几年前，他就已经注意到从微型“枪”中射出的α粒子线不是一条清晰的直线，反而有点模糊。马斯登的任务是改进卢瑟福和盖革发明的用来测量α粒子速度和轨迹的装置。该装置通过铅盒上的一个狭缝将来自于镭的α粒子射出。它们在通过一根长真空管后击中目标。在显微镜下，这些撞击看起来像“闪烁”或短暂的闪光。卢瑟福和盖革注意到，当α粒子被发射到各种类型的箔纸（由锂、铝或金等元素组成）上时，它有时会偏离直线。

马斯登的改进使研究小组（一个强大的团队）能够从更广阔的角度观察微观偏转，这让实验现象很明显：箔纸上的元素越密集，散射越大。事实上，有几个α粒子似乎在通过致密的金箔后发生了极大偏转，甚至被反弹回来。卢瑟福对这个怪现象感到诧异，他后来这样解释道：“这几乎就像你向一张纸巾发射了一枚15英寸的炮弹，结果弹回来击中了你一样不可思议。”盖革、马斯登和卢瑟福都无法理解这现象的背后意味着什么。在试图通过改变实验的其他条件来剖析这个问题之后，盖革和马斯登都干别的事情去了，只有卢瑟福一如既往地没有放弃。

1911 年的圣诞节，卢瑟福向盖革描述了一个突破性的、新的“核理论”。一年来，他一直在思考 α 粒子的散射，从这些深思熟虑中，一个新颖的（沿用至今）原子模型慢慢形成。α 粒子撞击各种目标的经验性行为是他思考的基础，但原子的理论性构建是演绎，是一种逻辑的飞跃。因此，卢瑟福创造新的核理论所用的第一个创新工具是归纳演绎。

卢瑟福的第二个创新工具是改变观点。考虑到 α 粒子的偏转一定代表了与另一个原子的相互作用，卢瑟福试图想象每个亚原子粒子都遇到了什么。也就是说，他把自己置于 α 粒子的位置，一遍又一遍地想象着撞击，根据想象中的 α 粒子和目标原子来计算作用力。

他在进行这个思维实验时，自然而然地用到了第三个创新工具：剖析问题。对于原子长什么样子这个问题，卢瑟福只选择了问题的一个方面加以研究。他专注于原子的前沿，并模拟了各种可能性。

第四个创新工具是反向思维，它帮助卢瑟福推翻了之前所有原子模型的关键假设。以前的模型假设原子基本上是“某种东西”，比如某种镶嵌了电子葡萄干的布丁（J.J.汤姆逊模型）。卢瑟福认为原子基本上是空的。根据他的说法，原子核带正电，密度极大，其质量占原子质量的 3000/4000，但其体积只占原子体积的十亿分之一。正如理查德·里夫斯（Richard Reeves）在他的卢瑟福传记中所写的那样，就体积大小来说，原子内的原子核就相当于圣保罗大教堂（St. Paul's Cathedral）内放着的一根大头针。

最后，卢瑟福运用了类比。在这个超高密度的内核（他在两年后创造了“原子核”这个词）周围，环绕着轻量的带负电粒子，就像行星绕着太阳运行一样。这个匪夷所思、惊天动地的模型虽然是卢瑟福在散射实验中根据电子行为凭直觉得出的，但被证明是完全正确的。后来，来自哥本哈根的理论物理学家、卢瑟福的同事尼尔斯·玻尔（Niels Bohr）的研究解决了电子为什么不会掉进原子核的问题。普朗克的量子理论认为，电子在吸收能量时会跃入新的轨道。根据玻尔的计算，假设将离心力和普朗克的量子理论结合在一起，这种看似不够灵巧的电子排布将是完全稳定的。这一贡献为玻尔赢得了 1922 年诺贝尔物理学奖。但正是卢瑟福，通过观察、群体的力量、归纳演绎、剖析问题、改变观点、反向思维和类比，打破了原来的认知框架，构想出了我们现在所认可的当代原子模型。

凭着大胆的理论，卢瑟福现在已经成为毋庸置疑的核物理学之父。在他的余生中，他不断地被授予各种荣誉：1914 年被封为爵士，1925—1930 年担任英国皇家科学院院长，他是新西兰的第一任纳尔逊男爵，还获得了剑桥大学卡文迪许讲席教授职位。1920 年，他从 J.J.汤姆逊手里接过了卡文迪许实验室，并带领这个伟大的实验室从第一次世界大战的低谷中走了出来。当他的同事们经历第一次世界大战回归正常工作状态后，每个人都在做一个自己认为可能会获得诺贝尔奖的项目，这让他们重新振作起来。事实上，他们中有十几个人后来赢得了这一荣誉。卢瑟福本人是第一个将一种元素人工转变成另一种元素（氮变成氧）并预言质子存在的人 [他的学生查德威克（Chadwick）后来发现了质子]。在他的指导下，约翰·科克罗夫特（John Cockcroft）和E.T.S.沃尔顿（E.T.S. Walton）击碎了第一个原子。

卢瑟福和玛丽·居里，这两位如此相似又如此不同的辐射科学家，在 1910 年进行了最后一次历史性的互动。那一年，卢瑟福提议建立一个国际镭基准。彼时玛丽·居里的生活已经被悲剧笼罩。1906 年 4 月，皮埃尔在穿过一条繁华的巴黎街道时意外身故。后来，与一名已婚男子的丑闻使玛丽·居里名声受损，差点夺走她的第二个诺贝尔奖。最后，她心爱的放射性物质毁了她的健康，包括手部烧伤、慢性贫血、虚弱性疼痛、白内障和耳鸣在内的症状让她完全无法保持早期惊人的研究步伐。

当卢瑟福与玛丽·居里讨论任命一个委员会来制定国际通行的辐射标准的可能性时，当时人们普遍认为她显得落伍且“固执”。尽管如此，她收集有世界上最多的纯净镭，她的名字就是镭元素的代名词。她同意制定基准，但随后却坚持要把它放在自己的实验室里。卢瑟福温和地提醒她，如此重要的国际计量必须在某个中立的地方进行，例如位于法国塞夫勒的计量局。最终，玛丽·居里承认卢瑟福是对的。1913 年 2 月，她带着一个自己密封起来的玻璃小瓶上了火车，里面装有 21 毫克的纯氯化镭，这是五大洲未来进行镭测量的比较基础。

不知为何，在这两位伟大人物之间的最后一段合作中，他们似乎特别合拍。他们一起改变了世界。玛丽·居里发现了镭，卢瑟福则用这种新元素打开了亚原子世界的大门。

注解玛丽·居里和卢瑟福：创新工具的使用

玛丽·居里和卢瑟福都是杰出的创新者，卢瑟福产生了一系列令人惊讶的变革性启示，而玛丽·居里使用的创新工具范围却比较有限。他们最大的共性是对观察的运用。玛丽·居里发现沥青铀矿产生的电离远远超出了她的预期，这促使她对放射性矿物进行不懈探索，并在过程中进行精确的测量和记录。卢瑟福是一个完美的实验主义者，以从清晰的感觉中捕捉到事物的特性而著称。同样地，两人都对问题进行了剖析——玛丽·居里花费数年时间筛选钋和镭的一系列类似物，直到她分离出了这些元素。与此同时，卢瑟福（与索迪一起）将射气的问题分解为几个可以描述的子问题（例如，关于其自然史的问题），最终得出了元素并非不可改变的结论。

类比也是两位天才共同使用的工具，引导他们推断出了基本真理。根据前人发现惰性气体的逻辑，玛丽·居里推断，沥青铀矿异常的电离水平表明存在另一种放射性更强的元素。卢瑟福用类比来推断原子的结构，他假定在一个超高密度的内核周围环绕着轻量的带负电粒子，就像行星围绕着太阳运行一样。

最后，玛丽·居里和卢瑟福的研究都得到了密切合作者（群体的力量）的协助：玛丽·居里的团队里有皮埃尔，卢瑟福的团队里有索迪、玻尔及其他人。这些专业人员的组团配合产生了技能上的协同效应，皮埃尔发明的设备是玛丽·居里进行研究发现的基础，化学家索迪和理论家玻尔的参与成全了卢瑟福在实验研究上的卓越表现。

除这些工具外，卢瑟福还使用了其他所有的工具来打破认知框架，比如重新组合排列、改变观点、反向思维和拓宽视角。在对原子结构进行假设时，卢瑟福把自己置于一个 α 粒子之中，改变了自己的观点。而且，他还推翻了原子基本上是“某种东西”（葡萄干布丁模型）这一关键假设，认为原子的大部分体积中不包含任何东西——电子在空间中漂浮。重新排列使卢瑟福能够创造出新装置，从而获得意外发现。最后，卢瑟福不断地提出新的问题和理论，不仅涉及放射性元素的衰变和原子的结构，而且涉及亚原子粒子理论、对一种元素转变为另一种元素的证实，以及他对质子存在的预言。

根据这一切，卢瑟福打破了元素不可改变、一种元素不能变成另一种元素的认知框架，成了无可争议的核物理学之父。有了卢瑟福之后，世界变得大不一样了。然而，透过使用创新工具的视角，即使是他这种超级天才在某种程度上也可以被理解。

	提出正确的问题	群体的力量	类比	重新组合排列	观察	归纳演绎	改变观点	拓宽视角	剖析问题	反向思维	认知框架转换	自主性	开放性	坚韧性
玛丽·居里	🔧	🔧	🔧		🔧	🔧			🔧			🔧		🔧
卢瑟福	🔧	🔧	🔧	🔧	🔧	🔧	🔧	🔧	🔧	🔧	🔧	🔧	🔧	🔧

图 10.1　玛丽·居里和卢瑟福：创新工具及特征

Chapter 11

第 11 章

免疫学奇才

保罗・埃尔利希与埃利・梅契尼科夫

Paul Ehrlich and Elie Metchnikoff

阿尔弗雷德·诺贝尔(Alfred Nobel)是一位实业家，靠改进炸药和其他破坏性的工具得以发家致富。1895年，这位没有子女的大富豪在遗嘱中留下了一份非常具有建设性的礼物。诺贝尔巨额财富的大部分将用于每年向那些“对人类做出巨大贡献”的个人颁发奖项。诺贝尔的亲属们对此感到失望，他们之间的法律纠纷导致诺贝尔奖的第一次颁发不得不推迟举行。尽管如此，这一遗志最终还是在物理学、化学、文学、生理学或医学研究以及和平领域创造出了世界上最令人梦寐以求的奖项。每一项诺贝尔奖都只有一个目的：表彰在某一特定领域做出杰出贡献的人。可以说，1908年的诺贝尔生理学或医学奖不同寻常，因为它包含双重目的：表彰免疫学这一新兴领域的创始人，以及为交战各方带来和平。

1908年的两位获奖者是免疫学研究战场上的黄金战士。保罗·埃尔利希是一个严谨的德国人，他所取得的成果归功于其有条不紊、勤奋的性格以及作为实验化学家所掌握的技能。在获得性免疫领域，埃尔利希发现了多种抗毒素和抗生素，而且提出了一种抗体结构。伊利亚斯·梅契尼科夫（Ilyas Mechnikov）[西方人读成埃利·梅契尼科夫]是一个充满激情的俄罗斯人，他提出了一个伟大的先天性免疫理论。他曾经真的两次试图自杀。然后，在一个几乎顿悟的时刻，他阐明了一个理论，即免疫细胞构成了一道充满活力的防线，参与防御和自我调节。这不是一个简单的发现，而是一个颠覆性的学说。

两人同为创新者，埃尔利希立即被科学界认定为救世主，而梅契尼科夫的工作却被遗忘了 40 年之久，即使后来他的理论重见天日，大多数科学家也未能充分认识到他的天才之举。正如阿尔弗雷德·陶贝尔（Alfred Tauber）在对这位科学家的回顾中所描述的那样，梅契尼科夫被分配到历史的酒窖，偶尔会被拉出来尊崇为老英雄。然而，当埃尔利希详细阐述一个已经被接受的概念（抗体和获得性免疫）时，梅契尼科夫发现了免疫系统的一个全新分支——先天性免疫。

时至今日，我们认为，获得性免疫和先天性免疫在有机体防御感染方面是不可分割的。正是基于对它们的了解，一系列预防和治疗策略才得以发展，使数百万人在致命传染病的变迁中幸免于难。19 世纪，传染病是全世界死亡的主要原因。如今，在发达国家致死原因排行榜的前七名里甚至都找不到它的身影。公共卫生、疫苗接种和抗生素的使用已经成功将袭击我们祖先的灾祸“驯服”。曾经使城市变得空无一人、导致战争失败甚至使得政府倒台的瘟疫现在基本上只能在历史书中看到了。我们不再等着给孩子取名，因为现在不需要担心孩子能否活到第一个生日。免疫学为现代社会提供了生存保障。

简单地说，免疫学理论认为，人类和几乎所有其他动植物物种一样，在对抗病毒、细菌和其他会杀死我们的入侵者时，已经发展出了一系列的宿主防御机制。免疫系统由两大部分构成，每一部分都包含细胞和蛋白质。一部分是非特异性的第一道防线，被称为先天性免疫。另一部分被称为获得性免疫，它针对的是特定的病原体，当我们再次遇到同样的病原体时，它可以确保我们能够做出更有力的反应。

先天性免疫通过一群细胞起作用，如嗜碱性粒细胞、嗜酸性粒细胞和吞噬细胞。排在最后的吞噬细胞由梅契尼科夫发现，它又包括巨噬细胞、单核细胞、中性粒细胞和树突状细胞。所有这些类型的细胞都能够随时进行搜索和摧毁，以清除感染和其他入侵者。吞噬细胞是先天性免疫系统的支柱（它们名字的字面意思就是“吞食细胞”），它们对病原体或外来异物的攻击是非特异性的。吞噬细胞先将这些病原体或外来异物包裹在细胞质中，然后向它们喷洒致命的酸性酶。我们现在知道，吞噬细胞除了吞食病原体外，还会激活免疫系统的另一个更具特异性的部分——适应性反应。吞噬细胞向适应性系统的细胞提供外来抗原，以激活诸如细胞因子、补体这样的信号分子，它们会使血管扩张、引发疼痛，并告诉适应性细胞提高它们的识别和破坏能力。除了能够抵御外来入侵，吞噬细胞还可以清除因衰老或损伤而死亡的细胞（称为程序性细胞死亡或凋亡）。因此，吞噬细胞不仅能保护我们不受外来入侵者的伤害，而且在必要的时候，还能保护我们免受自己的伤害。

相比之下，我们免疫防御系统的后天获得性部分抵抗特定感染的能力更强。从进化的角度来看，适应性反应比先天性免疫更现代，因此它存在于脊椎动物而不存在于低等物种中。适应性反应带来了免疫增强，因此多次遇到过的病原体每次都会受到更猛烈的攻击。适应性反应中的主要细胞士兵是淋巴细胞（T和B）。B淋巴细胞会产生抗体并将其释放到血液循环中，这些抗体就像小蛋白炸弹一样炸毁抗原。T淋巴细胞会与受感染的细胞进行“肉搏战”，将它们撕裂并摧毁。无论哪种方式，一旦遇到特定的抗原，T淋巴细胞和B淋巴细胞就会进行克隆复制，从而可以多倍扩增。当攻击结束时，适应性免疫细胞的队伍就会缩小到原来的大小，但它们保留了记忆细胞，从而可以迅速地重新调动免疫队伍。

免疫学研究的是机体对病原体进行的一系列防御，源于对传染源及其传播能力的发现。路易斯·巴斯德和罗伯特·科赫在 19 世纪 60 年代和70年代提出并证明了细菌致病论。他们发现单一的“细菌”导致单一的疾病，而且细菌不是自发产生的，它们通过在空气中传播孢子来产生腐坏和疾病，这引发了一场科学淘金热。新的病原体是黄金，疫苗和抗毒素是回报。在不到一代人的时间里，就发展出了可以培养细菌的微生物学技术、可以检测组织中细菌的革兰氏染色法，以及可以培养细菌的培养皿。

巴斯德被认为是第一剂疫苗的制造者，这实际上是源自一个有趣的意外发现。巴斯德在动身去度假时，要求他的助手用鸡霍乱菌的培养物感染鸡。然而，助手自己也去度假了，直到回来后才将实验完成。当得知助手用剩下的培养物感染母鸡而它们并没有生病时，巴斯德决定再次使用这些鸡来进行实验。但接下来发生的事情正好与这位科学家的预期相反，即使暴露在致命细菌下，之前感染过的鸡也不会死亡。巴斯德立即意识到这个失败的实验蕴含着无价的深刻意义。巴斯德推断，这些鸡最初感染的是弱效细菌，使它们具有了免疫力。早在一个世纪前，詹纳（Jenner）就使用一种与天花相近但毒性较低的亲缘物种（牛痘）组成的疫苗，获得了类似的天花免疫力。詹纳之所以取得这一突破，是因为他注意到，在天花流行期间，感染牛痘的挤奶女工几乎从未得过天花。就天花而言，一种相关但较弱的感染产生了一种天然的疫苗，从而产生了免疫力。类似地，巴斯德推断变弱的霍乱细菌偶然地成了一种人造疫苗，从而产生了免疫力。

巴斯德与同事埃米尔·鲁克斯（Emil Roux）猜测同样的逻辑可能也适用于其他疾病。1895年，一个名叫约瑟夫·迈斯特（Joseph Meister）的男孩被一只患狂犬病的狗咬伤，巴斯德给他接种了狂犬病抗毒素，这种抗毒素取自病死兔子的神经组织，经干燥处理后制成。如果它不起作用，并不是医生的巴斯德可能会被排挤甚至被起诉。实际结果是，这个男孩没有感染狂犬病，因此巴斯德被誉为英雄。命运之神垂青了这位科学家，同时也是历史的幸运。著名的巴斯德研究所（Pasteur Institute，在梅契尼科夫的晚年生活中发挥着重要作用）的建立，以及研发新疫苗和抗毒素的热潮都源于这一壮举。

保罗·埃尔利希是科赫的学生，科赫和巴斯德一起开创了细菌理论。正如巴斯德和科赫发挥群体的力量一样，埃尔利希创造了“发现感染/创造疫苗”这一范式。作为一名化学家，埃尔利希提出了免疫学的基本原则之一，即抗体和抗毒素是从抵抗病原体攻击的免疫细胞中产生的。当时存在一种观点：酶与底物结合，也就是它们发生作用时，就像锁上的钥匙一样。埃尔利希的观点与此类似，他同样设想抗体是能够锁定病原体的钥匙。根据他的理论，当有病原体诱导时，抗体侧链会在B淋巴细胞上生长，这些抗体随后与它们的母细胞分离，像“魔法子弹”一样在身体中循环，特异性地杀死诱导它们产生的病原体。

类似地，当在显微镜下研究能够区分细胞类型的染色剂时，埃尔利希推断，如果有一种染料能特异性地与某种细胞结合，那么也许就有一种毒药可以在不伤害正常细胞的情况下杀死病原体。这一观点是“锁和钥匙”观点的一个变体，引导他对研制治愈梅毒的药物这一问题进行剖析。为了寻找“魔法子弹”，他开展实验对数百种化合物进行了仔细的观察。最终，他发现了第一种可以有效治疗梅毒的药物——一种叫做砷凡纳明的砷化合物。砷凡纳明是第一种抗菌药物，它的发现意味着除了疫苗和抗毒素外，对抗感染的手段又多了一个。埃尔利希的工作是对治疗“钥匙”的经验性搜索。他的目标不是推翻细菌理论的理论基础，而是巧妙地阐述现有的认知框架。尽管埃尔利希在推动免疫学向前发展方面取得了巨大的进步，但他并没有将科学带向一条前所未有的道路。

埃利·梅契尼科夫渴望解决一个更大的问题：生理学中统一的指导性原则是什么？这个大胆的问题让他跳出了现有的认知框架，提出了一个全新的免疫理论。梅契尼科夫在哈尔科夫附近的一个村庄长大，是一个来自犹太知识分子家庭的神童。他的外祖父是俄罗斯第一位公认的世俗犹太作家，他的哥哥列夫（Lev）是著名的社会学家和地理学家。在很小的时候，梅契尼科夫就有了要解开生物学奥秘的宏伟想法，也有着与之相匹配的雄心壮志。他只用了两年时间就在哈尔科夫大学（Kharkov University）获得了一个四年制的理学学位，而且在1861年，年仅16岁的他就经过同行评议发表了第一篇论文。他早年以科学家的身份在德国、意大利和俄罗斯的大学之间徘徊［他曾先后三次进出新成立的敖德萨大学（Odessa University)］。梅契尼科夫早期的学术生活十分不稳定。他参加抗议活动，有时甚至是暴力抗议，他还公开攻击过一名同事，据称这名同事剽窃了他的工作成果。在此期间，当梅契尼科夫与卢德米拉·费奥多罗维奇（Ludmila Feodorovitch)充满激情的婚姻以费奥多罗维奇死于肺结核而告终时，梅契尼科夫曾吞下大剂量的鸦片企图自杀。几年后，当他的第二任妻子奥尔加（Olga）身染伤寒时，他再次试图自杀，这一次他给自己注射了足够剂量的回归热细菌，几乎命丧黄泉。

直到1882年，梅契尼科夫离开学术界，自我放逐到墨西拿（Messina）的一个私人实验室后，他的生活才安定下来，他的理论才得以成形。梅契尼科夫在墨西拿的发现后来引导他形成了主动宿主防御理论。六年后，当他来到巴黎加入巴斯德研究所的时候，他已经找到了自己的使命所在，并且余生都在那里开展学术研究，直到离开人世为止。

梅契尼科夫在创建主动宿主防御理论时，打破了一个现有的认知框架。他的突破性理论认为免疫细胞并不像埃尔利希和其他人想象的那样是被动的。梅契尼科夫提出了相反的观点——吞噬细胞积极主动地与疾病作斗争。而且，它们这样做是因为免疫细胞之间是“不和谐的”。梅契尼科夫认为，细胞们并不会为了整个有机体的利益而进行内部合作，每个细胞都为了使自己的利益最大化而约束着其他所有细胞。梅契尼科夫关于“不和谐的”奇怪（在当时来看是这样的）观点类比了达尔文的理论，即物种进行适者生存的斗争。梅契尼科夫认为，如果适者生存存在于有机体之间，那么它也应该存在于一个有机体之中。

和达尔文一样，梅契尼科夫用了一种全新的观点来进行类比。就像达尔文把自己想象成一株植物一样，梅契尼科夫也改变了视角，把自己想象成了一个参与战斗的细胞。

梅契尼科夫的“不和谐”理论代表了一种突破性的反向思维。到底有多突破性呢？给各位一个提示，自希波克拉底（Hippocrates，希腊哲学家兼医生）时代以来，人类的健康就被认为是一种基本的内在和谐状态的反映。四种基本体液——血液、黏液、黄胆汁和黑胆汁相互作用以保持活力。这些体液之间的不和谐会带来疾病，而通过放血等干预手段可以恢复健康。梅契尼科夫的观点恰恰相反，他认为人体内部存在积极冲突，这与公认的平静和谐才意味着健康的观点大相径庭。从细胞间不和谐的想法，到想象一个有机体具有特定、主动的防御模式来对抗外来入侵，这是梅契尼科夫迈出的一小步。换句话说，梅契尼科夫并没有问：不和谐是如何导致疾病发生的？恰恰相反，他问道：不和谐对于正常的健康过程是如何必不可少的？

点燃梅契尼科夫宿主防御理论的线索来自进化树最底层的动物：胚胎期的海绵和海星。胚胎一开始有点像三明治，它们的细胞分层排列，就像火腿、奶酪或生菜夹在面包片之间一样。每一层都会继续发育变成一个或多个器官。梅契尼科夫和他的同事科维莱斯基（Koveleski）证明，在海绵的早期发育中，四处游走的细胞逐步形成了一个发挥类似于肠道功能的细胞层。他称这些细胞为“吞噬细胞”或“吞食细胞”。他发现这些在没有肠道的动物中存在的细胞有两个特性:（1）具有消化功能;（2）保留了流浪的天性。根据这个归纳，他进行了一次演绎上的飞跃。他想知道，这些发育成吞噬细胞的“流浪者”是否和进化树上更高层次的有机体中造成细胞间不和谐的细胞为同一种细胞呢？它们的功能是否有可能不仅仅是消化营养物质？梅契尼科夫开始对吞噬细胞着迷。

为剖析这个问题，梅契尼科夫花了数年时间仔细观察了各种动物的吞噬细胞的功能，从最简单的软体动物到哺乳动物，此后他开始着手开展一项验证自己想法的单一实验。他需要用外部入侵者来挑战吞噬细胞以研究它们的反应。他从为亲戚的孩子们（他本人膝下无子）买的圣诞树上取下了一根松针，把它插进了一只海星幼虫的透明身体里。他说他那天晚上期待得几乎睡不着觉。第二天早上，正如他所希望的那样，针尖被吞噬细胞包围了。他一举证明了吞噬细胞不仅吞食营养物质，也吞食病原体——它们创建起了抵御入侵者的第一道防线。几个月的时间内，从归纳到演绎，他清楚地阐明了自己的人生抱负——伟大的宿主防御理论，他称之为“吞噬细胞理论”。

梅契尼科夫设想吞噬细胞可以在体内自由移动，随时防止感染、损伤和不必要的细胞生长。在后来的几年里，他进一步扩展了吞噬细胞的作用，他声称，就像吞噬蝌蚪的尾巴以产生青蛙一样，吞噬细胞在定义胚胎内细胞结构方面发挥着普遍的“识别”功能。也就是说，它们塑造了发育中器官的形状和大小。他后来还声称，吞噬细胞在衰老过程中负责清除机体内计划淘汰的正常细胞。他的所有这些断言后来都被证明是正确的，尽管这个过程花了科学界整整一个世纪的时间。例如，在 1964 年，梅契尼科夫的衰老（老化）细胞清除理论被“发现”，并被称为程序性细胞死亡。梅契尼科夫可谓实至名归，他的伟大理论确实足够伟大，他担得起“炎症、免疫、自身免疫和衰老研究之父”的美誉。

正如梅契尼科夫想象中他的吞噬细胞保卫着自己的身体一样，他无情地、狂热地捍卫着自己的理论。他别无选择，吞噬细胞理论一经问世便立即遭受攻击，作为回应，他于 1901 年编写了《传染性疾病免疫力》（*Immunity in Infectious Diseases*）这样一部著作。虽然梅契尼科夫的理论影响深远且形而上学，但他为之辩护所用的科学方法是精确的，而且都有详实的证据。他的妻子奥尔加在传记中是这样描述他的：“他具有摔跤手的气质：障碍激发了他的能量，他径直冲向障碍，以不可战胜的韧劲追求着自己的目标……”

但梅契尼科夫对吞噬细胞理论和不和谐理论的辩护并没有妨碍他发明新的伟大理论。在随后的研究中，梅契尼科夫提出，随着年龄的增长，肠道微生物产生的毒素会扩散到全身，从而削弱正常细胞。梅契尼科夫声称，吞噬细胞在试图抑制这些毒素时，只会造成更大的伤害。也就是说，吞噬细胞不仅可以成为英雄，也可以成为弄巧成拙的恶棍。幸运的是，梅契尼科夫相信他知道一种抗衰老的方法：食用凝乳或酸奶可以减缓人的自然衰老。我们认为是新时代潮流的益生菌，其实是梅契尼科夫的另一项发明。

就个性和认知而言，梅契尼科夫是一位创新大师。这个人不懂得节制，充满了浪漫野心和坚定决心。虽然这些特质有时让他变得好斗、不平衡，但也推动着他做出了自己的贡献。对许多人来说，固执可能会导致对他人观点的偏见，梅契尼科夫在他职业生涯的后期可能就出现了这样的情况。但在早期，他充满了好奇心。他的研究工作受到了群体力量的影响，甚至是指导，因为他融合了达尔文和科维莱斯基的思想。事实上，梅契尼科夫全部的精神家园都建立在思想信仰的基础之上。正如他在自己的报告中所说的那样，如果恰当地运用科学来理解自然，就可以将人类从痛苦和绝望中解救出来。

注解埃尔利希和梅契尼科夫：创新工具的使用

作为1908年诺贝尔奖的共同获得者，埃尔利希和梅契尼科夫代表了一枚硬币的两个面。两人都为这枚硬币做出了一方面的贡献，我们现在知道这枚硬币叫“保持免疫力”。埃尔利希极度痴迷，梅契尼科夫歇斯底里。埃尔利希一直在科学先驱们构造的范式中进行研究，而梅契尼科夫则打破了原有的认知框架。

埃尔利希的贡献不容小觑——他发现了抗体是如何形成的，发现了第一种可以对抗梅毒这一大祸害的抗菌药物。但是，尽管他的贡献很卓越，但这实际只是在他的导师们建好的大楼上加高了一层，仍然处于“发现感染/创造疫苗”的范式之中。还记得在描述酶发挥作用时用到的锁和钥匙的隐喻吗？诸如此类的类比为他的抗体功能理论提供了依据。同样地，细胞的特异性染色让他认为可能存在一种毒药可以杀死病原体，但不会伤害正常细胞。根据这一推论，他进行了艰苦的剖析和观察，例如，在他偶然发现治疗梅毒的药物——砷凡纳明之前，他尝试了数百种化合物。砷凡纳明是第一种抗菌药物，称得上是青霉素和其他抗菌剂的鼻祖。渐进式创新天才是如何拯救数百万生命的？埃尔利希就是一个例子。

相比之下，梅契尼科夫在各个方面都是颠覆性的。他提出的指导性问题大胆得近乎“厚颜无耻”：生理学中统一的指导性原则是什么？

他使用了和埃尔利希一样的创新工具（类比、以历史群体的贡献为基础、观察、归纳演绎和剖析问题）。但他也颠覆了自古希腊时代以来一直持有的观念，特别是从理论上阐明了健康不是一种内在的和谐状态，而是一个无休止的战场。这意味着一种认知框架转换，某些细胞不再是感染的被动旁观者，而是主动的战斗者。这一转变源于梅契尼科夫改变了自己的观点，他把自己想象成了一个细胞。一旦他将吞噬细胞置于战士的角色上，他想象中吞噬细胞的能力就会扩大，包括在身体中自由移动以防止感染和损伤、在胚胎中塑造细胞生长、在衰老过程中清除体内的衰老细胞，甚至是自我毁灭。

梅契尼科夫用一种深刻的方式创造了一个隐喻——“向疾病宣战”，从此推动了科学的发展。根除、消灭和战胜疾病的希望激发了当代人寻求治疗的积极性。2011 年，美国国立卫生研究院斥资 310 亿美元，支持 3000 家机构抗击疾病。战争的隐喻让我们像赞美战士一样赞美科学家，像投资国防一样投资医药研发，让我们认为科学技术在避免疾病威胁方面具有近乎神话般的潜力。

	提出正确的问题	群体的力量	类比	重新组合排列	观察	归纳演绎	改变观点	拓宽视角	剖析问题	反向思维	认知框架转换	自主性	开放性	坚韧性
埃尔利希	🔧	🔧	🔧		🔧	🔧			🔧			🔧		🔧
梅契尼科夫	🔧	🔧	🔧		🔧	🔧	🔧	🔧	🔧	🔧	🔧	🔧	🔧	🔧

图 11.1　埃尔利希和梅契尼科夫：创新工具及特征

Chapter 12

第 12 章

互联互通

保罗·巴兰与其他网络创建者

Paul Baran and Other Web Creators

2011 年 8 月 25 日，《纽约时报》的头条标题写道："乔布斯辞职，称他无法继续履职。"那天，史蒂夫·乔布斯（Steven Jobs）宣布他将辞去计算机巨头苹果公司的首席执行官一职，几周后，他便因胰腺癌去世。几个小时之内，成百上千条对他的深切悼念就被发布到了大大小小的网站上。一位著名的科技博主写道："透过朦胧的双眼，我很难将注意力集中在电脑屏幕上。我希望一觉醒来，发现这一切都是一场噩梦而已。"《纽约时报》在随后的报道中将乔布斯与令人崇敬的托马斯·爱迪生相提并论，这可能过于夸张了，因为后者为社会带来了现代意义上的照明与通信。但乔布斯因其将人们连接到互联网的艺术般的才华而受到数百万人的喜爱。这些赞誉既表达了对这位男士的尊重，也显示了我们对网络的热爱。

今天的互联世界与爱迪生当时的世界完全不同。事实上，上一代人所处的世界就与现在大不相同。约会中的年轻男女们常常只顾着低头看手机，而忽略自己的伴侣还在旁边。学生们都在浏览维基百科，而图书馆却空无一人。美国人普遍采纳网络上政治类博客的观点，并将谷歌作为消息来源，报纸销量因此大幅下滑。网络已经彻彻底底地改变了我们的生活。我们能发展至此，所经之路其实并不简单，也不是理所当然的。这条路始终贯穿着颠覆性创新：（1）突破性技术开创了这条路；（2）社会认知框架转换又为其赋能。而夹在其中的是，一大群黑客逐步发展起来，网络的诞生正是他们的杰作。因此，网络不是由任何一个人甚至任何一个群体创造的，而是由颠覆性创新者和渐进性创新者共同创造的。

保罗·巴兰出生于20世纪初，他发明的范式推动了互联网发展。巴兰是波兰犹太人，由一位小老板抚养长大，总被鼓励去做一些贴近实际的事情。在获得工程硕士学位后，他被计算机的实用性所吸引。然而，事实将会证明巴兰不是一个普通的程序员。

在为兰德公司（RAND）工作期间，巴兰一直担心冷战时期的核攻击会破坏军事通信的完整性。从1959年开始，他就专注于寻找一种方法来避免这种情况的发生，用他的话说，“……这是由于缺乏具有强生存能力的通信系统而造成的最危险的情况”。他推断，一个高度容错的安全通信系统需要能够避开通常所使用的中心辐射型通信模式，因为在这种模式下，对中心节点的攻击将导致系统瘫痪。经过三年的深入思考，巴兰提出了一个未来主义的概念，他称之为“分组交换”。

一个世纪以来，关于如何组织即时通信系统，人们期望在电话通信系统中找到答案。而巴兰通过大胆的认知框架转换推翻了各种各样的假设，这一转换提出要对通常使用的分层电话线路组成进行重新布线或重新排列。连接电话呼叫时，每个用户都被路由到本地的交换局；如果用户的呼叫超出本地呼叫范围，则由本地交换局将其路由到地区或全国交换局。去掉一个中央枢纽会导致大量用户的连接断开。巴兰设想的取代方案是一个包含无数交换节点的网络，每个交换节点与其他节点之间的链接都多达8条。

根据几年后《连线》（*Wired*）杂志的一篇采访，巴兰创建分布式网络的灵感来自神经科学。神经科学家们当时正在研究大脑如何通过依赖一个连接网络来弥补损伤，以保持大脑功能完整，避免残疾。类似地，在巴兰的去中心化和冗余设计中，通过替代节点进行路由可以轻易克服单点损坏问题。

巴兰在进行第二次认知框架转换时提出要重编程序。当时的电话框架以电话线为媒介，通过电路交换传输呼叫，一端的一方通过专用电路与另一端的另一方通话。重点是路线，而不是接收者（因为电话线可以连接到任何电话上）。在分组交换中，情况正好相反。强调的是接收者，而不是路线。每条信息都有一个“去往”和“来自”标签，但它的路线并没有被设定。它就像一封投放在邮箱里的信件，在一个由相连计算机组成的网络中从一个节点传递到另一个节点，直到到达所标记的目的地。电报系统中也有类似的布局——信息在电报站之间传递，并在电报站内部保存，以缓解线路上的交通堵塞。巴兰方案中的计算机节点可以相互“交谈”，相互提供关于交通阻塞地区的即时更新，从而计算出最短最快的路线。但是计算机路由几乎可以同时处理许多信息，只要信息能到达预定的终端计算机，其传输路径就可以灵活安排。

巴兰这一有悖直觉的方案还有最后一个特殊之处，他设想信息被分块发送，而不是作为一个整体进行传输。每条信息都被数字化成一系列的 0 和 1（二进制位），然后被切割成 1024 位的标准大小。一条小信息可能会作为一个数据块被发送，但是一条较大的信息会被分割成多个数据包，然后通过不同的路线发送，存储在不同的节点中，最后在到达目的地时再重新组合。

为了将这一离奇设想转化为现实，巴兰剖析了交换节点的特性，意识到它们需要具有当时计算机技术所不具备的高速、低存储和廉价的特点。巴兰将他的古怪设想组合成了一个系统而复杂的整体，并且绘制了图像加以表征。他运用了改变观点的创新工具，得出了一个推论：运行该系统的机器必须是小巧、简单的微型计算机。这一推断背后的逻辑是：尽管信息要经过多次传输和存储，但小型、快速计算机的灵活性会让用户觉得交互是实时发生的。

巴兰的构想存在一些内在的缺陷：数据包必须经历拆分和重新组合的过程，发送的信息需要包含地址和控制信息，数据包在到达时可能会发生故障。然而，该设计实现了巴兰的主要目标：使通信系统变得高效、稳固和安全。此外，它还实现了巴兰当时提到的另一个目标（后来被证明很有预见性）："最重要的是，标准化的数据块允许多个用户同时使用，每个用户都有不同的带宽需求，可以经济地共享由不同数据传输速率链路组成的宽带网络。"也就是说，该系统将不受计算机配置技术参数的影响，比如，它可以支持讲不同语言的人进行对话。

当巴兰完成他长达11卷的论文并整理好描述分组交换的相关备忘录时，他已经将问题扩展，远远超出了最初的边界。当时的问题是"如何构建一个不受核攻击影响的通信系统？"现在，问题已经扩大到"怎样才能最大限度地实现普遍的互联互通？"这是一个大范围问题。正如巴兰所指出的那样："现在是时候开始考虑一个新的、可能不存在的公共设施了……用于在大量用户之间传输数字数据。"而且，用巴兰的话来说，这个系统是"用户对用户，而不是中心对中心"。也就是说，它消除了集中控制，它是多元化的。分组交换为基于网络的社会平等主义奠定了基础。

爱迪生发明了照明系统中的电灯泡，巴兰发明了公共计算设施中的分组交换，两者之间的相似性让人很难忽视。爱迪生必须敲定制造整个照明系统所需的每个细节，而不是单个灯泡；巴兰必须设法支持整个通信系统的运行，而不是单一的通话。两人都需要在已知观察结果的基础上进行归纳，从而推断出一件事是如何导致另一件事发生的。

这种灵活的小型联网计算机实时工作的构想有多突破性呢？答案是非常具有突破性。第一台电子计算机的诞生只比巴兰开始他的研究工作早了十几年。电子数值积分计算机（ENIAC）是第一台通用电子数字计算机，由宾夕法尼亚大学的约翰·莫奇利（John Mauchly）和约翰·埃克特（John Eckert）于1943年开始研制，直到1945年才完成，ENIAC旨在为第二次世界大战中的美国陆军服务。它由18000多个真空管组成，重达30吨，而且专门为它准备了一个20×40英尺的空调房，里面全是它的发热管和电线。它的第一个任务是计算制造氢弹是否可行（答案是可行）。

直到1959年，也就是巴兰开始研究分组交换的那一年，IBM才将用晶体管而不是真空管制造的计算机商业化，同时引入了用于计算存储的原始系统和随机存取存储器（RAM）。然而，20世纪50年代的计算机既昂贵又笨重。要使用它们需要大量的金钱（聘请编程专家）和时间。操作员将预先打好的穿孔卡片送入机器进行批处理。根据队列中程序的长度和复杂性，周转时间可能是数个小时或更长。如果计算机发现编程错误，用户就得从头开始。许多大学生为了赶上课程的最后期限，彻夜疯狂地提交代码、等待运行，然后可能还要重新提交代码。

微型计算机在20世纪50年代末进入市场，当时一位名叫肯·奥尔森（Ken Olsen）的创业者离开麻省理工学院创建了数字设备公司（Digital Equipment Corporation，DEC）。实际上，微型计算机只不过是一些终端，它们与计算机连接，但也直接与用户交互。它们不使用批处理，而是通过一个叫做时分复用的概念来运行。分时允许大约100个用户登录并通过电传打字机轮流得到服务，电传打字机可以打印计算机的响应。特别是对于大批量用户而言，分时代表了一种改进，但它的缺点是，机器现在不得不使用宝贵的运行时间来协调任务。登录的用户越多，计算越密集，计算机的响应就越慢。巴兰的想法虽然在一定程度上基于批处理，但却远远领先。如果不是因为另一群有远见的人几乎同时将其概念化并继续尝试，它可能会被认为是科学幻想。

这些有远见的人并不在美国电话电报公司（AT&T），巴兰和他的资助者美国空军（Air Force）为了测试其通信系统曾联系过这家公司，却遭到了断然拒绝。最先实施分组交换的是由唐纳德·戴维斯（Donald Davies）领导的一群很有远见的英国计算机科学家。英国使用这一系统背后的动机不是生存，而是连通性：最大限度地获取稀缺的计算资源意味着效率最大化，这是分组交换的另一个美妙属性。1967年，戴维斯和他的团队构建了Mark Ⅰ——分组交换的原型机，为大约60条线路提供服务，并将用户连接到两台大型计算机上。尽管它“成功了”，但戴维斯无法筹集到更多的资金，因此未能实现他所希望的全国性推广。

这场像“乒乓球”一样来回的跨洋运动的下一阶段又回到了美国，幸运的是，球落在了一个可以说是美国最不循规蹈矩的公共资助机构。1958年，为了应对苏联发射的第一颗人造卫星“伴侣号”（Sputnik），美国成立国防部高级研究计划局（ARPA，现在叫做DARPA），其任务是“创造并预防技术突袭”。它的项目主要集中在高风险/高收益技术的开发上，虽然隶属于国防部，但其项目大多都外包给了大学。它当时的一个主要举措是通过其信息处理技术办公室（Information Processing Techniques Office，IPTO）开发基于计算机的技术。

信息处理技术办公室的鲍勃·泰勒（Bob Taylor）和劳伦斯·罗伯茨（Lawrence Roberts）相信他们可以建立第一个数字化互联社区，他们称之为阿帕网（ARPANET）。在很大程度上，阿帕网的建立动机非常乏味，就是因为为信息处理技术办公室承担项目的那些大学承包商们为购买越来越多的个人电脑榨干了该机构的资源，而阿帕网将允许他们共享计算资源以减少对购买计算机的需求。但可以预见的是，像阿帕网这样具有颠覆性的创新并不容易实现。因此，泰勒决定请一组已经承担信息处理技术办公室项目且对此兴趣浓厚的研究者来共同参与开发一个模型系统。如此一来，一个横跨加州大学洛杉矶分校、斯坦福大学、加州大学圣巴巴拉分校和犹他大学的研究小组就成了互联网原型的合作开拓者。

没过多久，研究小组就遇到了障碍。每台计算机都有自己独特的操作系统，他们该如何连接这些计算机？华盛顿大学圣路易斯分校的韦斯利·克拉克（Wesley Clark）通过类比提出了一个解决方案。正如计算机为人类服务一样，小型计算机也可以为大型计算机服务。可以将分组交换软件的程序设计为在一个微型计算机的子网络中运行。这意味着只需要对一种类型的机器（后来称为接口信息处理机，缩写为IMP）进行编程。每台主机通过IMP与各自的微型计算机相连，从而形成一个相通的内环。

事实证明，这个想法非常出色，不仅克服了技术障碍，而且阐明了如何将创建网络这一复杂问题分解成若干实际能解决的部分。詹内特·阿巴特（Janet Abbate）在《发明互联网》（*Inventing the Internet*）一书中写道："一个分层系统由一系列离散的功能组成，它们按照特定的规则进行交互。这些功能被称为'层'，因为它们按照一定的概念层次进行排列，从最具体形象的功能（如处理电信号）到最抽象的功能（如解读来自用户的人类语言命令）。"层次是分解网络问题的方法。各层功能独立，就像修马桶的管道工不必了解整个下水道系统一样，每一层也不需要通过了解其他层如何运行来确保实现自己的功能。

以前从未有人做过IMP中的分组交换编程分层。经过公开招标，罗伯茨选择了一个由哈佛大学和麻省理工学院的前教员组成的小型精英公司——博尔特、贝拉尼克和纽曼公司（Bolt，Beranek，and Newman，简称BBN公司）。BBN公司非常擅长剖析阿帕网未来可能会遇到的问题并设法避免。例如，为了保证数据包的可靠传输，BBN公司创建了一种校验算法，每次发送信息后，发送方IMP都会等待来自接收方IMP的确认，表明信息已完好无损地到达。如果在指定时间内没有收到确认，则重新发送数据包。类似地，IMP在出现故障时会通知相邻的IMP向它们发送替换程序。如果IMP仍然受损，它将自行关闭，以免损坏系统的其他部分。这些巧妙的策略提供了美国电话电报公司的工程师们认为不可能实现的信息质量和效率。

一个网络工作组负责开发主机协议和寻找改进系统的方法，这些都是至关重要的任务。最终带头的是研究生文顿·瑟夫（Vinton Cerf）和鲍勃·卡恩（Bob Kahn），他们后来将阿帕网改造成了互联网（Internet）。他们这样描述新获得的自主权："我们只能算是普通的业余爱好者，我们以为最终会有权威人士站出来说'我们要这么做'，但从来没人站出来过。"该小组共同的工作目标是使系统更具有包容性的力量。"首先，人们倾向于认为书面声明具有事实上的权威性，我们希望促进对不那么权威的观点的交流和讨论。其次，要发表未经打磨的东西时，人们自然会犹豫不决，我们希望能缓解这种拘束感。"这些规则消除了所有对自由交流思想的限制。

到1969年底，已经有四个站点连接到了阿帕网。到1971年，美国国防部高级研究计划局所有的15个合约站点都成功进行了连接。但实际情况没有看起来那么好。许多站点并没有真正地使用这个网络，新站点的添加速度也很慢。一个新站点要想接入阿帕网，就必须购买一台IMP（花费超过10万美元）。接下来，该站点必须进行编程，以将它们的主机连接到IMP上并为主机的多用途任务做好准备，据估计，这些编程任务需要一个程序员花费一年时间才能完成。一旦连接，主机资源的聚合就像将圣诞节和新年连起来过那样容易，但要访问其他主机上的软件却很困难。因为几乎没有公开的协议可以提供帮助，甚至都没有一个包含最新信息的目录来显示其他可用主机。这一切都相当令人沮丧，罗伯茨利用阿帕网形成一个共享资源的数字社区的设想总体上是失败的。

但是，阿帕网项目也取得了部分成功，其中一个意想不到的好处就是电子邮件。BBN公司的程序员雷·汤姆林森（Ray Tomlinson）将一个早期的程序改编后，创建了第一个可用版本。它在计算机之间传递邮件，并且包含熟悉的主机和用户地址名。不久之后，电子邮件就成了阿帕网最受欢迎的服务。阿帕网最初的目的是为用户提供使用主机丰富计算资源的机会，但电子邮件出人意料的流行表明，互联网的主要价值将是连接用户。

从阿帕网发展到现代的互联互通，还要经历许多的周折。从阿帕网到互联网是一个概念上的飞跃，是一个克服计算机和网络之间不兼容的过程。文顿·瑟夫和鲍勃·卡恩在学生时代就开始接触阿帕网，他们在20世纪70年代中期与世界各地的用户合作，建立了一套通用标准，用来克服计算机不兼容的问题。为此，瑟夫和卡恩重新排列和修改了许多已经在阿帕网中发展起来的概念。他们不再使用IMP，而是创建了一个可供所有机器使用的单一协议，被称为传输控制协议（Transmission Control Protocol，TCP）。之前由IMP负责确保可靠性和有效性的责任将由TCP承担，例如，验证安全消息到达，监测数据流，并在使用网关计算机的网络之间提供物理连接。所有这些都使添加新网络变得容易。由于网关连接着整个网络，每个网络都有许多主机（而IMP只有一个主机），瑟夫和卡恩添加了一个独特的功能，即IP地址。IP是一个简单的通用协议，它在网关上运行，并在计算机之间传递单个数据包，而TCP在单个网络中运行，在成对的主机之间整理信息。这对通用协议后来被统称为TCP/IP，并一直沿用至今。

1977年末，互联网的创造者们试图进行一项艰巨的实验。他们在加州高速公路的一辆货车上，经由分布在两大洲的网关，通过三个不同的网络发送数据包。结果信息被准确无误地接收了。这是一个振奋人心的证据，它证明互联网是存在的！

然而，当世界上只有笨重的大型计算机时，互联网的光芒一直被掩盖。1975年，《大众电子》（*Popular Electronics*）杂志在其封面上宣布第一台个人电脑“牵牛星8800”（Altair 8800）问世，它在不知不觉中成为互联网的“伯乐”，让其光芒闪耀。牵牛星8800小到可以放在书桌上，售价397美元。它的创造者埃德·罗伯茨（Ed Roberts）宣称它将“消除计算机的神秘感”。两年后，苹果公司（Apple Inc.）发布了Apple Ⅱ。与需要由内行的发烧友进行组装的牵牛星不同，Apple Ⅱ是为新手准备的。

与此同时，美国军方（仍在运营阿帕网）已经对管理一个庞大而多样化的计算机网络感到厌倦。他们曾试图将阿帕网转让给一家商业公司，却没有成功。但是个人计算机的可塑性使网络变得更加受欢迎。为了加快转换进程，军方从阿帕网剥离出了自己的防火墙军事网络（MILNET）。此外，还设立了一项2000万美元的基金，用于资助计算机制造商在所有机器上实现TCP/IP协议。到1990年，美国几乎所有的计算机都采用了这些协议。这创造了终极的多元化，并从根本上消除了任何一家公司占有整个互联网的需求。相反，任何想要参与其中的计算机网络都可以使用互联网。

到 1990 年，学者们开始认为互联网是真正有用的东西，但对于消费者来说，它仍然很鸡肋。当时要在网上查到信息并不容易，因为操作大多数应用程序仍然需要技术，而且可用信息通常都是纯文本的，直到后来任职于欧洲核子研究组织（European Organization for Nuclear Research，CERN）的蒂姆·伯纳斯-李（Tim Berners-Lee）推出了万维网。基于 30 年前一个名哈佛研究生写的一个极具未来感的程序——超文本，伯纳斯-李开发了一种语言，允许服务器访问任何格式的数据。他称之为HTML，到那年年底，他已经为HTML网页创建了服务器，并创建了浏览器和编辑器用于查看和操作文档。HTML可以显示图形、音乐、图片和文本，它让吸引人的网页、照片交换和音乐分享都成为可能。我们可以真正交流了！伯纳斯-李在欧洲核子研究组织的上司不了解，也没有兴趣支持他所做的东西，这一工作因此两次被搁置，但伯纳斯-李没有放弃，继续努力着。然后在 1992 和 1993 年，黑客们（热衷于改进系统和软件的人）陆续发布了针对UNIX、Macintosh、Next和Windows系统的浏览器。

马克·安德森（Marc Andreessen）和吉姆·克拉克（Jim Clark）没过多久（一年后）就创建了第一个商业网络浏览器——网景（Netscape）。同年，《时代》杂志的封面刊登了一篇封面故事：《互联网的奇异新世界》（*The Strange New World of the Internet*）。网景创建 16 个月后，便成为华尔街历史上规模最大的首次公开募股（IPO）。1988 年到 1994 年期间，连接到互联网的网络数量从 240 个增加到了 32400 个。1994 年，联网计算机达 380 万台。在接下来的几年里，这个数字大约每 12 个月翻一番。根据维基百科的数据，

2010 年全球互联网用户的数量估计为 18.6 亿，互联网连接着约 22% 的世界人口。经过 30 年的发展，通过采用用户友好的人机界面，网络化得以实现。

分组交换打破了第一个认知框架：一场发明了互联网并产生了网络的技术革命。联网用户打破了第二个认知框架：一场由网络引发的社会变革。互联互通让世界摇身一变，成了一个民主、平等的集体，多元化成为 21 世纪的口号。在技术、经济、社会和政治方面，网络用户以一种（历史性的）令人惊讶的方式左右着内容。网络营销靠的是“拉”而不是“推”，意味着商家试图吸引购物者，而不是控制他们。有一些大型社交活动就是利用网络自下而上组织起来的，而非自上而下。遗传学上的突破更多地来自开源合作，而不是来自一个独自埋头苦干的实验室。想要成为艺术家的人可以利用视频分享平台来让自己成为公众关注的焦点。

互联网用户每天都在有目的地进行着创造性活动。这是一种新的创新形式，但它确实是创新。《时代》杂志在 2006 年将“你”选为年度人物时，就认识到了这一转变。当然，商业一直是互联网的一大特色，正如目前通过网络运营的数百万家企业所证明的那样，但也要考虑到所有非资本驱动的连通性，它们不是别的，正是自我表达和社会联系，从脸书、领英（Linkedin）到祖帕（Zooppa，一个面向创造型人才的网站），以及价值近 20 亿美元的多人在线角色扮演游戏行业，都可以证明这一点。

大规模协作在传统商业之外创造出了不少有价值的商品。Linux 就是一个特别有力的例子。黑客们对制造商限制用户自主权的行为表示反对，麻省理工学院的理查德·斯托曼（Richard Stallman）就是其中之一。在从新闻组（Usenet，一个完全交互式的超级电子论坛）招募到的志愿者的帮助下，斯托曼构建了一套不完整的自由软件，并将其命名为GNU，该套件可以与广泛使用的UNIX操作系统兼容。一位名叫林纳斯·托瓦兹（Linus Torvalds）的芬兰研究生编写了操作系统Linux，提供了GNU缺少的主要东西——连接硬件和软件的“内核”或编程。托瓦兹向新闻组发出邀约，邀请他们下载系统并进行改进。协作者们立即展现出极大热情，并开始提供免费的GNU应用程序，这样整个套件就可以在没有许可限制的情况下进行开发。到1993年，Linux有10万行代码。2001年的一项研究显示，Red Hat Linux 7.1版本的源代码已经增长到3000万行，这相当于投入了价值超过10亿美元的免费劳动力。经过数千名开发人员的严格调试和对所有能想到的机器类型的适应，它已经取代Windows Server成为网络服务器和桌面动画的首选操作系统。Linux已经成为一个名为“开源”的不断增长的计算机资源库的典范。

大规模协作和自我表达也有助于开放获取世界上最宝贵的资源之一——信息。正如本杰明·富兰克林的免费图书馆启发了托马斯·爱迪生一样，互联网扩大了知识传播的范围。“想象一下，存在这样一个世界，地球上的每一个人都可以自由获取人类所有知识的总和”，这是维基百科创始人吉米·威尔士（Jimmy Wales）的愿望。但为了实现这一大胆的目标，威尔士充分领教了学术话语权的不平等。他尝试创建的第一部在线百科全书叫做“Nupedia”，经过严格的、多层次的专家评审之后，他的尝试最终却不了了之。2001年，维基百科的编辑偶然发现了维基网（WikiWikiWeb），用户在这一网站上讨论和协作编辑文档。8天后，也就是在2001年1月，维基百科上线。当月底，维基百科上共有617篇文章。到2011年，维基百科英文版拥有近400万篇文章，而且，维基百科有240多种语言版本。

维基百科和Linux的组织结构是自发的、非营利性的和民主的。然而，不言而喻的是，只有在众目睽睽之下才有真实性和准确性（当然，前提假设是存在“真理”）。维基百科的页面会被反复编辑，因为志愿者有时会对其真实性产生分歧。网站上编辑最多的内容是一篇关于乔治·W. 布什（George W. Bush）的文章，截至2011年7月，它已经被编辑了4435次。根据维基百科的档案，争议点集中于他在国民警卫队的服役以及是否应该将他归类为“酒鬼”。然而，通过将维基百科与“黄金标准”的《大英百科全书》(*Encyclopaedia Britannica*，共32卷，以前每隔几年会出版一次）进行外部比较，专家们在审阅了两个来源的同类文章后发现，维基百科的实际性错误并不多于《大英百科全书》，两者的质量旗鼓相当。最后得出结论：这两个来源同样有效。2012年，《大英百科全书》宣布将不再出版纸质版。

互联网极大地改变了我们的世界，这种转变是不可预测的。它使用了所有的创新工具打破了不止一个认知框架，实际是打破了两个认知框架：（1）通信是如何传输的？（2）谁在主导社交体验？这些认知框架转换是一个漫长又复杂的演变过程。当巴兰在20世纪60年代提出分组交换的概念时，他不太可能预见到现代的万维网。今天，我们很少有人能想象出互联互通对未来世界的影响。网络开发经过一代人的时间才走到这一步，谁知道接下来会发生什么呢？

注解巴兰和其他网络创建者：创新工具的使用

互联网和万维网的建立代表了一个群体在两种认知框架转换的创新之间取得的渐进式进步，其成就是循序渐进的和技术性的。当然，每个渐进性群体成员都使用了创新工具的一部分，比如韦斯利·克拉克使用了类比：就像计算机服务于人类一样，小型计算机也可以服务于大型计算机。但是，互联网黑客最终掀起了一场革命，他们对平等主义的狂热使我们对社交的期望发生了认知框架转换。

第一个认知框架转换更加清晰明了，它就是分组交换。保罗·巴兰颠覆性的构想包括对现有硬件的重新布置或重新排列，但它更多的是：一种从电话系统的集中式拓扑结构到分散式的转变；一种从传递完整对话到先将信息切割成片段，再经终端用户重新组合后才能理解的转变；一种从巨大的大型计算机到灵活的微型计算机的转变。

分组交换是一种反向思维，从强调路线转向了强调接收者。巴兰称之为“用户对用户，而不是中心对中心”。用到的类比是一封投放在邮箱里的信件，它被从一个节点传递到另一个节点，直到到达所标记的目的地。重要的是信件能准确到达收信人手中，而不是信件经过哪个城市。

巴兰的首要问题是如何实现普遍的互联互通，即不受限制的通信。在想象他的大规模互联系统时，他已经超越了确保通信安全的初衷，从军事领域扩展到了普通人的领域。他的意图是创建一个“看不见的公共设施”。

像爱因斯坦一样，巴兰也是思维模型的构建者，他经常通过绘画来传达这些模型。由此，他能够得出惊人的推论，比如运行他的分组交换系统的机器必须是小巧、灵活、快速的，也就是简单的微型计算机，但当时还不存在这种硬件（类似于爱迪生的公共供电设施）。

他那大胆的构想不仅仅基于信念的飞跃，还基于他将问题分解成了几部分：数字化（二进制）信息、节点式电报通信以及小型微型计算机的出现。这些部分中有的他已经观察到了，而有的他预料到它们即将出现。

最后，一切都出乎意料。巴兰不仅仅是个技术奇才，还是个天才。

他在工作中用到了创新工具，但这些工具形成了一幅蓝图，描绘的东西具有完全无法想象的新兴属性。巴兰、包括瑟夫和卡恩在内的阿帕网小组、伯纳斯－李和许多其他人共同创建了一个硬件／软件基础设施，引发了一场社会变革。今天的互联网让前所未闻的全球民主化和多元化成为可能。

	提出正确的问题	群体的力量	类比	重新组合排列	观察	归纳演绎	改变观点	拓宽视角	剖析问题	反向思维	认知框架转换	自主性	开放性	坚韧性
巴兰	🔧	🔧	🔧	🔧	🔧	🔧	🔧	🔧	🔧	🔧	🔧	🔧	🔧	🔧

图 12.1　巴兰：创新工具及特征

Chapter 13

第 13 章

拯救人类的温和方案

诺曼·博洛格与绿色革命引领者

Norman Borlaug and the Green Revolutionaries

人类，作为一个物种，如果要列出维持其生存的绝对必需品，那么相对来说，出现在这份清单上的条目将不会太多，而排在最前面的将是食物和有性生殖。

1798年，英国著名经济学家和人口学家托马斯·马尔萨斯认为，食物和性这两个生存的必要条件是相互冲突的。他的小册子《人口论》（*An Essay on the Principle of Population*）与18世纪的浪漫主义哲学形成了强烈对比，后者曾设想世界几乎可以无限发展。马尔萨斯的前提很简单，人口以几何级数增长：2、4、8、16、32……而粮食产量则以算术级数增长：2、3、4、5、6。如果这个算法是正确的，那么最终需求必然会超过供应。正如马尔萨斯所说，“我想我可以提出两个假设。首先，食物是人类生存所必需的。其次，两性之间的激情是必要的，并且将几乎保持在目前的状态……我想说的是，假定我的假设成立，那么人口的力量永远大于地球为人类生产食物的力量”。

马尔萨斯认为人口过剩自然会导致战争、瘟疫和饥荒。为了避免灾难发生，马尔萨斯建议限制人口增长，但他对增加粮食产量更为乐观：“我们可以相当肯定的是，对植物和动物的改良是有限度的，但这个极限在哪里，我们无法确切知道……没人能说他见过有史以来最大的麦穗或最大的橡树。”

到20世纪60年代末，粮食产量似乎已经达到了极限。当时估计有9亿人营养不良，几乎占到世界人口的四分之一。每年有500万儿童因腹泻、肺炎和麻疹等疾病死亡，他们肿胀的肚子上皮肤紧绷，而营养状况较好的儿童很少会因这些疾病死亡。唯一能阻止拉丁美洲、非洲和东南亚大片地区陷入饥荒的是那些比较富足的国家送来的粮食。保罗·埃利希在 1968 年出版的《人口爆炸》(*The Population Bomb*)一书中预言马尔萨斯陷阱即将来临。事实上，埃利希声称灾难已经到来。他像马尔萨斯一样也摒弃了农业作为解决方案的可能性，转而专注于以避孕的形式立即果断地进行人口控制。他说："我还没有遇到过任何了解实情的人会认为印度到 1971 年能实现粮食自给自足。"

但马尔萨斯和埃利希的预言都被证明是错误的。《人口爆炸》第二版中关于印度无法实现农业自给自足的表述已经被删除，这距离第一版的出版只过了 3 年时间。印度通过一场被称为"绿色革命"的社会变革，非常顺利地走上了实现粮食安全的道路。绿色革命不仅避免了迫在眉睫的全球性灾难，而且看起来似乎是可以持续养活人类的灵丹妙药。

从表面上看，使整个拉丁美洲和东南亚地区的作物产量出现了惊人的、多方面的增长的绿色革命并没有推翻任何科学理论。化肥和农药的广泛使用、灌溉设施的投资和农业管理的现代化都不是什么新鲜事。20 世纪的科学突破使人们得以培育出新的作物品种，推动了绿色革命。后来不知何故，一个令人惊讶且颇具变革性的成果出现了，它从无到有，非同寻常。那么，它是如何发生的?

绿色革命被认为是渐进性创新的典范。它涉及创新工具，也许其中最重要的是群体的力量，但它没有转换认知框架，也没有推翻任何基本假设。尽管它的名字里有"革命"二字，但对范式的革命性颠覆并没有发生。然而，无论是渐进性的还是颠覆性的，它都是一个变革性的创新，它的成功继续造福着现代世界。

农业的出现可以追溯到旧石器时代。在新月沃地黎凡特地区发现的考古证据表明，到公元前 9500 年，八种所谓的“创始作物”已经出现，其中就包括小麦、大麦、豌豆、扁豆和亚麻。小麦是最早被大规模种植的作物。然而，农业并不能保证粮食安全。历史提醒我们，当冰冻、洪水和干旱摧毁庄稼时，世界上许多民族都经历过周期性饥荒。通过种植所能找到的适应性最强的植物品种，农民们零打碎敲地抗争着大自然灾难。但如果真要赢得人类的认可并让人类能够填饱肚子，那就需要科学的进步。达尔文的进化论认为，可以通过积极主动地操纵植物使其适应特定的环境。格雷戈尔·孟德尔在遗传学上取得的突破证明了这一点。

格雷戈尔·孟德尔被认为是经典遗传学之父，他是一位奥古斯丁修道士，供职于布隆（今捷克布尔诺市）的圣托马斯修道院。生活在文艺复兴时期的孟德尔，在他的研究中花了大量时间来教授和写作有关气象学的东西。然而，他给我们留下的宝贵财富实际上是在修道院后面一个两公顷的试验园里形成的。1856 年到 1863 年期间，孟德尔对成千上万株豌豆的遗传模式进行了深入研究，他由此提出了两个十分惊人的遗传学定律或原理。现如今，这些定律是经典遗传学的支柱。然而，孟德尔在 1865 年将论文《植物杂交试验》（*Experiments on Plant Hybridization*）提交到位于摩拉维亚地区布隆市的博物学会时，几乎没有产生任何影响。事实上，在接下来的 35 年里，孟德尔的文章只被引用了 3 次，而且据历史学家所知，查尔斯·达尔文对此一无所知。但是，孟德尔定律解释了达尔文理论中的一个基本主张，即阐明了物种多样性产生的遗传学原理，而且，孟德尔定律的应用使绿色革命成为可能。

孟德尔的卓越之处在于，他可以“拨开云雾见天日”，清晰地领略到事物本质。豌豆会开出一种紫色的花，一种白色的花，还有一种带着白色轮廓的紫色花，孟德尔想制订一个宏伟的计划以看清这种多样性现象背后的本质，于是他设定了一些科学条件以让实验过程不需要考虑太多因素干扰，从而更加纯粹、易于分析。在剖析问题时，他首先只选择了纯种的豌豆植株（产生的性状始终不变）。其次，他选择了可以被记录为“是/否”的性状，比如颜色和形状。他将豌豆植株繁殖了不止一代，事实证明，这是他能够发现某些遗传模式的唯一途径。最后，通过继续收集数据，他获得了足够大的样本量来提供统计确定性。

通过这一巧妙的设计，孟德尔对29 000株杂交豌豆的各个方面进行了细致观察，实验记录本上满是认真仔细的细节。但孟德尔不仅仅是一个伟大的归纳型观察者，他还是一个非常有能力的演绎型逻辑学家，也因此最终从大量信息中提炼出了规律，并形成了属于自己的遗传学定律。

下面是孟德尔的实验结果。将一种只开纯白色花和另一种只开纯紫色花的豌豆进行杂交。它们的后代都开紫色的花，我们称之为杂交第一代。然后让杂交第一代的所有豌豆进行自交。在第二代中，平均来说，每有3株开紫花的豌豆，就有1株开白花的豌豆。孟德尔从这一明显的奇怪现象中发现了他的第一条定律——分离定律。其内容为:（1）性状的遗传由离散的“遗传因子”决定;（2）子代从两个亲代中各继承一个遗传因子;（3）性状可能不会在某一代中表现出来，但它们仍然可以传递给下一代。

今天，通过强大的实验室技术，我们可以看到染色体并跟踪它们的行为，可以将这些原理转化并应用到人类遗传学中:（1）性状通过基因遗传;（2）每个人的每个基因都有两个等位基因，或者说两个基因副本，一个来源于父亲的精子，另一个来源于母亲的卵子;（3）在这些等位基因中，显性基因比隐性基因更占优势，所以通常只有显性性状会作为后代特征表现出来。

在上面的例子中，紫色（P）是显性性状，白色（w）是隐性性状。要使亲本豌豆植株都是纯种，亲本等位基因必须是PP和ww。由于所有的后代都分别从母本和父本那里各得到一个等位基因，所以在第一代中，四种可能的杂交组合是：Pw、Pw、Pw和Pw，即所有的植株都是Pw。在Pw与Pw杂交产生的第二代中，可能的组合为：PP、Pw、Pw和ww。回想一下，P是显性的，所以任何含有P的植株都开紫花。在第一代中，所有植株的花都是紫色的（都是Pw）。第二代有三个组合的植株开紫花（PP、Pw、Pw），只有一个组合的植株开白花（ww）。

研究分离定律时，孟德尔结合了归纳与演绎，但这种结合并没有止步于第一定律。因为孟德尔也观察了两种性状同时遗传的杂交，他意识到性状的遗传是相互独立的。他的自由组合定律认为，即使另一种性状正在被遗传，花色的比例仍然是3∶1（紫花∶白花）。因此，当花色按3∶1遗传时，豌豆形状也是按3∶1（皱粒∶圆粒）的比例遗传。

孟德尔的遗传定律因为太超前于时代而无法被理解。即使在1900年，当它们被三位科学家“重新发现”并证实时，仍然备受争议。孟德尔定律指出，性状靠离散的遗传因子遗传。然而，从表面上看，遗传特征似乎是由亲本性状融合而成，比如出现一种带有白色轮廓的紫色花朵。统计遗传学之父罗纳德·费希尔（Ronald Fisher）指出，如果几个因子或基因同时起作用，那么离散的因子可能会出现融合，进而影响个体性状。也就是说，当许多遗传基因结合在一起时，就会出现融合。此外，当托马斯·亨特·摩尔根（Thomas Hunt Morgan）提出他的理论，即染色体是遗传的信使时，孟德尔的离散性状模型与之完全相符。

孟德尔定律影响深远。达尔文的进化论因此找到了它的生物学基础，即基因结合产生变异以及基因为生存而竞争。如果孟德尔今天还活着，他会对基于肿瘤遗传学的个性化化疗、通过基因工程实现组织再生以及通过基因操纵干细胞来治疗心力衰竭感到敬畏。显然，孟德尔作为改变科学和人类思想的创造者，在历史上占有一席之地。遗憾的是，这位奥古斯丁修道士没能在有生之年看到他的天才成果所带来的深远影响。

但是，有了孟德尔定律，农学家们就有了一套可以用于人工改良植物育种的原理。精心培育出的优良品种使农业生产力得到提高，到 20 世纪初，科学家已经开发出了改良和选择作物性状的技术。

尼古拉·瓦维洛夫（Nikolai Vavilov）是彼得格勒（今圣彼得堡）全苏植物栽培研究所（All Union Institute of Plant Industry）所长，也是该领域的第一批专家之一。他的任务是为新成立的苏联的广大民众提供食物，实现这一目标也是苏联领导层的夙愿。在孟德尔定律的指导下，他孜孜不倦地扩大研究所，在苏联各地形成了 400 个研究中心。取得一些真正的成果后，这些中心开始扩大农业产量。1916 年至 1933 年间，瓦维洛夫走遍了世界各地，收集并编目了有史以来最大的国际种子库，共包括 25 万个品种。然而不幸的是，瓦维洛夫对孟德尔纯粹的信仰导致了他的毁灭。特罗菲姆·李森科（Trofim Lysenko）是一位有权势的苏联官员，他不信任包括孟德尔遗传学在内的外来信仰，给瓦维洛夫贴上了反动分子的标签。1940 年，瓦维洛夫被逐出研究所并被逮捕，后来又被转移到西伯利亚的一个强迫劳改营。他死在那里，再也不会知道政治变革之风将恢复他的名誉。今天，他心爱的研究所被称为瓦维洛夫全俄植物栽培研究所（N.I. Vavilov Institute of Plant Industry）。

农业富足在美国也同样重要。富兰克林·德拉诺·罗斯福（Franklin Delano Roosevelt）时期的农业部长，后来的副总统亨利·华莱士（Henry Wallace）是中西部农业生产力激增的幕后策划者。1923年，他培育出了第一个商业化的杂交玉米品种，并创建了杂交玉米公司（Hi Bred Corn Company）来改良和销售科学培育出的新品种。在不到一代人的时间里，杂交玉米几乎已经使中西部玉米市场完全饱和。由于这一举措，再加上化肥和灌溉技术的进步，美国每英亩[①]玉米产量翻了两番，从1931年的24蒲式耳[②]增加到了1981年的110蒲式耳。

1941年，就在副总统就职典礼之前，亨利·华莱士访问了墨西哥，作为一名农学家，他花了很多时间参观农场。80%的墨西哥人生活在这片土地上，其中大多数是自给自足的农民。华莱士发现他们的玉米产量不到每英亩20蒲式耳（通常只有10蒲式耳），人们正在挨饿。亨利·华莱士开始致力于解决这一美国南部邻国的粮食短缺问题。回到美国后，他得到了洛克菲勒基金会（Rockefeller Foundation）主席雷蒙德·福斯迪克（Raymond Fosdick）的帮助。随后，一支强大的科学考察团被派往墨西哥，该团队由明尼苏达大学的国际著名植物病理学家E.C.斯塔克曼（E.C. Stakman）带领。斯塔克曼的团队建议洛克菲勒基金会做一件从未做过的事——与墨西哥政府合作，在墨西哥建立一个常设机构并配备几名美国专家。他们肩负着结束墨西哥饥饿的使命，意义深远。

当然，找到合适的人员对项目的成功至关重要。为了领导洛克菲

① 1英亩约合4046.86平方米。——译者注

② 在美国，1蒲式耳玉米约合25.40千克。——译者注

勒基金会所谓的“特别研究办公室”（Office of Special Studies），他们邀请了斯塔克曼以前的学生乔治·哈拉（George Harrar）担任主任，他能说一口流利的西班牙语，并且精力旺盛，可以应对这种挑战。至于植物病理学家，他们邀请了斯塔克曼以前的另一个学生诺曼·博洛格。

诺曼·博洛格后来被誉为“绿色革命之父”，但早年的他并没被大家看好将来能获得这样的赞誉。他先是在祖父母120英亩的农场生活，后来又在位于艾奥瓦州苏德镇附近的父母的农场长大，这是个被称为“小挪威”的角落。童年时期的他就是个典型的农场男孩，挤牛奶，耙干草，与泥泞为伍。他接受基础教育所在的校舍只有一间教室，由于准备不足，他没能通过明尼苏达大学的入学考试。但这段经历起到了催化剂的作用，他没有回家，而是进入了明尼苏达大学的通识教育学院（专为无法参加主流课程的学生设立），并且表现出了不屈不挠的能力。半年后他就赢得了农学院的入学资格，那是他自己选择的学院。

博洛格的本科课程接近尾声时，斯塔克曼教授（后来领导了墨西哥考察团）在一场摔跤比赛中注意到了这个年轻人，对他的勇气印象深刻。博洛格带着他的队伍进入了“大十联盟”（Big Ten）半决赛，并且，他在自己学业课程上表现出色，同时还正在追求他未来的妻子。当教授向博洛格提问时，他发现这个年轻人知识渊博得惊人，而且还有无穷无尽的好奇心。博洛格也经常参加教授的讲座，其中有一场他觉得特别有吸引力，题目为“摧毁我们谷类作物的狡猾小敌人（锈病）”［*The Shifty Little Enemies (Rusts) That Destroy Our Cereal Crops*］。锈病是一种植物病害，通常会毁掉一半的小麦作物。斯塔克曼号召要战胜这个无处不在的敌人，这个愿景非常地打动人心，以至于博洛格在心里暗暗发誓，如果有机会，一定要向教授申请当他的学生。事实上，当一份国家林业局（National Forest Service）的工作落空时，博洛格就这样做了。作为回应，斯塔克曼教授提供了一份助教奖学金以帮助他完成博士学位。

1943年，时值第二次世界大战，当洛克菲勒基金会致电博洛格，邀请他加入墨西哥农学项目的特别研究办公室时，他正在杜邦公司（E.I. DuPont de Nemours）担任生化实验室的负责人。这个提议意味着他要去一个语言不通的国家，在他安顿下来之前，要暂时离开怀有身孕的妻子和一岁大的孩子几个月。斯塔克曼称这个项目"棘手、苛刻……折磨人"，但博洛格还是接受了邀请。

博洛格接管了小麦育种项目，并在接下来的几年时间里开发出了一系列抗锈、广泛适应各种气候的小麦品种。这些优良品种的作物产量非常高，它们将成为绿色革命的核心。正如他的官方传记作者里昂·海瑟尔（Leon Hesser）所描述的那样，博洛格的成功涉及几种创新工具的使用。除了海瑟尔提到的那些外，还有一些可以从博洛格自己说的话中明显看出来，他用到的创新工具包括剖析问题、观察、群体的力量、归纳演绎、重新组合排列和改变观点。

博洛格成了一个不屈不挠的实验主义者，他的主要方法是把问题分解成不同部分并进行敏锐而持久的观察。杂交时需要做到每一次竭尽所能地只操纵一种性状（像孟德尔那样），只抱有最渺茫的希望，期望反复试验能产生所需的性状，这就像在一吨垃圾中寻找一枚丢失的钻戒一样。博洛格对此的评论是"杂交是一个碰运气的过程，既费时又无聊。找到你想要东西的机会只有千分之一，而且实际上根本不能保证成功。"

先用小镊子手术摘除雄蕊，确保植株自己的花粉（精子）不会被授给自己。然后，用玻璃袋覆盖去雄植株以避免外部授粉。两天后，通过人工授粉，雌蕊（子房）获得另一选定植株的花粉，从而完成杂交，获得杂交种。一个生长季过后，科学家仔细检查并记录所产生的性状。然后重复整个过程，一季又一季。

博洛格在亲力亲为上可以说是独一无二，如果要查看有谁会“弄脏自己的指甲”，那一定是他。在他开始这项研究后不久，一位墨西哥科学家告诉他：“我们在墨西哥不做这些事情，这就是为什么我们有劳工。”博洛格回答说：“这就是为什么农民们不尊重你。如果你自己都不知道如何正确地做某件事，怎么可能给他们建议呢？”事实上，博洛格在杂交季经常带着睡袋和食物到地里住上几天，他在篝火上做饭，在地上睡觉。尽管机会渺茫，博洛格的团队还是取得了巨大的成功。大多数植物遗传学家在一季内进行几十次杂交，而博洛格的团队在十年内费心尽力地完成了 6000 株植物的杂交。尽管他一直都在非常仔细地检查每一株植物，但在这几千株之中也只有一两株是他一直在寻找的珍品。经过 20 多年的研究，博洛格的团队共开发出 75 个新品种，其中只有 4 个后来成为墨西哥小麦生产的支柱。

没有群体的力量，这么大范围的研究根本就无法完成。他的团队不是一个等级分明的团队，而是一个协作的团队。他们依靠强大的群体力量使小麦产量提高了 40%，而博洛格 1952 年偶然联系的一个合作项目使产量一下子又翻了一番。美国农业部著名的小麦育种专家奥维尔·沃格尔（Orville Vogel）博士成功地将一株名为农林 10 号（Norin 10）的日本矮秆冬小麦与一株高大的美国小麦进行了杂交。当博洛格听到这个消息时，他意识到这一新品种有可能克服墨西哥品种长期存在的一个问题。那些高大的墨西哥小麦在化肥的刺激下生长得很快，变得很瘦长，以至于头重脚轻，满载着籽粒的麦穗让它们倒伏。

这绝对限制了化肥的有效性。在博洛格的请求下，沃格尔送来了最优良的农林 10 号杂交种，与最适合的墨西哥品种杂交后得到一种神奇植株——麦茎短而坚硬，长着许多满是籽粒的穗子。1956 年，在化肥充足的生长条件下，博洛格的墨西哥杂交小麦实现了墨西哥小麦生产的神奇目标：自给自足。

博洛格墨西哥矮秆小麦品种的成功只是团队合作成果的其中之一。另一个成果是智力资本的发展。对多国科学家的培训为后来的国际春小麦高产苗圃（International Spring Wheat Yield Nursery）积蓄了领导力量，该苗圃由全世界共享小麦新品种的工作站组成。通过这一载体，矮秆型高产、抗锈小麦品种在整个拉丁美洲和东南亚传播开来。博洛格相信要尽早分享和经常分享，只要有充分的测试表明新的杂交品种有效，他就把它们推向市场，而不是等待发现完美的品种。另外，博洛格雇用了一些不会读写的墨西哥男孩，并将他们中最有能力的人培养成未来的技术人员。其中一名技术人员雷耶斯·维加（Reyes Vega）最终成为墨西哥研究中心的负责人，他开发的一项技术极大提高了小麦植株的授粉效率。

1946 年，对理想性状的不懈追求使博洛格实现了最新颖的创新。罗伯托·毛雷尔（Roberto Maurer）在墨西哥西北部的奥布雷贡城附近拥有一个中等规模的农场，一些迹象表明他所种植的一种作物可以抗锈病，尽管该品种存在其他问题。博洛格想去看看，他还了解到，那附近有一个农业试验站，十年前为了利用该地区肥沃的土壤而建，在当时被认为是最先进的试验站。问题是博洛格的办公室位于墨西哥城外的托卢卡，而奥布雷贡城远在 2000 千米之外，并且两地间道路不通。博洛格不得不搭上了一架私人的三引擎福克（Fokker）飞机，这架笨重的螺旋桨飞机花了两天时间才到达那里。他发现试验站杂草从生，无人照看。但附近的农场欣欣向荣，经过几天的参观和标本收集后，他带着一个想法回到了托卢卡。

博洛格推断可以通过重新安排让植物适应他所在地区和奥布雷贡城周围的气候和地理环境。他把这一合乎逻辑的观念飞跃称为“穿梭育种”。它违背了当时的标准观念，即植物必须根据特定的气候和地点进行培育。但有趣的是，历史总在重演，博洛格的灵感其实是一种古老观念的重生。广泛分布于秘鲁沿海和高原地区的印加帝国（Inca Empire）也曾进行过类似的试验，他们在不同的海拔高度种植和驯化植物。博洛格希望每年种植两种试验作物，夏季在高海拔、雨水丰沛的托卢卡地区种植小麦，然后冬季在靠近奥布雷贡城的低海拔、灌溉充足的地区培育最“有趣”的种子。印加人因为这么做，粮食产量翻了一番，维持了一个不断扩张的帝国。对博洛格来说，两个试验站将使他培育新品种的速度加倍，并扩大他的科学进步。但这一想法如此地不合常理，以至于特别研究办公室的主任乔治·哈拉断定这是行不通的，他两次拒绝在全国范围内运送设备的请求。直到博洛格递交辞呈，时任洛克菲勒基金会农业咨询委员会（Agricultural Advisory Committee）主席的斯塔克曼教授介入调停才解决此事。

穿梭育种计划不仅加快了育种步伐，还带来了额外的好处。通过在两种不同的环境中进行培育，这些作物得到了广泛的适应性，所以它们后来能在印度、巴基斯坦和中国的土地上茁壮成长。这一特性，再加上抗锈和喜肥高产，使它们成为引发全球农业生产力变革的完美品种。

博洛格使用的最后一个创新工具是改变观点。对博洛格来说，一株小麦就如同一个人一样。正如他所说，他学会了“从外观、生长方式、疾病反应、触感和活动来判断小麦植株的状态”。他可以通过这些品种的“个性”来区分它们，比如它们在风中特有的沙沙声，他离作物如此之近以至于能与它们产生共鸣。博洛格的这些可能比较独特的方式，加上那更加广泛的利他主义目标——养活大众，促使他致力于确保小麦植株的健康。

显然，博洛格的工作以及因此出现的杂交小麦品种引发了绿色革命。但是点燃整个绿色革命还缺一个火种，这个火种就是化肥。因为这些新杂交品种有一个缺点，它们只有在大量化学养分的刺激下才会茁壮成长。

在植物生长所需的关键矿物质中，氮的需求量最大，它是蛋白质和核酸的组成成分。氮气占空气的79%。然而，这种气体的化学键非常牢固，所以化学性质不活泼，也就是说，它不易与其他化学物质发生反应。为了能被植物有效利用，氮必须与氢结合形成氨（NH_4）或与氧结合形成硝酸盐（NO_3），也就是说，它必须被“固定”。固氮对地球上所有生命的维持都至关重要，而固氮的主要自然贡献者是土壤细菌和水生细菌。例如，根瘤菌（Rhizobium）这种细菌是固氮的主要参与者，它生活在大豆和鹰嘴豆等豆科植物的根瘤中。固定的氮被植物从细菌中吸收。当然，这不可能是一条单行道。当动物排泄食物残渣或植物死亡时，氨随着有机物的分解返回土壤，在土壤中为固氮细菌提供养分。这一经过精心调节的包括氮素生产和使用过程的循环被称为氮循环。

不幸的是，现代农业已经对氮循环造成破坏，使其紧张到了崩溃的地步。单一栽培，即单一作物的种植，会降低生态系统的多样性和共生关系。在一个地方种植生产的粮食被带到另一块遥远的土地上消费，宝贵的氮储备也随之带走流失。饥渴的杂交品种需要过量的氮。自工业革命以来，这些模式已经使土壤耗竭。没有人工氮素富集，现代植物就无法生长。直到19世纪末，硝酸盐自然沉降所形成的天然矿床一直维持着农业生产，但这些硝酸盐很快就耗尽了。

氮最丰富的来源是空气。一种叫做伯克兰-艾迪电弧法（Birkeland-Eyde process）的方法似乎可以捕获这种丰富的氮源，该方法利用水力发电产生电弧来让氮氧化。挪威的一家大型水力发电公司试图将伯克兰-艾迪电弧法商业化，但事实证明该工艺的能源效率太低。幸运的是，十几年后，弗里茨·哈伯（Fritz Haber）和卡尔·博施（Carl Bosch）有了一个更好的主意。

德国化学家弗里茨·哈伯在1918年诺贝尔化学奖的获奖感言中提到，在他和博施发现制造氨的化学方法之前，很多人都曾尝试过，但都失败了，以至于大多数科学家都认为这是不可能的。“这种偏见，”他说，“……会阻止一个人深入地进行研究。”与其说哈伯有创新精神，不如说他充满决心。他的方法建立在早期实验带来的一丝希望之上，他发现在高温下，氮和氢可以直接结合。哈伯使用铁作为催化剂，并将实验舱内的温度提高至1000℃，发现空气中有少量但稳定比例的氮气分解形成了氨。后来，哈伯改用可以在较低温度下工作的锰作为催化剂，然后不断地摸索，直到找到最佳的温度、压力以及氮气和氢气的混合物，从而使反应最大化。最终形成的工艺包括将氮气和氢气通过四层催化剂，在每层催化剂之间进行冷却，以及循环利用未反应的气体，从气体到氨的转化率达到了惊人的97%。由于其效率从未被超越，哈伯-博施工艺仍然是现代标准，有大量的氨通过这一工艺生产出来。

不幸的是，哈伯的故事并没有一个圆满的结局。这位获奖的化学家同时也是一位极度的德国民族主义者，他在第一次世界大战期间指导了氯气等战时化学武器的研制。他的妻子克拉拉（Clara）和他们的儿子赫尔曼（Hermann）都因为哈伯在开发这些令人发指的物质中所扮演的角色而自杀。后来（在第二次世界大战期间），哈伯极力捍卫的化学武器成了对付他的同胞——犹太人的首选毒药。哈伯研究所研制出的齐克隆B（Zyklon B）成为毒气室里无处不在的大规模屠杀药剂。当这位诺贝尔奖得主发现自己沦为“另一个犹太人”，被迫逃离纳粹占领的德国时，他已经是一个被鄙视的人——一个没有自己国家的人。后来，成为以色列开国总统的哈伊姆·魏茨曼（Chaim Weizmann）慷慨地向哈伯提供了巴勒斯坦新成立的研究所［现在称为魏茨曼研究所（Weizmann Institute）］所长职位，哈伯感激地接受了这一邀请，希望挽救自己的工作和声誉。然而，具有讽刺意味的是，1934 年在前往巴勒斯坦的途中，哈伯突然心脏病发作去世。他从未到达自己向往的圣地。

今天，联合国粮食及农业组织（Food and Agriculture Organization of the United Nations，FAO）称，“世界上生产的粮食足以养活地球上的每一个人。与 30 年前相比，尽管人口增长了 70%，但当今世界农业生产的人均热量增加了 17%。这可以为世界上每人每天提供至少 2720 千卡的热量”。然而，联合国在 2010 年估计营养不良的人仍然高达 9.25 亿（占世界人口的 13%）。现代世界的饥饿不再是食物短缺的结果，而是结构性不平等的结果——无力购买食物和粮食分配不均。

此外，尽管绿色革命取得了巨大成就，但它也只能走这么远。而且，目前还很难判断距离粮食安全还有多远的路要走。生产化肥需要大量的能源投入，而化肥的过度使用又导致土壤退化。但农业生产不仅必须继续保持目前的速度，而且必须加速才能满足不断扩张的世界人口。目前尚不清楚利用现有技术甚至是基因工程技术是否能做到这一点。因此，马尔萨斯陷阱与其说是被消除了，不如说是被推迟了。

注解博洛格和绿色革命：创新工具的使用

绿色革命根本不是革命，它是一场渐进性创新。有关化肥和植物管理的基本知识至少在半个世纪前就已为人所知。问题也很明显：如何使墨西哥（和其他国家）在农业上实现自给自足。拯救世界根本不需要一场革命。需要的是绿色革命之父诺曼·博洛格和其他人更快速、更合理地逐步培育出更加优良的品种。

博洛格最喜欢的工具是剖析问题和观察。最佳植物品种的获得需要数年时间和数千个杂交品种，经历的过程非常艰苦，要对每一种理想性状单独进行选择然后再进行结合。

博洛格不只是一位经验主义者。他演绎出了一些伟大的想法，其中一个是猜测可以诱导植物适应各种气候和地理环境，特别是让植物适应他自己所在地—位于墨西哥城附近的托卢卡地区和位于西北部的奥布雷贡城。他把这一合乎逻辑的观念飞跃称为“穿梭育种”。这一观念超越了原有假设，即植物必须在单一气候下生长。

也许博洛格使用的最奇特的工具是改变观点。他对植物的感知力是如此之强，以至于他可以“从外观、生长方式、疾病反应、触感和活动来判断小麦植株的状态”。对他来说，每一株植物都有自己的个性。

操纵数千个植物品种这样的艰巨工作不是一个人就能完成的，诸如博洛格墨西哥矮秆小麦品种这样的成功都是团队的成果。最重要的是，博洛格不仅培训了墨西哥科学家，也培训了来自世界各地的农学家，建立了一个可靠的联系网络，使得在整个拉丁美洲和东南亚地区分享最新的作物品种成为可能。在现代，社交网络和全球互联经济为实现全球范围的群体创新提供了一个强大的平台。无论是渐进性的，还是颠覆性的农业创新，我们都需要实现下一次飞跃，希望科学创新能继续把人类从未来的灾难中解救出来。这样的创新来得越早越好。

	提出正确的问题	群体的力量	类比	重新组合排列	观察	归纳演绎	改变观点	拓宽视角	剖析问题	反向思维	认知框架转换	自主性	开放性	坚韧性
博洛格		🔧	🔧	🔧	🔧		🔧	🔧	🔧			🔧	🔧	🔧

图 13.1　博洛格：创新工具及特征

C —— 14
hapter

第 14 章

改变世界的小药丸

拉塞尔·马克、亚瑟·赫迪格与约翰·洛克

Russell Marker, Arthur Hertig and John Rock

粮食供应的增加能使饥荒、绝望和社会动荡推迟多久？这可能取决于人口增长的速度。1963 年，人口增长率，即人口从第一年到第二年的增长比例 2.2% 达到了峰值（即如果理论上第一年有 30 亿人，第二年将增加 6600 万人）。到 2011 年 10 月，人口规模已经膨胀到 70 亿，比 1963 年翻了一番。人类面临的许多非常紧迫的问题，如气候变化、水资源短缺和物种灭绝等，都是人口过度增长的结果。因此，控制人口增长仍然是人类最应该优先考虑解决的事情之一。幸运的是，自 20 世纪 60 年代以来已经取得了巨大进步，2009 年的人口增长率已经下降到 1.1%。这是一场真正的胜利——事实上，这是科学的胜利。

科学界第一个也是最好的一个控制人口增长的方法是一种小小的圆形药丸。它不是普通的药丸，像名人奥普拉（Oprah）、戴安娜（Diana）和猫王埃尔维斯（Elvis）一样，避孕药这一药物的地位体现在它的知名度上。一直以来，性和生育之间有着坚不可摧的联系，避孕药——口服避孕药——是第一种打破这种联系的避孕方式。由于避孕药并不需要女性在发生性关系时使用，因此避孕方法从男性的特权变成了女性也可以选择。以前的避孕方法，如使用避孕套和子宫帽，男人们可能会认为这些方法令人不快，这让已婚女性不得不接受听天由命（男人的“心血来潮”）和生育过多孩子的命运。避孕药时代到来之前，未婚女性发生性关系要冒很大的风险。制药巨头西尔列公司（G.D. Searle）推出了避孕药的第一个配方，据该公司总裁约翰·西尔列（John G. Searle）所说，避孕药依诺维德（Enovid）是“我们公司对人类的最大贡献……面对这个受人口过剩威胁的世界，以及由此带来的过剩人口被迫忍受的生存、住房和教育资源的匮乏等问题，它是一种积极有效的解决方案”。

和绿色革命一样，避孕革命以一种惊人的方式改变了社会。有些人认为这一药物几乎引导了20世纪后半叶女性的所有社会趋势改变。是女性劳动力的崛起？离婚率的升高？女性与医疗机构互动的改变？平等权利实现机会的增加？真正的影响尚不明确，但有一点显而易见，那就是有避孕药之后的世界与之前的世界大不相同。

如同绿色革命一样，尽管避孕药带来的社会变革是颠覆性的，但这项科学并不是颠覆性的。避孕药的发明是一种渐进性创新，它的发展是一个循序渐进的过程，它建立在三个独立学科——化学、生物学和医学以及群体工作的基础上。尽管如此，参与其中的一些科学家确实使用了创新工具，就像真正的天才一样。

要创造出避孕药，首先需要认识到是激素控制着生育，而关键的生育激素是雌激素和黄体酮。1902年，英国著名生理学家欧内斯特·斯塔林（Ernest Starling）和他的姐夫威廉·贝利斯（William Bayliss）在狗身上发现了促胰液素。激素是一种化学物质，由组织产生并由血液输送到另一个器官，它们在那里发挥生理效应，通常是生殖或代谢效应。到20世纪10至20年代，激素类药物已经相当流行。人们发现胰岛素可以治疗糖尿病，而甲状腺素可以治疗甲状腺功能不足。天然的性激素不仅被大肆宣传用来治疗月经不调，而且还被鼓吹能增强男子气概。尽管动物性腺提取物的有效性和安全性仍值得怀疑，但它们还是开辟了一个蓬勃发展的非处方药市场。

20世纪30年代末，瑞士的路德维希·哈伯兰特（Ludwig

Haberlandt）和美国的乔治·科纳（George Corner）等人已经对雌激素和黄体酮的功能有所发现。在女性的生殖周期，也就是月经周期中，以中期排卵为分隔标志，前半段以雌激素为主，后半段以黄体酮为主。排卵和黄体酮密切相关。排卵触发了黄体酮的产生；黄体酮可以刺激排卵，也可以抑制排卵，这取决于黄体酮在月经周期的什么时候进入人体。到 1939 年，纯晶体的卵巢雌激素和黄体酮都已经被分离出来，前者为化学家阿道夫·布特南特（Adolf Butenandt）赢得了诺贝尔奖。

黄体酮和雌激素都是类固醇激素家族的成员，由四个稠环（三个六面环和一个五面环）组成，每个环都由碳组成。这些碳上悬挂着由氢、氧和其他元素组成的各种侧链，是每种类固醇激素特性的由来。一种类固醇常常可以转化成另一种。在卵巢内，雌二醇（雌激素）由睾酮合成，而睾酮又来自黄体酮。在其他器官中，激素也是可以相互转化的；在肾上腺中，皮质醇（在避孕药的发展历程中扮演主要角色）也源自黄体酮。因此，黄体酮就像是“守门人”，睾酮、雌激素和皮质醇都经由它转化而成。

事实上，开发避孕药的关键是能够商业化生产价格低廉、口服有效的黄体酮。拉塞尔·马克实现了“价格低廉”，但他完全没有从自己的发现中获益，反而被人遗忘。卡尔·杰拉西（Carl Djerassi）提供了“口服有效”的避孕药，他变得非常富有并获得了各种荣誉。

在实验室中进行化学合成是一个困难而艰巨的过程，就像在没有砖块的情况下建造房屋。“……要合成像类固醇这样复杂的物质，”伦纳德·恩格尔（Leonard Engel）说，“每一步都必须找到一种化学反应，将正确的原子置于正确的空间构型中，而且这些反应步骤必须按顺序进行，保证后面的反应不会破坏之前的反应。”当建造的房屋不是住宅而是商业建筑时，也就是说，像马克和杰拉西所做的那样，合成工作要在制药公司的激烈竞争环境下完成时，就会变得更加艰巨。这就是在构建避孕药的配方时所面临的挑战。

马克合成黄体酮的说法是科学界最可疑的故事之一。马克生于1902年，是马里兰州西部一个佃农的儿子，他早期上学的动机非常简单——用他自己的话说，就是“为了摆脱农活”。为此，他愿意每天步行3英里，再乘坐4英里的火车去上高中。马克违背父亲的意愿，在马里兰大学（University of Maryland）攻读了本科和研究生学位。有机化学吸引他的部分原因是他的同学认为这门课特别难学。马克的博士论文很快就发表在了著名的《美国化学学会杂志》（*Journal of the American Chemical Society*）上，但他的导师告诉他，他需要再修一门物理化学课程才能毕业。马克辩称实验室工作已经让他掌握了必要的知识，所以拒绝上这门额外的课程。但是根本没有商量的余地，他的导师在马克完成研究生学业时让其延期毕业。作为回应，马克干脆退学了。这位伟大的化学家在没有获得博士学位的情况下，升到了正教授岗位并发表了213篇论文，其中有许多篇论文都登上了他所在领域的顶级期刊。

1928年，马克在纽约市著名的洛克菲勒大学（Rockefeller University）从事第一份学术工作时，类固醇立刻引起了他的兴趣。阿道夫·布特南特因合成黄体酮获得1939年的诺贝尔化学奖，他所遵循的是从胆固醇转化为黄体酮的自然途径。但这一过程需要大量牛羊的脊髓和大脑，高昂的成本只能换来微量的黄体酮。唯一能负担得起这种稀缺资源的消费者是世界级赛马的饲养者。在马（和女性）身上，注射少量黄体酮可以“治愈”容易流产的个体，让其成功怀孕（奇怪的是，黄体酮可以帮助怀孕，也可以避免怀孕，这取决于服用方式）。

马克确信，如果从一个名为皂苷元的植物固醇类家族入手，会做得更好。他可能是从皂苷元和胆固醇（黄体酮由此衍生而来）的类比中得到这个想法的，这两种物质都有一条长长的侧链悬挂在类固醇骨架的同一末端。或者，他可能是从植物的使用中获得了灵感，诸如野胡萝卜花、椰枣、没药和石榴等植物在历史上一直被女性用来进行药物避孕。马克的导师对植物合成的想法表示怀疑，甚至非常抵触这一想法。他们在洛克菲勒的同事沃尔特·雅各布斯（Walter Jacobs）曾用含有皂苷元的菝葜根进行过实验，结果“毫无疑问”地表明，悬挂在类固醇骨架上的侧链是惰性的，去掉它才能形成黄体酮。但它根本不会与其他化学物质发生反应，因此无法将其脱离。当马克宣布无论如何都要进行这方面的研究时，他被告知禁止涉足黄体酮。这场争论促使马克另谋他处，就像他在面对博士学位问题时所做的那样。如果他不能在洛克菲勒大学开展类固醇化学研究，他会找一个可以的地方。同年，他开始在宾夕法尼亚州立学院（后来才成为一所大学）工作，薪水不及之前学校的一半，学校的声望也很低。

马克在宾夕法尼亚州立学院取得的第一个成功是利用孕妇的尿液生产出了 35 克纯的黄体酮。从孕妇尿液中提纯黄体酮这一想法来自一个巧妙的类比：黄体酮产生于排卵后，这时卵巢内剩下的是黄体。如果卵子受精，黄体就会变成一个黄体酮工厂，制造极高数量的黄体酮来支持胚胎的生长。因此，怀孕是黄体酮的极佳来源。马克生产的 35 克注射用黄体酮是有史以来产量最大的一批，以每克 1000 美元的售价来看，他挖到了一座金矿。马克的赞助商帕克－戴维斯制药公司（Parke-Davis）对这个产品很满意并且认为没有理由再继续碰运气了，他们计划用一群怀孕的牛来垄断整个欧洲的性激素药品市场。

相比之下，马克只把这看作一条支线，他的主要目的还是从植物中生产黄体酮。科学界一直在问的问题是我们如何最大限度地提高将胆固醇转化为黄体酮的效率？马克不再像其他人那样看待这个问题，他的问题变成：制造黄体酮的最佳方法是什么？他不再对获得最终产品的最佳方式感兴趣，而是将精力完全集中在最佳的初始来源上。他回答了这个问题，并将问题进行了翻转和拓宽。

在重复了他在洛克菲勒大学的前同事失败的实验之后，马克进一步确信以前的方法是错误的。他认为皂苷元侧链中含有活性氧原子，可在特定酸性条件下去除。在研究生埃瓦尔德·罗尔曼（Ewald Rohrmann）的协助下，他们进行了几个月的反复试验。马克进行问题剖析后确定这是酸的类型、时间和温度的问题。他和罗尔曼尝试了数十种酸，不断地改变温度和时间，一次又一次地试图撬掉那些多余的原子。终于，他们用来测量波长的简陋光谱仪显示他们产品的波长与黄体酮的波长接近。在使用纽约一家实验室提供的更复杂的分析检查了他们产品的纯度后，他们才最终确定。这是纯粹的胜利——他们离黄体酮只有两步之遥。马克发现了一个新颖的五步转换过程。正如他立即在《美国化学学会杂志》上报道的那样，皂苷元“在用醋酸酐煮沸 24 小时后依然是惰性的，但是如果在密封管中以 200 度的高温加热一夜，它就产生了一种新产品”。温度和时间的这种微妙变化成就了“马克降解法”。时至今日，它仍然是价值数十亿美元的类固醇制造产业的基础。

对许多科学家来说，获得这一发现后便可以尽情放松，尽情享受名利了。但对于马克来说，这带来一个新的挑战。他一直在致力于寻找“起点”——皂苷元的完美来源，他确信自己还没找到。每次参加会议时，他都会请求植物学家们给他寄送植物资源。一种日本的薯蓣属（*Dioscorea*）植物带来了部分成功，它能产生一种叫做薯蓣皂苷元的特殊形式的皂苷元。从薯蓣皂苷元中生产黄体酮的简易性缩小了马克的物种搜索范围，但也扩大了他的地理搜寻空间。现在已经很清楚，他需要的是数量——一种大量生长的大型植物。马克带着植物学同事一起去了得克萨斯州、亚利桑那州和加利福尼亚州，在每个地方发掘、检查并命名新的能产生皂苷元的植物。共收集到 400 种植物，检查了 40 000 千克植物材料，分离得到 11 种新的皂苷元，还发现了两种全新的类固醇。最后，源于马克在观察当地植物的敏锐性，他在得克萨斯州注意到了一本书上的一张照片，上面是一个巨大的薯蓣属植物块茎。他兴奋极了，也许这种在墨西哥韦拉克鲁斯省发现的叫做黑薯蓣（*cabeza de negro*）的不可食用薯蓣就是他一直在寻找的块大且富含皂苷元的原料的来源。

那是在 1941 年 11 月，珍珠港事件发生的前一个月。美国大使馆敦促所有美国人远离墨西哥，因为不知道墨西哥会加入战争的哪一方。尽管如此，马克还是冒险去了两次墨西哥。他虽然没能获得许可，而且遭到了西班牙语植物学家向导的抛弃，但他还是继续前往韦拉克鲁斯，只不过是独自乘坐公共汽车前往而已。在那里，当地一家商店的老板能够生产大量的黑薯蓣。原来，当地人会把这种植物的碎片扔进水里来将鱼杀死，因为黑薯蓣会堵住鱼的喉咙，造成窒息。

马克带着战利品回到家，发现干的黑薯蓣块茎可以制成优良的皂苷元。但是帕克-戴维斯制药公司和其他制药公司都不愿意支持他在墨西哥建造一个小型的黄体酮生产工厂。他们认为在美国以外开工厂的风险太大。但马克不会就此却步。“……我从银行取出了我那微薄积蓄的一半，然后回到了墨西哥。”这个特立独行的人后来回忆道。他用这笔资金收集了 10 吨的黑薯蓣，然后转化成了 3000 克黄体酮（使用的是一个朋友的实验室，代价是三分之一的黄体酮）。按照当时的市场价格，这批黄体酮价值高达24万美元。

第二年，也就是1943年，马克从宾夕法尼亚州立学院辞职。他告诉帕克－戴维斯制药公司，只要公司在他搬去墨西哥开始全职工作之前准备好文件，他就会签署马克降解法的专利申请书。但是帕克－戴维斯制药公司不相信他的话。一年后，当他们找到马克时，马克的答复是时效已过。因此，马克降解法没有获得专利。

一到墨西哥，马克就采取了他所能想到的唯一方法来配置实验室设施和招募训练有素的人员。他打开黄页，在“实验室”的标题下，他发现了一家名为荷蒙那（Hormona）的公司，由埃默里克·索姆罗（Emerik Somlo）和费德里科·莱曼（Federico Lehmann）创立。随后，马克与两人成立了一家新公司，叫做欣泰克斯（Syntex），他们一起为新公司起草了文件。一年后，即在他们生产了30 000克黄体酮后，马克和索姆罗因为利润分配问题闹翻，公司濒临崩溃。多花薯蓣（*barbasco*）是马克发现的一种新薯蓣，可以提供更高产量的皂苷元。当马克试图依靠这一发现来维持并发展自己的新公司时，他的员工被人威胁要对其进行身体凌辱（马克声称那是受到索姆罗的指使）。尽管马克生产黄体酮的速度很快，但他还是被迫放弃所有权，把资产卖给了一家欧洲公司，这家公司最终将其并入了制药巨头欧加农（Organon）。欧加农至今仍是墨西哥激素类药物的主要生产商之一。

马克后来说，他很高兴自己没有为马克降解法申请专利，因为他更愿意“让任何想在竞争环境中生产的人都能进入这一领域，从而迫使各种激素的价格下降到一定程度，能够以合理的价格用于医疗目的”。事实上，到1949年，注射用黄体酮的价格已经跌至每克5美元，后来再过了不到10年，每克就只需要几美分了。

然而到那时，马克对化学的热情已经渐渐冷却。他毁掉了所有的实验笔记和信件，他所抛弃的不仅仅是另一个雇主，而是他的整个职业。他最后发表的文章综述了皮质醇可能的植物来源。后来事实再次证明，马克具有先见之明。

皮质醇点燃了生产避孕药所需的可口服吸收黄体酮的发现之火。当被证明对治疗类风湿性关节炎有奇效时，皮质醇的需求量激增。其显而易见的来源是利用黄体酮进行合成。欣泰克斯公司本打算成为可的松（一种由肾上腺皮质分泌的糖皮质激素，本身无活性，需先在肝内转化为氢化可的松，即皮质醇）专利的主要竞争者，但马克带着他的方法消失了。急于寻找新科学主管的索姆罗遇到了乔治·罗森克兰兹（George Rosenkranz）——一位犹太移民，他在逃离纳粹之前曾与瑞士最好的类固醇化学家共事。据《避孕药片》（*The Pill*）一书的作者伯纳德·阿斯贝尔（Bernard Asbell）说，罗森克兰兹得到的关于类固醇的建议是："不要跟类固醇研究沾边，因为所有能做的事情都已经完成了。"幸运的是，罗森克兰兹没有理会这个建议。

在重复了马克生产黄体酮的方法后（没有任何笔记甚至标记试剂来指导他），罗森克兰兹又开始生产睾酮和雌激素。但他此时的工作目标是生产可的松。为了实现这一目标，罗森克兰兹招募了一名炙手可热的年轻人——卡尔·杰拉西。当时，至少有五家大型制药公司正为获得皮质醇专利而展开竞争。1951 年，杰拉西带领欣泰克斯团队利用马克剩下的薯蓣皂苷元拔得了头筹。

但好景不长，没过几个月，普强药厂（Upjohn）的两位科学家就申请了一项专利，通过细菌发酵，从黄体酮到皮质醇的转化可以一步完成。精妙的化学合成竟因一群微生物而变得黯然失色。但这个新方法带来了意想不到的结果。现在，市场对皮质醇的前体——黄体酮有着强烈需求。大型制药公司的目标不是几千克，而是成吨的黄体酮。

杰拉西需要一种更强效的黄体酮。

早在1944年，宾夕法尼亚大学的马克西米利安·埃伦施泰因（Maximillian Ehrenstein）就打破了先前关于黄体酮的假设，即任何对其核心结构的化学改造都会破坏其生物活性。他通过改造黄体酮创造出了一种叫做19-去甲黄体酮的化合物，它非但没有失去功效，事实上，它在动物体内的黄体酮活性反而增强。19-去甲黄体酮代表在四环骨架的第一环和第二环之间去掉一个碳并用一个氢取代。埃伦施泰因付出了很大努力，却只生产出微量的19-去甲黄体酮。现在，杰拉西能成功地应用新方法来大量生产。和埃伦施泰因一样，杰拉西发现这种改造激素的活性比原来的黄体酮高4到8倍。人无法改进自然的教条被推翻了。

强效黄体酮为皮质醇提供了商业来源，但杰拉西意识到它还有另一个潜在用途。黄体酮越来越多地被用于治疗月经紊乱。但黄体酮的不稳定性导致它在胃里就会被分解。因此，治疗月经紊乱必须要忍受痛苦的注射。人们需要能口服的黄体酮。最后，杰拉西也一样实现了这个目标，他利用了一个意想不到的来源——睾酮。德国化学家汉斯·赫洛夫·因霍芬（Hans Herloff Inhoffen）发现，如果在睾酮的一个类固醇环上的17-α位置加上一组碳（即乙酰基），睾酮会变得稍微与黄体酮相似。重要的是，这种新化合物可以口服。1951年10月15日，墨西哥化学家路易斯·米拉蒙特斯（Luis Miramontes）在杰拉西的指导下，将他们的19-去甲黄体酮与因霍芬的17-α化合物进行了结合，结果得到了19-去甲-17-α-乙炔睾酮，简称为炔诺酮。它具有19-去甲黄体酮的强黄体酮效力和17-α化合物的口服有效性。杰拉西、米拉蒙特斯和罗森克兰兹为第一种口服强效黄体酮申请了专利。但彼时的他们从未想到，它的使用最终不仅会带来声望，而且会招致恶名。

这种基本成分是如何进入避孕药的？答案就在科学和女权主义政治的交汇处。玛格丽特·桑格（Margaret Sanger）是一名爱尔兰女性，用一部美国公共广播公司（PBS）纪录片的话来说，“她毕生致力于将节育合法化，并使其在女性中普及”。她反对那些禁止普及避孕方法的州法律，开设了美国第一家节育诊所，并于1921年创立了美国计划生育联合会（Planned Parenthood）的前身。到1951年，已经72岁的桑格一直在全国各地寻找一位科学斗士来提供一种“神奇药丸”，为女性减轻怀孕的负担。在一次晚宴上，桑格遇到了生物学家格雷戈里·平卡斯（Gregory Pincus），他是伍斯特实验生物学基金会（Worcester Foundation for Experimental Biology）的联合创始人。平卡斯的“基金会”实际上是一个小型而且举步维艰的私人实验室。平卡斯在20世纪30年代中期失去了哈佛大学的工作岗位，因为他在兔子体外受精方面的研究结论（媒体将其描述为创造“无父”试管婴儿）无法重复验证。在与桑格的偶遇中，平卡斯知道自己的第二次机会来了，他立即同意提供一种化学避孕药。在国际收割机公司（International Harvester）继承人凯瑟琳·麦考密克（Katherine McCormick）的资助下，平卡斯与生殖生理学家张明觉（Min Chueh Chang）一起重复了早期的兔子实验，该实验表明注射黄体酮会阻止排卵。

就在那时，平卡斯和张明觉偶然发现了杰拉西的炔诺酮以及随后合成的一种类似的口服黄体酮——异炔诺酮。尽管在炔诺酮申请专利两年后，西尔列公司的弗兰克·科尔顿（Frank Colton）才提交了异炔诺酮的专利申请，但它是第一个获得美国食品药品监督管理局（FDA）批准的药物，因此，平卡斯对这两种化合物进行了评估。在平卡斯和张明觉测试的近 200 种具有黄体酮活性的化学物质中，异炔诺酮和炔诺酮能完全阻止兔子排卵。他们找到了关键成分，并且至少已经在理论上证明了它的可行性。他们接着需要在人体上进行临床试验。为此，他们必须在团队中增加一名妇科专家。

约翰·洛克（John Rock）是哈佛大学毕业的著名妇产科医生，也是一名虔诚的天主教徒，他是首次口服避孕药试验中最令人惊讶的赞助商。马什（Marsh）和罗纳（Ronner）在传记中写道："他在 20 世纪 40 年代中期就已经非常有名了。有一个故事是这样的，当'一位著名的电影女演员'——我们怀疑是梅尔·奥伯朗（Merle Oberon）——到波士顿去看这位'生育医生'时，在不知道名字的情况下，她就被直接送到了洛克那儿。当她告诉他是怎么找到他的时，他告诉她不要感到尴尬。他说，毕竟'在我们见面之前，我也从没听说过你'。"因此，洛克致力于避孕药的研究并不是为了得到大众的认可——事实上，作为一位著名的天主教徒，他参与此事实际反而影响到了他崇高的社会地位，真正激励他的是对女性的同情和对科学的热情。

具有讽刺意味的是，洛克的两项科学成就分别是完善体外受精技术——使不孕女性能够怀孕，以及测试避孕药——防止女性怀孕。更具讽刺意味的是，洛克最妙的突破性成就并不是这两者，而是一项旨在了解人类胚胎是如何形成的研究。洛克与产科病理学家亚瑟·赫迪格（Arthur Hertig）合作，想要完全描述出人类卵子发育成胎儿这一过程的最初阶段。在一个孕检还没有出现、医生还不能确定排卵时间的年代，他们的研究大胆得令人震惊。

赫迪格曾就读于哈佛医学院（Harvard Medical School），后来在巴尔的摩的卡内基研究所（Carnegie Institution）获得奖学金并完成了研究，该研究所是美国首屈一指的人类胚胎学研究中心。在那里，他学会了如何使用显微镜在灵长类动物的生殖系统中找到微小胚胎的技术。他还观察研究了卡内基研究所里收集的人类胚胎病理标本，那是世界上最大规模的人类胚胎标本。这些人类胚胎是在尸检或妇科手术中偶然发现的（切除子宫时，还没有人发现病人已经怀孕了），它们提供了一个不完整但却罕见的了解妊娠早期情况的机会。

赫迪格和洛克想知道排出的卵子是如何变成发育中的婴儿的，这是个宏大的问题。相比之下，其他人提出的问题则较为离散，比如在月经周期中排卵何时发生？或者黄体分泌什么激素？

赫迪格和洛克的实验想法来自一个类比。在人类身上，当病理学家检查为治疗疾病而切除的子宫并幸运地发现一个意料之外的胚胎时，有关胚胎生命历程的线索就出现了。相比之下，动物实验则是基于这一过程的反向逆转。让猴子交配是为了让它们有目的地怀孕，然后为了找到胚胎而摘下它们的生殖器官。现在，赫迪格和洛克将这些方法结合了起来。

211 名因健康状况需要进行非紧急子宫切除术的女性被纳入研究。所有人都已婚且具有生育能力，因为她们都至少经历过三次分娩。每位受试者都同意寄回明信片样式的日历，上面记录着她们的月经周期。在她们要进行手术的前一个月，她们会根据指示回家并在医疗小组所确定的（根据那些日历）最有生育能力的时间进行性生活。这项研究的每个方面都经过仔细的分析，以最大限度地提高每位女性在计划切除子宫和输卵管之前怀孕的可能性。器官一经取出，赫迪格就用他的显微镜开始竭尽全力地寻找受精卵或胚胎——大小不超过一个铅笔尖。

赫迪格和洛克在 20 年的时间里发表了一系列论文，从中可以看到，他们做了他们原本打算做的事情——他们相当于将一台定格摄像机放进了生殖系统。他们在输卵管内发现了十分完整的胚胎，表明受精和早期细胞分裂都发生在这一薄而中空的结构中。还发现了迄今为止最小的胚胎，只有7天大，蜷缩在被褥状的子宫内膜里。这项研究既是基础性的，又是开创性的，它为医学带来了实实在在的意义，为体外受精奠定了基础。

事实上，赫迪格和洛克的研究发现不止这些。他们的研究结果表明，人一生只有三分之一左右的时间会怀孕。研究还显示，女性的早期胚胎中有一半会流产。这些结果揭示了一个关于人类生殖的未曾被预见的事实：只有大约15%—30%的性伴侣能导致成功怀孕。原来人类才是动物王国中最不成功的繁殖者。

在1952年的一场学术研讨会上，与平卡斯的邂逅让洛克开始致力于避孕药的研究。平卡斯一直在向女性注射黄体酮以阻止排卵，而洛克则一直在向不孕女性注射黄体酮和雌激素以提高她们的受孕能力。洛克的激素疗法认为，一些不孕女性在受到激素刺激后可能会怀孕。这种方法取得了一定的成功，后来被称为“洛克反弹”。但关键之处在于，在激素注射期间，怀孕几乎从未发生。因此，尽管与洛克自己的目的背道而驰，但他达到了平卡斯想要的效果——避孕。

1954年，在不孕症治疗方案的掩护下，洛克开始了口服避孕药的首次临床试验。50名女性志愿者被告知，她们服用药物是为了能够重新怀孕。对炔诺酮和异炔诺酮都进行了测试，两者起到的作用类似，但进入首个避孕药配方的是异炔诺酮，可能是因为开发它的西尔列公司赞助了这次试验。

洛克的研究结果令人振奋。在试验结束后的5个月里，14%的女性成功怀孕。但更符合试验目的的是，在服用异炔诺酮和炔诺酮时，没有一名女性排卵。在5毫克剂量组，有相当比例（20%）的女性出现了突破性出血的问题，但副作用在10毫克的服用剂量下得到减轻。黄体酮在阻止排卵方面似乎100%有效。

彼时，平卡斯和洛克已经准备好大干一场了。但是，在马萨诸塞州发放避孕药具是违法的，为了大规模地证明安全性和有效性，他们只能把这种新研制的避孕药带到其他地方去试验。波多黎各对避孕持建设性观点，那里是世界上人口最密集的地区之一，而且建有一个可以转诊病人的计划生育诊所网络。出于上述考虑，他们来到了波多黎各。在20世纪50年代中期进行的波多黎各试验中，避孕药就变成了现代的、人们熟悉的形式。平卡斯向洛克建议采用如下方案：服用避孕药21天，然后休息7天以进行"自然"月经。洛克很喜欢这一主意，希望能借此安抚天主教会。虽然21/7避孕药成了标准配方，但它所谓的"自然"属性从未被教会接受。洛克和平卡斯后来也误打误撞地发现了雌激素是黄体酮的有益补充。在波多黎各试验期间，他们发现西尔列公司的异炔诺酮中含有4%—7%的一种叫做美雌醇的雌激素。恐慌笼罩了研究团队——难道他们之前的所有研究结果都毫无价值吗？但事实证明这个错误是一份意外的礼物。当西尔列公司去除美雌醇时，纯孕酮配方引起的突破性出血率高得令人无法接受，因此少量的美雌醇杂质被认为是有益的。随后所有的避孕药都是黄体酮和雌激素的组合。

1957年，美国食品药品监督管理局批准了西尔列公司对异炔诺酮/美雌醇避孕药的申请，并将其商品名定为"依诺维德10毫克"（Enovid 10 mg）。官方称它的适应症是严重的月经紊乱，但很少有人相信。女性杂志大肆宣传这种新药能防止怀孕。到1959年，有50万美国妇女被诊断为严重的月经紊乱并使用避孕药治疗，这在以前是一种很罕见的疾病。西尔列公司明白了避孕药能带来滚滚钱财。1960年，美国食品药品监督管理局批准了西尔列公司的申请，依诺维德 5 毫克成为第一种广泛使用的口服避孕药。

虽然遭到天主教会立刻的反对和持续的对抗，但避孕药越来越受欢迎，然而它的发展绝不是一帆风顺的。20 世纪 70 年代早期，在数百万女性使用避孕药后，该药被认为与意料之外的不良事件——血栓、心脏病和中风有关。作为对女权主义者芭芭拉·西曼（Barbara Seaman）的著作《医生为何反对避孕药》（*The Doctors' Case Against the Pill*）的响应，美国国会听证会指责避孕药是男性医疗机构强加给女性的一项不正当实验。幸运的是，随后的研究表明这些与血栓相关的风险主要局限于老年吸烟者群体。而且，随着低剂量避孕药的研制，不良反应变得极为罕见，避孕药最终得以幸存并蓬勃发展。此外，此次美国国会避孕药听证会还带来一个重要好处，药物副作用的信息被要求写进了药品说明书中，现在每种处方药都附有这些信息。

现代避孕药所含有的雌激素剂量通常约为依诺维德的三分之一，现代女性服用者患血栓的风险仅为十万分之一。随后出现的避孕药恐慌与乳腺癌的发病风险相关，但 2010 年进行的一项最权威的系统评价显示，避孕药服用者的乳腺癌发病率并不高于非服用者。相反，避孕药已经得到一致证明可以降低患卵巢癌、子宫内膜癌和结直肠癌的风险。如今，女性停止服用避孕药的最常见原因是突破性出血和担忧体重增加。然而，并没有一致的科学证据表明避孕药会增加体重。

今天，避孕药和其他形式的避孕已成为常规。1972 年，最高法院推翻了马萨诸塞州禁止销售避孕药具的法律。到 1973 年，有 1000 万女性在使用口服避孕药。到 21 世纪初，全球估计有 1 亿女性在使用避孕药；美国 19% 的育龄女性和超过 30% 的 20—24 岁女性会在特定时间服用避孕药。

尽管如此，关于避孕药是否被过早地推向市场的质疑仍然存在。首先，在波多黎各的研究中，平卡斯和洛克测试的大剂量异炔诺酮会引起普遍的恶心、呕吐、头痛和头晕，以至于波多黎各试验的医学主任艾迪斯·莱斯-雷（Edris Rice-Wray）认为这种药“不被广泛接受”。如果最初测试的剂量范围更广，是否就可以将一种更安全的早期避孕药推向市场？

对这些试验的第二个担忧是，女性并未被告知这些药物是试验性的，会有未知的副作用。诚然，政府尚未正式制定保护人类受试者的法规，缺乏知情同意也是常态。但与赫迪格和洛克的实验所引起的担忧相比，这些人类受试者的保护问题就显得微不足道了。在这些研究中，生殖器官被摘除，这些器官可能（也可能不）含有人类胚胎。这算是堕胎吗？这项研究是为了摧毁人类胚胎才有目的地创造它们吗？在洛克当时和赫迪格之后发表的声明中，当被问及这种可能性时，这两位科学家似乎感到震惊。但我们很难忽视这些问题。就像米尔格拉姆一样，科学天才们在追求变革性的科学过程中是否对伦理选择视而不见呢？

虽然这些问题可能永远无法得到解决，但避孕药的好处是显而易见的。世界人口增长率自20世纪60年代以来下降了一半。尽管非洲和中东的生育率仍然很高，但世界上人口最多的国家中国和印度的生育率已经大幅下降。流行的避孕方式还包括绝育和使用宫内节育器（IUDs），但正是避孕药改变了人们对计划生育的讨论。它将避孕决定权交到了女性手中，以一种最令人惊讶的方式改变了女性在社会中的角色。但最重要的是，它同绿色革命一道，暂时避免了马尔萨斯陷阱。

注解马克、赫迪格和洛克：创新工具的使用

避孕革命很像绿色革命，两者的出发点都是为了避免马尔萨斯陷阱，而且都不是科学革命。同样地，关键科学范式很早以前就已经被揭示了，并且也是在不需要颠覆基础科学的情况下就实现了社会变革。

由于马克与赫迪格、洛克使用的是同一套创新工具，因此这里的注解主要侧重于前者。马克在寻求将黄体酮商业化的过程中展现出了坚持不懈的精神，他在研究过程中是终极的观察者和剖析者。他对化学合成的一丝不苟和对植物资源的尽力挑选创造了渐进性的进步。先是改变一个参数，然后再改变另一个；先是找到一种资源，然后又找到一种更好的。在达到清晰和完美之前，追求永无止境。

但马克并不是只会埋头苦干，他认为高效合成黄体酮的关键是植物固醇——皂苷元。这是一个纯粹的推论，可能是源于皂苷元和胆固醇之间的化学相似性，两者都有一个很长的侧链和一个类固醇骨架。又或者是源于自古以来植物就作为避孕药发挥着药用价值的类比。不管来源是什么，马克都是在逻辑的基础上构建实证性的证据。

也许马克最具创造力的天才之处是他提出问题的方式。马克的问题是：制造黄体酮的最佳方法是什么？要提出这一“正确”问题，需要用到反向思维和拓宽视角。其他人提出的问题是：我们如何将类固醇转化为黄体酮的效率最大化？马克将问题放大，摒弃了一定要包含类固醇的假设，他关注的不是如何走到终点，而是如何找到起点。这种反向思维——专注于在植物王国中寻找原料——正是马克集中精力的地方。

然而，如果说口服避孕药是马克、赫迪格、洛克，或任何其他天才的成果，就过于简单了。世界上的女性能够避孕是许多人共同努力的结果。即使是要提供一份不完整的主要贡献者名单，也必须提到斯

塔林、贝利斯、哈伯兰特、科纳、布特南特、罗森克兰兹、杰拉西、埃伦施泰因、平卡斯、桑格、张明觉、莱斯－雷和科尔顿。每个人都为科学进步做出了自己的贡献。避孕革命是渐进性的科学和颠覆性的社会变革。

	提出正确的问题	群体的力量	类比	重新组合排列	观察	归纳演绎	改变观点	拓宽视角	剖析问题	反向思维	认知框架转换	自主性	开放性	坚韧性
马克	🔧	🔧	🔧		🔧			🔧	🔧	🔧		🔧		🔧
赫迪格和洛克	🔧	🔧	🔧		🔧			🔧	🔧	🔧		🔧	🔧	🔧

图 14.1　马克、赫迪格和洛克：创新工具及特征

Chapter 15

第 15 章 面对死亡

特丽·夏沃（Terri Schiavo）倚靠在轮椅上，歪着头，眼睛漫无目的地转来转去——毫不知情的她却引发了一个轰动一时的事件，一场为是否延续她的生命而进行的长达 7 年的法律纷争。对此纷争抱有不同看法的双方各执一词，争论一个永远无法直接向特丽·夏沃本人提出的问题：她应该继续依靠生命支持系统活着，还是应该死去？特丽·夏沃自己的选择会是什么呢？由于她没有留下任何临终遗言，我们永远不会知道她自己想要什么，就像绝大多数美国人没有预先留下遗言一样。所以当我们病得太重而无法做出决定时，我们也将进入决策的灰色地带。

特丽是拥有一头乌黑秀发、面带可爱笑容的美人，在她 26 岁这样充满希望的年纪，她的丈夫迈克尔（Michael）发现她昏迷在他们位于佛罗里达圣彼得斯堡的公寓里。她在吃了一种由大量冰茶组成的时尚饮食后，体内的钾含量极低，这可能是引发心脏骤停的原因。1990 年 2 月，急救医生到场后进行了有力复苏，她的呼吸和脉搏得以恢复，但仍处于昏迷状态。15 年来，她悲伤的丈夫和几近发疯的父母一直在努力唤醒他们的睡美人。旧金山的医生们尝试过实验性的丘脑神经刺激，佛罗里达的医生们尝试过最先进的康复技术，但都无济于事。特丽已经进入永久性植物状态。

在法律上，如果出现脑死亡就可以合法地终止生命支持系统，但持续性植物状态并不可以这样。特丽没有生前遗嘱。是选择仅仅维持大脑存活还是让她死亡呢？身处永无乡（Neverland）的她可能会希望后者。因此，她的丈夫为了实现她的愿望，请求撤掉喂食管，但她的父母反对，理由是身为虔诚罗马天主教徒的特丽不会想要违反教会反对安乐死的教义。最终，法官乔治·格里尔（George Greer）批准了迈克尔的申请并下令停止人工生命支持系统，随后便是持续了7年的法庭纷争，佛罗里达州州长、美国总统和美国参众两院都曾试图进行调解。最终在特丽的喂食管被拔掉的那天，一位佛罗里达警官打趣道："我们讨论过……我们是否有足够的（佛罗里达州）警员来抵挡国民警卫队。"

也许特丽事件带来的最有用信息是我们所有人都必须准备好有尊严地死去。本杰明·富兰克林有句名言："除了死亡和税收，生活中没有什么是确定的。"即使我们中有少数人能"智胜"税务员，但也无法改变终须一死的命运安排。死亡是不可避免的，每年大约有250万美国人死去。绝大多数的死亡都是在与某种慢性疾病斗争之后发生的，所以，与特丽罕见的急性昏迷不同的是，我们大多数人的死亡都是在受到了某种预警之后发生的。

我们每个人都可以留下自己想怎样死去的遗嘱，以防止类似特丽的事情发生在自己身上。我们在互联网上快速搜索一下就能找到一些表格，可以在其中写下自己对使用临终救治方案的偏好，指定某个人在我们丧失行为能力时为我们做出医疗决定，并选择是否同意器官捐赠。这些文件被称为生前预嘱、医疗保健永久授权书和器官捐赠卡，它们被统称为"生前预嘱"。如果我们没有事先准备好预嘱，医生们通常会采取一切必要的干预措施来维持生命，即使我们家人或朋友说这种医疗护理与我们之前表达过的意愿相反。除非我们在还能深思熟虑地做出决定的时候写下我们的愿望，否则我们的决定将会由别人为我们做出。

这不是大多数人想要的。在长期护理机构中，绝大多数人（65%—82%）表示他们不想插管，相似比例的人表示他们会在生命的尽头拒绝心肺复苏术。这表明对绝症患者进行的许多侵入性医疗护理是不必要的。然而，整个美国医疗支出的四分之一，每年 1000 亿美元，都花在了病人生命的最后一年，而其中绝大部分是在最后 60 天花费的。提供不必要的临终救治对老年人来说是一种痛苦的负担，也是一种惊人的资源浪费。

很少有美国人为他们临终前所面临的医疗遭遇做好了准备。2009 年在南达科他州苏福尔斯进行的一项人口研究中，平均年龄为 50 岁的受访者们通常都留下了临终遗嘱（50%），甚至有更多的人与家人或朋友讨论过临终偏好（80%）。然而，只有 30% 的人有书面生前预嘱或医疗保健授权书。另一项调查发现，即使是身患绝症的病人，也只有一半的人有书面预嘱。更糟糕的是，即使在预嘱文件存在的情况下，竟然有高达四分之三的医生不知道他们病人的生前预嘱是什么。

生前预嘱会影响到病人在生命结束前所接受的护理和所承担的费用。西尔维拉（Silveira）及其同事在 2010 年进行的一项研究表明，相比那些对临终救治要求较为有限的患者，那些预嘱要尽可能接受所有救治的患者接受更积极治疗的可能性要高 20 倍。相反，那些在生前预嘱中要求有限救治的患者接受积极治疗的可能性只有三分之一。这一点也不奇怪，在生命的尽头，已经准备好生前预嘱的患者可以减少支出。在疗养院内增加填写生前预嘱文件的项目已被证明可以在生命的最后几周减少花费。一项粗略计算表明，如果让 10% 的人写下他们的意愿，每年可以为美国节省 80 亿—100 亿美元。

那么我们如何让更多的美国人写下生前预嘱呢？在得克萨斯大学公共卫生学院，在我教授的创新思维课上，有一组学生试图运用创新工具来回答这个问题。南希·塔克（Nancy Tucker）、罗伯特·雷诺兹（Robert Reynolds）、史蒂芬·琼斯（Stephen Jones）和约翰·达莫尔（John D'Amore）试图模仿伟大创新者的思维过程。约翰是一名计算机信息学高手，史蒂芬是一名医生，罗伯特是一名公共卫生领域的教育工作者，南希是一名研究生。

他们的第一步是观察，他们访问了一系列利益相关者：照顾临终病人的医生、病人家属和病人本人。这些对话虽然非正式且开放，但目的是了解阻碍人们讨论和留下生前预嘱文件的障碍。

小组的第一个问题是：为什么我们这么多人把自己和家人置于这种道德风险之中？他们了解到，家庭成员们在谈论死亡时明显感到不自在，因为它会引发内疚、恐惧和否认。文化信仰是一个重要因素。在许多拉美裔人中，谈论一件事就等于让这件事发生。尽管其他群体的成员可能认为这种信仰是“奇怪的”或“古怪的”，但他们在谈论死亡时也同样充满了负罪感。毫无疑问，我们不希望亲人死去，那为什么还要讨论它呢？

死亡带来的恐惧就像触摸动物尸体的本能反应一样真实。我们用“死神”“六尺之下”“当死神来敲门”“虚空世界”和“审判日”等来隐喻死亡。死亡是一个未知的框架，里面充满了恐惧和黑暗。死亡的确非常可怕，正如伊丽莎白·库伯勒-罗斯（Elizabeth Kubler-Ross）在她1969年出版的《论死亡和濒临死亡》（*On Death and Dying*）一书中所描述的那样，面对绝症的第一阶段是否认。

医生在面对生命的终结时也会表现出内疚和否认。因为现代医学以创造奇迹为荣，而死亡代表着一种不足，是可耻的，典型的表述是“很抱歉，我们无能为力”，就是“我们失败了”。纽约州有一项法律要求医疗保健从业者为患有绝症的病人提供适当的姑息治疗和临终救治方案的咨询。事实上，当被问及对这一法律的看法时，该州一家大型教学医院的肿瘤学家说："新法律将对太多的癌症患者产生直接的负面影响。"他担心他的病人对这一谈话的反应会是："什么！他们想要杀了我吗？"

得克萨斯大学的学生们发现的这些包含内疚、恐惧和否认的认知框架清楚地解释了为什么我们中很少有人有生前预嘱。现在的问题是如何打破这一认知框架？他们的第一种方法是及时扩展这个问题。他们问道：在历史的长河中，人们是如何看待死亡的？

在 13 世纪之前，基督教的死亡哲学是"我们都会死"（et moriemur），这反映了（通常是过早）死亡的必然性。在那个大约三分之一的儿童活不过一岁的时代，在那个战争、贫穷、瘟疫和饥荒司空见惯的时代，死亡就像生活中的家常便饭一样常见。为死者哀悼是一个涉及家人、朋友和邻居的公共事件，当然，孩子们也会参与其中，而且从实际意义上讲，葬礼仪式简单且高效。

菲利普·阿利埃斯（Philippe Ariès）毕生致力于理解人类对死亡的集体意识，他认为随着教会转向一种神的审判哲学，人们对死亡的态度也转向了"自我的死亡"（la mort de soi）。灵魂那时被认为悬在天堂和地狱之间，死亡时刻成了个人审判的时刻。在生命的最后，神职人员的代祷变得至为重要，以至于得到救赎成为公众压倒一切的当务之急。为了铺平通往救赎的道路，教会要求教区居民定期忏悔、告解和苦修。到了 16 世纪，作为天堂入场券的赎罪券成为天主教会的主要收入来源，这一做法引起了马丁·路德（Martin Luther）的反对，从而引发了宗教改革运动。

根据阿利埃斯的说法，对于死亡的思考，下一个时代的特点是"你的死亡"（la mort de toi），也就是所爱之人的死亡。由于个人的优势取代了教会的优势，临终时家庭的作用也就取代了神职人员的角色。在19世纪，死亡会让亲人们在情感上感到格外痛苦。

阿利埃斯认为在现代，科学至高无上，而医学为人类延长寿命带来了希望，但死亡还是会发生，医学力量无法最终掌控生死。这就是我们所能到达的极限，听起来一点也不光荣。病人们的最后时光都是在医院、临终救治医院和疗养院度过。他们的尸体也都由陌生人进行处理。

所有这些都表明我们对死亡的认知框架是现代的，不再认为它是命中注定的。有没有一种方法可以让时光倒流，回到家庭至上的时代——那个时候，人们的努力都是为了让亲人不必做出令人心碎的决定。

如果用与通常概念相反的方式来看待死亡，也就是说，如果死亡，尤其是在经历漫长一生之后的死亡，被认为是一种祝福而不是诅咒，感觉会怎么样呢？换句话说，学生们运用了反向思维。J.R.R.托尔金（J.R.R. Tolkien）在他的《精灵宝钻》（*The Silmarillion*）一书中描述了《指环王》（*The Lord of the Rings*）世界中种族的诞生过程。J.R.R.托尔金解释说，精灵被赋予了非凡的智慧、力量和美丽以匹配他们永恒的生命，人类则得到了死亡这一礼物。乍一看，这一点都不公平。但J.R.R.托尔金解释说，随着时间的流逝，即使是神灵自己也会羡慕有限的生命。在没有尽头的人生中，发生过的事会有多令人满足？痛苦的人要承受更长时间吗？老年人在度过了漫长而有意义的一生之后，难道不能说他们已经平静下来——准备好接受死亡了吗？也许死亡是一份礼物，或者至少是享受生活的必要条件。

当学生们改变他们的观点，把自己放在一个正在考虑生前预嘱各方面（例如，决定生命支持系统的各个组成部分，指定一个医疗保健代理人和器官捐赠）的人的位置上时，他们意识到器官捐赠的处理方式不同于生前预嘱的其他方面。许多州都要求公民在拿到驾照时做出是否捐赠器官的决定，这样驾照上就会显示他们的决定，以便在发生致命车祸时，医护人员可以挽救他们的器官。这类项目在提高器官捐献率方面取得了一些成功。这样的模型是否可以用于其他临终决定？

所有这些见解都拓展了思维。但它们似乎并没有引发任何创新，即真正可以帮助更多人思考并写下预先声明的有效方法。

因此，学生们转向了我们用来表达认知框架的语言机制——隐喻。正如他们从对病人及其家属的采访中了解到的那样，大多数关于死亡的隐喻都是黑暗和可怕的。但并非所有的都是如此。想想看这些："die laughing"（笑死）、"dressed to kill"（打扮得迷死人）、"lady killer"（情场杀手）、"kill off a martini"（干掉一杯马提尼）。在某种程度上，我们的隐喻，尤其是关于"kill"（杀死）的隐喻，可以是生动的，甚至是性感的。在一次小组头脑风暴中，他们发现自己在嘲笑本杰明·富兰克林的那句格言："除了死亡和税收，生活中没有什么是确定的。"

请注意！方法找到了——对死亡和税收重新组合排列。可以像处理税收一样处理生前预嘱——虽然令人不快，但却是必要的。事实上，可以在一个看起来很像税务表单的表格上完成生前预嘱，表格由易于使用的复选框组成。比如"我指定某某作为我的医疗代表"或"我不希望指定一名医疗代表"，"我希望在以下情况下被救活（从列表中选择）"或"我不希望被救活"。个人生前预嘱表可以随年度纳税申报表更新，政府甚至可以通过提供小额的退税来激励公民提交生前预嘱表。

这似乎是个好主意。可我们为什么不这样做呢？在关于《平价医疗法案》（*Affordable Care Act*，ACA）（有时也被称为"奥巴马医改”）的辩论中，一个鼓励医生讨论临终救治的提案组成部分被重新定义为“死亡小组”（Death Panels）。这项附加条款在移除前一直是ACA反对者的避雷针。和税收一样，关于死亡的讨论总是充满着争议。但谁知道呢？也许一些倡导团体会支持将死亡视为一种义务的想法并发起一场运动。如果一群学生能让一个真正创新的想法被采纳并改变世界，那不是很棒吗？

注解学生们：创新工具的使用

既然最后一个故事不是关于天才，也不是关于历史人物的，而是关于学生，关于当代人的，那似乎挑战一下各位读者才合理。我们已经弄清楚了十几位标志性人物所使用的工具，现在又看到了它们在我们这样的人手中的价值。如果将图15.1中的元素视为寻宝游戏中的提示，你能辨认出学生们使用的工具吗？这些工具是如何使用的？你能想出添加其他工具或以不同方式使用这些工具来找到替代的解决方案吗？

	提出正确的问题	群体的力量	类比	重新组合排列	观察	归纳演绎	改变观点	拓宽视角	剖析问题	反向思维	认知框架转换	自主性	开放性	坚韧性
学生们	🔧	🔧	🔧	🔧	🔧		🔧		🔧	🔧	🔧		不适用	

图15.1 学生们：创新工具及特征

C —— 16
hapter

第 16 章
掌舵

在被要求给未来小说家提一些建议时，广受赞誉的作家厄休拉·勒古恩（Ursula Le Guin）将写故事比作掌舵。“我喜欢我‘驾驶小船’的形容，”她说道，“事实上，故事是一艘神奇的船，它知道自己的航线。掌舵人的工作是帮助它找到自己的路，去它要去的地方。”

当我开始写这本关于伟大创新者如何思考的书时，我的计划相对来说还没有成形。但我有一个信念，实际上是一种偏见，那就是创造力和创新是可以教授的，而一种强有力的教学方法就是实例教学。

研究创造性天才的著名学者迪恩·西蒙顿（Dean Simonton）认为，杰出的创造性头脑之所以出众，关键之处在于其产生的想法数量众多。但造就天才的机制就像被封存在了一个黑匣子里一样，是未解之谜。人们认为创造力是神秘的，而不是系统性的。我的目标是想看看科学天才是不是拥有某种深不可测的能力。我希望揭开天才的神秘面纱。

在上文用了很多篇幅探索了这些人的思想后，我相信，即使是伟大到可以被视为天才之作的创新也是可以被描绘出来的。我驾驶的故事船发现了一种可识别和可预测的模式。为了产生有用的想法，几乎所有的创新者都使用了一套通用的工具。但我的故事船也抵达了一些意想不到的地方，这些意外发现包括：创新工具在多大程度上构成了创造性层次结构，以及创造力和欺骗之间的紧密联系。

自 1950 年 J.P. 吉尔福德（J.P. Guildford）首次对创造力进行测量以来，想法的产生一直被认为是创造力的标志，而创新工具是产生各种原创想法的手段。J.P.吉尔福德将发散性思维的概念描述为大量想法的产生。相反，收敛性思维是对单一最佳答案的确定。通过本书中讨论的所有认知策略——提出正确的问题、群体的力量、类比、观察、重新组合排列等，可以实现思路的拓宽。

特别是类比，作为本书中那些标杆科学家最常用的工具之一，它也可能是发散性思维的标志。根据萨尔诺夫·梅德尼克（Sarnoff Mednick）的远距离联想理论，创造性思维通过联想找到类比。梅德尼克提出，一个人越有创造力，就越容易产生他所谓的水平联想。丰富而松散的水平联想提供了更广泛的矩阵，它们比垂直联想提供的矩阵更有可能产生重叠，后者更有限，而且紧密相连。有重叠，然后才形成类比。

想想“狗”这个词吧。当被要求给出相关联的词时，一个有着垂直联想层次结构的人可能会说，“杂种狗”“菲多”[①]“猫”“犬吠”。同样地，提到“美丽”这个词时，这个人可能会说“漂亮”“模特”“毛发”“女人”。相反，如果一个人的联想层次结构是水平的，他对“狗”的反应可能是上面的列表再加上其他的词：“项圈”“毛发”“沙发”“房子”“骨头”“野兽”“朋友”“遛狗”“动物收容所”“梳毛”“客厅”“驯兽师”。对于“美丽”这个词，可能会从垂直的联想列表拓展到“女演员”“虚荣”“自负”“迷人”“渴望”“追求”“客厅”“衣服”“购物”“野兽”“最好”。关键是水平联想的范围更广，而且会产生重叠。对于“狗”和“美丽”这两个距离很远的词，水平联想列表中出现了三个重叠的词：“客厅”“毛发”“野兽”。

更水平的联想层次结构会产生更多、更不可预测或更特别的列表，也就是说，会更加分散。梅德尼克的理论表明，作为分散的意外收获，

① 英文绘本*Fido Gets Dressed*中宠物狗的名字。——译者注

富有创造力的人会找到更多的类比，包括那些遥远的、也因此具有原创性的类比。因此，类比是产生联想，进而产生想法的能力的标志。

第二种工具，群体的力量的使用也很普遍。伟大的创新者站在巨人的肩膀上，这没什么好惊讶的。如果从49层开始，爬到第50层要容易得多。毫无疑问，当目标近在咫尺时，爬得更高也就更容易。

科学家们往往会提出同样的问题，因而我们学习的知识并不只属于哪一个特定的创新者。巴兰因为发现分组交换而享誉世界，但戴维斯几乎在同一时间也有同样的想法。达尔文匆匆忙忙地出版了《物种起源》，因为他差点就被阿尔弗雷德·拉塞尔·华莱士抢先一步。在许多情况下，著名创新者并不是唯一的发明者，甚至都不是第一个发明者。但是，他们是第一个发表论文、第一个申请专利或第一个被承认的。那么，有没有一种可能，除了他们惊人的创造力之外，让创新者出名的还有他们的干劲和速度？

除了类比和群体的力量，提出正确的问题和剖析问题是所有这些伟大创新者都使用的创新工具。然而，除此之外，创新者使用的认知工具往往分为两种模式。一种模式在颠覆性创新者中很常见，另一种模式在渐进性创新者中很常见。事实证明，颠覆性创新者改变了认知框架，他们使用的工具更广泛。在详细讨论的14位创新者中，有10位是颠覆性创新者（认知框架打破者），并且，如果计算他们使用创新工具数量的平均值，这些人使用了11种创新工具中的10.3种。相比之下，4位渐进性创新者平均使用了11种创新工具中的5.5种。这并不是为了要进行一个刻意的统计比较，而是要揭示一个普遍的规律——简而言之就是多多益善。

观察发现，更有突破性的创新者使用更多样化的工具，这与最具创造性的思维产生最多想法的理论类似。大卫·坎贝尔（David

Campbell）和后来的迪恩·西蒙顿认为创造力是达尔文式的，因为创造力的基础是变异的产生。创造性思维，就像自然界中的繁殖多样性一样，它会产生大量“盲目”的想法。虽然其中一定包含许多可替代的想法，但任何想法都可能对解决创造者的问题有益，当然也可能没有帮助。类似地，自然界的一些突变能够适应环境，但大多数不能；创造性的产生和进化都是容易失败的。尽管如此，杰出的创造者孵化的想法越多，跟物种产生的基因变异越多一样，成功的可能性就越大。我认为，颠覆性创新者之所以被称为颠覆性创新者，正是因为他们使用了最多样化的工具，产生了最多样化的想法，从而取得了最具突破性的成就。如果更进一步地类比进化论，我们可以说颠覆性的想法最有可能产生“适者生存”的变异。

颠覆性创新者——也就是认知框架打破者，为了实现自己的目标，更有可能使用反向思维、改变观点以及重新组合排列以前的想法等创新工具。这些认知策略远不止产生联想这么简单。这些工具不仅积累了不同的想法，而且产生了既原创又灵活的想法。J.P.吉尔福德将“原创性”定义为不寻常但仍然合适的对策。灵活性意味着一种跨概念范畴思考的能力。例如，回形针通常用于将纸张固定在一起，而认识到回形针也可以用来进行撬锁或拧紧眼镜铰链上的小螺丝就是一种灵活思维。

联想与我们的日常经验是一致的。当我们穿鞋的时候，我们穿进去的是脚和袜子。鞋、脚和袜子是很自然的联想。然而，反向思维、改变观点、重新组合排列和归纳演绎等过程都不是自然的。我们习惯性的经验不会引导我们像达尔文那样站在植物的角度思考，或者像爱迪生那样把自己想象成照明系统中的一个灯泡，或者像巴兰那样去猜测一个数据包将如何在计算机节点之间进行传输。我们天生不会反向思考。我们可能见过狗咬猫，但我们通常不会从这种经历中跳出去想象猫咬狗。

在我的创新思维课上，一次实践课进一步证明了更高层次的创新工具会产生更惊人的想法。在一项小组作业中，学生们试图就为什么美国青少年听力损失率不断上升的问题提出一些想法。2005—2006 年，美国 12—19 岁青少年中听力损失的患病率约为 20%，高于 1988—1994 年的 15%。与青少年听力损失有关的一些原因包括耳部感染、头部损伤、先天缺陷和噪声。全班同学用类比的方法提出了许多相关问题。学生们建议通过实验了解外耳/中耳、神经感觉系统和耳蜗的生理损伤是如何发生的，所有这些结构都与听力有关。他们问道：有多少环境噪声是通过耳机传递的？青少年有多频繁地受到过高音量的影响？以及随着时间的推移耳部感染的发病率是多少？他们更外围的联想包括个人头盔能否减弱声音的干扰等问题。

然后，学生们转向了反向思维和改变观点等工具。学生们没有问听力损失是如何由噪声造成的，而是提出了一些测验题，比如安静的环境对保持听觉健康是否必要？大自然的声音能抵消更响亮、更不那么自然的喧嚣吗？噪声对听力和其他方面有好处吗？使用改变观点这一工具，学生们洞悉了青少年的想法。通过对青少年的非结构式访谈，他们了解到，喧闹等同于派对和音乐会，而在考试和青少年被禁足期间则是安静的。成年人也许会害怕噪声带来的破坏性影响，但青少年却害怕与安静相关的一切。因此，学生们设计了一个实验来解决如何在社会层面使安静的环境对青少年具有吸引力。从表面上看，这组问题更具原创性。

天才科学家的故事中有一个令人惊讶的地方，即创新工具其实是有层级结构的。联想工具，如群体的力量、观察、剖析问题、类比等是层级较低、更常用的工具。反向思维、重新组合排列、改变观点，当然还有认知框架转换，都是更不寻常、更不自然的工具。因为后一组工具是一种不寻常思维的体现，使用它们需要更多的练习。不能简单地任大脑信马由缰，而是必须强迫它以这样的方式进行思考。

尽管伟大创造者的性格特征促进了他们的科学贡献，但它们也可能是软肋，也许这是在这些科学天才的故事中发现的最意想不到的模式。长期以来，行为研究一直将天才与精神疾病联系在一起。例如，阿诺德·路德维希（Arnold Ludwig）在其《伟大的代价》（*The Price of Greatness*）一书中，研究了一千多名杰出艺术家、科学家和领导人的精神状况，他发现躁狂、抑郁、人格障碍和精神分裂等症状比在普通人群中更常见。尽管科学家群体的患病比例最小（28%，诗人为87%），但路德维希指出，成就越大，出现病理特征的可能性就越大。

人格研究领域的领军人物汉斯·艾森克认为，精神病理学只不过是创造性个体产生大量不寻常甚至怪异想法的先天能力的极端表现。在艾森克精神测试中得分高的人似乎更有可能产生随机或分散的联想。也就是说，他们缺乏一种强大的“过滤机制”来用概念界限把想法分开。梅德尼克称这些联想为“扁平的”，可以提供更丰富的类比和想法。艾森克则可能会认为，一旦这种思维的混乱水平稍高，它就可能会变得病态。

那些自主和坚韧到总是拒绝正常社会约束的人是什么样子的？当然，他们可能看起来像模范创造者。然而，更极端或不那么稳定的非墨守成规者可能看起来像精神分裂症患者或反社会者。大胆的雄心、狂热的动机和极度的乐观情绪会被视为躁狂。

人们想知道为什么这样的特征会被保留在基因库中。创造力难道如此有益，以至于克服了自我孤立甚至试图自杀的倾向？关于极度不墨守成规的好处，杰弗里·米勒（Geoffrey Miller）提出了一个颇具争议的理论，称之为“马基雅维利智慧”（Machiavellian Intelligence）。米勒声称，在一个由合作与竞争的复杂网络组成的世界里，行为不可预测的人将成功地智胜对手。社会优势掌握在那些下一步行动无法预测的个体手中。因此，即使有时处于不稳定的边缘，在复杂的社会群体中，原创性和灵活性的思考能力也会成为一种竞争性的进化优势。

以前关于创造力和心理健康之间联系的评论通常都对创造性人格持同情态度，甚至当它涉及精神病理学时也是如此。但这本书中的天才有时会跨越界限，他们对他人的漠视令人不快。当然，最臭名昭著的例子是米尔格拉姆。他那服从实验的伦理问题仍未得到解决，但米尔格拉姆的欺骗意愿表明了科学名义下的社会冷漠，甚至是社会蔑视。

赫迪格和洛克跟踪胚胎发育的实验是另一个例子。值得注意的是，科学层面的评判一直是区分开的。但这项研究涉及建议女性在进行治疗性子宫切除术前怀孕。当然，一些女性凭直觉肯定知道了这些建议的目的，但征得本人同意的程序并不明确。后来接受采访时，赫迪格坚定地否认了关于他和洛克是在进行堕胎活动的负面观点。洛克是一名活跃的天主教徒，这一身份背景使问题变得越发扑朔迷离。赫迪格和洛克的目的就是创造人类胚胎，然后将其取出以开展研究。

安塞尔·凯斯的饥饿实验也涉及伦理问题。同样，这一实验从未受到过警告。实验的开展征得了参与者的正式同意，并且允许他们随时退出。但实际情况却带有强迫的味道。参与者都是因宗教信仰拒服兵役的人，他们拒绝为美国战斗和牺牲，但却被“允许”为科学献身。凯斯和他的军方赞助者认为，知道最佳恢复饮食方法的利要远大于参与者面临的饥饿风险所带来的弊。但他们用来回答这个问题的实验设计站得住脚吗？欧洲正在挨饿。要解决这个问题，更人道的方法难道不应该是在外国援助项目中用各种营养补充剂进行干预吗？我们只能认为，凯斯想要尝试新奇事物的雄心超过了他想出更富同情心的替代方案的能力。

最后，即使是托马斯·爱迪生，这一现代创新者中的“宠儿”，也卷入过一些不光彩的行为中。爱迪生非常想推广他自己的直流电，以超过特斯拉（Tesla）和西屋电气（Westinghouse）与之匹敌的交流电，因此他发起了“电流之战”。正如约瑟夫森在爱迪生传记中所描述的那样，“在1887年的任何一天，人们都可能发现爱迪生和他的助手们正忙着做一些残忍而悲惨的实验：用高压电流电击流浪猫和流浪狗。在报社记者和其他受邀嘉宾的见证下，爱迪生和巴切勒会把一只小狗推到一块锡板上，锡板上的电线连着一台交流发电机，可在1000伏的电压下提供电流”。尽管已经有可靠的同事证明交流电并不比直流电更危险，但爱迪生还是继续试图压制西屋电气提供的替代方案。事实上，爱迪生的公开声明极具煽动性，以致西屋电气曾考虑提起诽谤诉讼。直到20年后，爱迪生才承认自己错了。当然，这不是创造力过剩的结果，而是一生都过度自信的积累。就某些天才而言，最具突破性的原创性思维和最令人惊讶、最有用的贡献可能也伴随有与别人交流时的最大偏见。

在我们故事船的航行中，既有预料之中的成果，也有意料之外的收获。当谈到天才的思想时，预料之中的是，这些天才的才能是惊人的。但他们的认知方法并不神秘。所有这些偶像级的科学家都是创新工具的熟练使用者。意料之外的是，认知框架转换者所用的工具更加不寻常和不自然。即便是渐进性创新者和颠覆性创新者都产生了令人惊讶的结果，但后者思维的折叠程度也超越了前者。当谈到天才的性格特征时，预料之中的是，他们的创造性人格就像他们的成就一样，比生命还伟大。意料之外的是，这些性格特征既有好的一面，也有不好的一面。社会受益于天才的成就，但他们的行为并不总是无害的。最具创造力的人并不总是与我们和谐相处，这一点也不奇怪。

但愿这些故事已经揭开了天才如何思考的神秘面纱。通过理解他们如何使用创新工具，让我们可以更近距离地追随他们的脚步。回到本书开篇的那个问题，我们每个人如何通过学习成为更好的创新者？我们可以遵循一句医学界的箴言：“看一遍，做一遍，教一遍。”我们揭示了著名科学家的思想。借助新发现的工具，我们已准备好实现更大的创造力成就，并将我们的见解传播出去。我希望你们使用这些创新工具可以获得巨大成功，并且非常快乐。同时我也希望我们通过把这些创新工具传递到孩子们的手中，一起培养出更多的下一代天才科学家。

	提出正确的问题	群体的力量	类比	重新组合排列	观察	归纳演绎	改变观点	拓宽视角	剖析问题	反向思维	认知框架转换	自主性	开放性	坚韧性
达尔文	🔧	🔧	🔧	🔧	🔧	🔧	🔧	🔧	🔧	🔧	🔧	🔧	🔧	🔧
蒙台梭利	🔧	🔧	🔧		🔧	🔧	🔧	🔧	🔧	🔧	🔧	🔧	🔧	🔧
爱因斯坦	🔧	🔧	🔧	🔧		🔧	🔧	🔧	🔧	🔧	🔧	🔧	🔧	🔧

图 16.1　所有创新者：创新工具及特征

续图

	提出正确的问题	群体的力量	类比	重新组合排列	观察	归纳演绎	改变观点	拓宽视角	剖析问题	反向思维	认知框架转换	自主性	开放性	坚韧性
米尔格拉姆	✓	✓	✓	✓	✓	✓	✓	✓	✓	✓	✓	✓	✓	✓
莫里斯	✓	✓	✓	✓	✓	✓	✓	✓	✓	✓	✓	✓		✓
凯斯	✓	✓	✓	✓	✓	✓	✓	✓	✓	✓	✓	✓	✓	✓
爱迪生	✓	✓	✓	✓	✓	✓	✓	✓	✓	✓	✓	✓	✓	✓
玛丽·居里	✓	✓	✓		✓	✓			✓			✓		✓
卢瑟福	✓	✓	✓	✓	✓	✓	✓	✓	✓	✓	✓	✓	✓	✓
埃尔利希	✓	✓	✓		✓	✓			✓			✓		✓

图 16.1 所有创新者：创新工具及特征

续图

	提出正确的问题	群体的力量	类比	重新组合排列	观察	归纳演绎	改变观点	拓宽视角	剖析问题	反向思维	认知框架转换	自主性	开放性	坚韧性
梅契尼科夫	🔧	🔧	🔧		🔧	🔧	🔧	🔧	🔧	🔧	🔧	🔧	🔧	🔧
巴兰	🔧	🔧	🔧	🔧	🔧	🔧	🔧	🔧	🔧	🔧	🔧	🔧	🔧	🔧
博洛格		🔧	🔧	🔧	🔧		🔧	🔧	🔧			🔧	🔧	🔧
马克	🔧	🔧	🔧		🔧			🔧	🔧			🔧		🔧
赫迪格和洛克	🔧	🔧	🔧		🔧			🔧	🔧			🔧	🔧	🔧
学生们	🔧	🔧	🔧	🔧	🔧		🔧		🔧	🔧	🔧		不适用	

图 16.1 所有创新者：创新工具及特征

第 1 章　英雄崇拜

Goldfrank: Graham ME, Tunik MG, Farmer BM, Bendzans C, McCrillis AM, Nelson LS, Portelli I, Smith S, Goldberg JD, Zhang M, Rosenberg SD, Goldfrank LR (2010) Agent of opportunity risk mitigation: People, engineering, and security efficacy. *Disaster Medicine & Public Health Preparedness* 4:291–299; Stroud C, Altevogt BM, Goldfrank LR (2010) Institute of Medicine's Forum on Medical and Public Health Preparedness for Catastrophic Events: Current initiatives [Editorial]. *Disaster Medicine & Public Health Preparedness* 4:174–177; Raven MC, Billings JC, Goldfrank LR, Manheimer ED, Gourevitch MN (2009) Medicaid patients at high risk for frequent hospital admission: Real-time identification and remediable risks. *Journal of Urban Health* 86(2):230–241; Gourevitch MN, Malaspina D, Weitzman M, Goldfrank, LR (2008) The public hospital in American medical education. *Journal of urban health* 85:779–786; Goldfrank LR (2009) Call centers, disaster medicine, and public health preparedness [Editorial] *Disaster Medicine & Public Health Preparedness* 3(1):136–137.

Effectiveness of creativity training programs: Ness RB (2012) *Innovation generation: How to produce creative and useful scientific ideas*. New York: Oxford University Press; Scott G, Leritz LE, Mumford MD (2004) The effectiveness of creativity training: a quantitative review. *Creativity Research Journal* 16:361–388; Clapham MM (2003) The development of innovative ideas through creativity training. *The International Handbook on Innovation*, ed. Larisa V. Shavinina, Oxford: Elsevier, pp. 366–374; Basadur MS, Graen GB, Scandura TA (1986) Training effects on attitudes toward divergent thinking among manufacturing engineers, *Journal of Applied Psychology* 4:612–617; Basadur MS, Finkbeiner CT (1985) Measuring preference for ideation in creative problem solving training. *Journal of Applied Behavioral Science* 21:37–49.

Innovation slow-down: Members of the 2005 "Rising Above the Gathering

Storm" Committee; Prepared for the Presidents of the National Academy of Sciences, National Academy of Engineering, and Institute of Medicine (2010) *Rising above the gathering storm revisited: Rapidly approaching category* 5. Washington, DC: The National Academies Press; Brooks D (2011) Where are the jobs? New York Times Opinion Pages. http://www.nytimes.com/2011/10/07/opinion/brooks-where-are-the-jobs.html (accessed 12/23/11); Tyler C (2010) *The great stagnation: How America ate all the low hanging fruit of modern history, got sick and will (eventually) feel better.* New York: Penguin; Mandel M (2009) The failed promise of innovation in the U.S. Bloomberg Business Week. http://www.businessweek.com/magazine/content/09_24/b4135000953288. htm?chan=magazine+channel_top+stories (accessed 12/23/11); Salam R (2011) Peter Thiel and the Why things have slowed-down question. National Review Online. http://www.nationalreview.com/agenda/279171/peter-thiel-and-why-things-have-slowed-down-question-reihan-salam (accessed 12/23/11).

Creativity in modern art: Varnedoe K (1990) *A fine disregard: What makes modern art modern.* New York: Harry N. Abrams.

第 2 章　自然选择还是上帝造物?

Gallup Poll on evolution: Gallup: Evolution, Creationism, Intelligent Design. http://www.gallup.com/poll/21814/evolution-creationism-intelligent-design. aspx (accesssed 12/23/11).

Darwin's life and works: Ridley M (ed) (1996) *The Darwin reader* (2nd ed). New York: W W Norton; Quammen D (2006) *The reluctant Mr. Darwin: An intimate portrait of Charles Darwin and the making of his theory of evolution.* New York: W W Norton; Simonton DK (1999) *Origins of genius: Darwinian perspectives on creativity.* New York: Oxford University Press.

Darwin's *Origin of Species*, supporters and detractors: Darwin C (Foreword copyright 1979) *On the origin of species*. New York: Random House. Originally published 1859 by J Murray London under the title: *On the origin of species by means of natural selection*; Dawkins R (2009) *The greatest show on earth: The evidence for evolution*. New York: Simon & Schuster; Coyne JA (2009) *Why evolution is true.* New York: Penguin; Zimmer C (2001) *Evolution: The triumph of an idea.* New York: Harper Collins; Coffin HG, Brown RH, Gibson RJ (2005) *Origins by design.* Hagerstown, MD: Review and Herald Pub; Milton R (1997) *Shattering the myths of Darwinism.* Rochester, VT: Park Street Press; Wells J (2000) *Icons of evolution: Science or myth? Why much of what we teach about evolution is wrong.* Washington, DC: Eagle.

Darwin's *Descent of Man:* Darwin C (Penguin Classic copyright 2004) *The descent of man*. Originally published 1879 by J Murray London.

Malthus essay: Malthus TR. *An essay on the principle of population: Or a view of its past and present effects on human happiness; with an inquiry into our prospects respecting the future removal or mitigation of the evils which it occasions.* Library of Economics and Liberty. Originally published 1798 by J Murray, London. http://www.econlib.org/library/Malthus/malPlong1.html (accessed 12/23/11)

Creationists at the time of Darwin: Paley W (1809) *Natural theology: or, evidences of the existence and attributes of the deity* (12th ed). London: Printed for J. Faulder. The Complete works of Charles Darwin on-line. http://darwin-online.org.uk/content/frameset?itemID=A142&viewtype=text&pageseq=1 (accessed 12/23/11); Whewell W. *History of the inductive sciences, from the earliest to the present times*. 3 vols, London: Appleton (2nd ed). 1869.

第 3 章　注解达尔文

Diderot: Adams D, ed. (1999) *Thoughts on the interpretation of nature and other philosophical works* (1753). Manchester, England: Clinamen Press

Ltd. p 42.

Tool 1: Finding the right question: Baldwin N (1995) *Edison: Inventing the century.* New York: Hyperion; White M, Gribbin J (1959) *Einstein: A life in science.* New York: Dutton Book (Penguin Group); Josephson M (1959) *Edison: A biography.* New York: McGraw-Hill; Collins J, Porras JI (1994) *Built to last: Successful habits of visionary companies.* New York: Harper Collins; AIESEC—The world's largest student-driven organization. http://www.aiesec.org/ (accessed 12/29/11); Schonfeld E (2009) Twitter's international strategy laid bare: to be "the pulse of the planet." Tech Crunch. http://techcrunch.com/2009/07/16/twitters-internal-strategy-laid-bare-to-be-the-pulse-of-the-planet-2/ (accessed 12/29/11).

Tool 2: Observation: Darwin C (Foreword copyright 1979) *On the origin of species.* New York: Random House. Originally published 1859 by J Murray London under the title: *On the origin of species by means of natural selection;* Rose JK, Rankin CH (2001) Analyses of habituation in *Caenorhabditis elegans, Learning and Memory* 8:63–69; Ness RB (2012) *Innovation generation: How to produce creative and useful scientific ideas*. New York: Oxford University Press; Heilbron JL (2003) Ernest Rutherford and the explosion of atoms. Oxford: Oxford University Press.

Tool 3: Analogy: Simonton DK (1999) *Origins of genius: Darwinian perspectives on creativity*. New York: Oxford University Press; Darwin C (Foreword copyright 1979) *On the origin of species.* New York: Random House. Originally published 1859 by J Murray London under the title: *On the origin of species by means of natural selection;* Abbate J (1999) *Inventing the Internet.* Cambridge, MA: The MIT Press; Tauber AI (2003) Metchnikoff and the phagocytosis theory. *Nature Reviews* 4:897–901; Kaufman SHE (2008) Immunology's foundation: The 100-year anniversary of the Nobel Prize to Paul Ehrlich and Elie Metchnikioff. *Nature Immunology* 9:705–712.

Tool 4: Induction and deduction: Kwa C (2011) *Styles of knowing: A new* *history of science from ancient times to the present*. Pittsburgh, PA: University of Pittsburgh; Henig RM (2000) *The monk in the garden: The lost and found genius of Gregor Mendel, father of genetics*. Boston: Houghton Mifflin; Eysenck HJ (1947) *The structure of human personality*. New York: John Wiley and Sons; Einstein A (1949) Autobiographical notes. In Schilpp PA (ed) *Albert Einstein: Philosopher scientist* (pp. 2–17). New York: Harper & Row.

Tool 5: Changing point of view: Banerjee AV, Duflo E (2011) *Poor economics.* New York: Public Affairs; Associated Press. (2005) Judge rules against "intelligent design." "Religious alternative" to evolution barred from public-school science classes. Science on MSNBC.com. http://www.msnbc.msn.com/id/10545387/ns/technology_and_science-science/t/judge-rules-against-intelligent-design/ (accessed 12/29/11); Darwin C (Foreword copyright 1979) *On the origin of species.* New York: Random House. Originally published 1859 by J Murray London under the title: *On the origin of species by means of natural selection*; Einstein A (1961) *Relativity: The special and general theory.* New York: Crown Publishers; Montessori M (1970) *The child in the family.* Translated by Nancy Rockmore Cirillo. New York: Avon.

Tool 6: Broadening perspective. Till BD, Heckler D (2009) *The truth about creating brands people love*. Upper Saddle River, NJ: Pearson Education; How "Just Do It" was conceived by Wieden and Kennedy for Nike. You Tube. http://www. youtube.com/watch?v=yTkVma4JFmE&noredirect=1 (accessed 12/29/11); Keys A, Mienotti A, Karvonen MJ, et al (1986) Diet and 15 year death rate in the Seven Countries Study. *American Journal of Epidemiology* 124:903–915; Marker RE, Wagner RB, Ulshafer PR, Wittbecker EL, Goldsmith DPJ, Ruof CH (1947) Sterodial sapogenins. *Journal of the American Chemical Society* 69:2167–2230.

Tool 7: Dissecting the problem: US Department of Transportation National Highway Traffic Safety Administration (2009) Lives saved calculations for seat belts and frontal airbags. www-nrd.nhtsa.dot.gov/pubs/811206.pdf (accessed 12/29/11); Nader R (1965) *Unsafe at any speed: The designed-in dangers of the American automobile*. New York: Grossman Publishers; Chase B (2009) *Still unsafe at any speed: Auto defects that cause wrongful deaths and catastrophic injuries.* Newport Beach, CA: Equalizer Books; Quammen D (2006) *The reluctant Mr. Darwin: An intimate portrait of Charles Darwin and the making of his theory of evolution.* New York: W W Norton; Blass T (2004) *The man who shocked the world: The life and legacy of Stanley Milgram.* New York: Basic Books.

Tool 8: Reversal: Brad Paisley Lyrics. "Flowers." http://www.azlyrics.com/lyrics/bradpaisley/flowers.html (accessed 12/29/11); Brown K (2005) *Penicillin man: Alexander Fleming and the antibiotic revolution*. London: BMJ Publishing Group; Mukherjee S (2010) *The emperor of all maladies: A biography of cancer*. New York: Simon & Schuster.

Tool 9: Recombination and rearrangement: German TP, Barrett HC (2005) Functional fixedness in a technologically sparse culture. *Psychological Science* 16:1–5; Adamson RE (1952) Functional fixedness as related to problem solving: A repetition of three experiments. *Journal of Experimental Psychology* 44:288–291; Baldwin N (1995) *Edison: Inventing the century*. New York: Hyperion; Science Daily (2011) Mapping urban food deserts. http://www.sciencedaily.com/releases/2011/03/110303141557.htm (accessed 12/29/11).

Tool 10: The power of groups: Maddox B (2002) *Rosalind Franklin: The dark lady of DNA.* New York: Harper Collins; Franklin RE, Gosling RG (1953) Evidence for 2-chain helix in crystalline structure of deoxyribonucleate. *Nature* 172:156–157; Gamow G (1961) *The great physicists from Galileo to Einstein.* New York: Dover; Ryan J (2010) *A history of the Internet and the digital future.* London: Reaktion Books.

Tool 11: Frame shifting: Ness RB (2012) *Innovation generation: How to produce creative and useful scientific ideas*. New York: Oxford University

Press; Thibodeau PH, Boroditsky L (2011) Metaphors we think with: The role of metaphor in reasoning. PLoS One. 6:e16782; McGraw Hill. Online Learning Center. Interactive Time Line. Discovering the microbial world. http://highered. mcgraw-hill.com/sites/0072320419/student_view0/interactive_time_line. html (accessed 9/12/11); Kuhn TS (1962) *The structure of scientific revolutions*. Chicago: University of Chicago Press; Toulmin S (1972) *Human understanding: The collective use and understanding of concepts*. Princeton, NJ: Princeton University Press.

第 4 章　奇迹创造者

About Montessori: Inner Sydney Montessori Association (2009) About Montessori: Maria Montessori. http://esvc000664.wic057u.server-web.com/about-montessori.aspx (accessed 8/31/11); Enright M (2011) Foundations study guide: Montessori education. *The Atlas Society*. http://www.atlassociety.org/guide-montessori (accessed 8/31/11); Standing EM (1957) *Maria Montessori: Her life and work*. London: Hollins & Carter; Park Road Montessori. What is Montessori? Charlotte-Mecklenberg Schools. http://schools.cms.k12.nc.us/parkroadES/Pages/WhatisMontessori.aspx (accessed 8/31/11).

By Montessori: Montessori M (1970) The child in the family. Translated by Nancy Rockmore Cirillo. New York: Avon; Montessori M (1936) *Secret of childhood*. Translated by M. Joseph Costelloe. New York: Ballantine Books; Montessori M (1989) *The discovery of the child*. Oxford, UK: Clio Press; Montessori M (1912) *The Montessori method*. Translated by Anne Everett George. New York: Frederick A. Stokes; Montessori M (1967) *The absorbent mind*. New York: Holt, Rinehart and Winston.

Montessori method adapted to the Web: Kahn S (2011). Let's use video to reinvent education. *TED*. TED Conferences, LLC, http://www.ted.com/talks/salman_khan_let_s_use_video_to_reinvent_Education.html (accessed 8/31/11);

第5章　弯曲时空

About Einstein: White M, Gribbin J (1959) Einstein: A Life in science. New York: Penguin; Kakalios J (2010) *The amazing story of quantum mechanics: A math-free exploration of the science that made our world*. New York: Gotham Books; Gamow G (1966) *Thirty years that shook physics: The story of quantum theory*. New York: Dover; Gamow G (1961) *The great physicists from Galileo to Einstein*. New York: Dover; Gardner H (1993) *Creating minds: An anatomy of creativity seen through the minds of Freud, Einstein, Picasso, Stravinsky, Eliot, Graham, and Gandhi*. New York: Perseus; Isaacson W (2007) Einstein: His life and universe. New York: Simon & Schuster; Folsing A, Osers E (1997) Albert Einstein: *A biography*. New York: Penguin.

By Einstein: Einstein A (1961) *Relativity: The special and general theory*. New York: Crown Publishers; Einstein A (1949) Autobiographical notes. In Schilpp PA (ed) *Albert Einstein: Philosopher scientist* (pp. 2–17). New York: Harper & Row; Einstein A, Infeld L (1938) *The evolution of physics: From early concepts to relativity and quanta*. New York: Simon & Schuster.

第6章　找出创新者

Adelson B (2003) Issues in scientific creativity: Insight, perseverance and personal technique profiles of the 2002 Franklin Institute laureates. *Journal of the Franklin Institute* 340:163–189; Choi JN (2004) Individual and contextual predictors of creative performance: The mediating role of psychological processes. *Creativity Research Journal* 16:187–199; Dellas M, Gaier EL (1970) Identification of creativity: The individual. *Psychological Bulletin* 73:55–73; Dollinger SJ, Urban KK, James TA (2004) Creativity and openness: Further validation of two creative product measures. *Creativity Research Journal* 16:35–47; Dowd ET (1989) The self and creativity: Several constructs in search of a theory. In JA Glover, RR

Ronning, CR Reynolds (eds), *Handbook of creativity* (pp. 233–242) New York: Basic Books; Eysenck HJ (1997) Creativity and personality. In MA Runco, RS Albert (eds), *The creativity research handbook* (Vol. 1, pp. 41–66) Cresskill, NJ: Hampton Press; Feist GJ (1998) A meta-analysis of personality in scientific and artistic creativity. *Personality and Social Psychology Review* 4:290–309; Gardner H (1994) The creators' patterns. In MA Boden (ed) *Dimensions of creativity* (pp. 143–158) Cambridge, MA: MIT Press; George JM, Zhou J (2001) When openness to experience and conscientiousness are related to creative behavior: An interactional approach. *Journal of Applied Psychology* 102:133–142; Martindale C (1989) Personality, situation, and creativity. In JA Glover, RR Ronning, CR Reynolds (eds), *Handbook of creativity* (pp. 211–232). New York: Basic Books; McCrae RR, Costa PT (1997) Conceptions and correlates of openness to experience. In R Hogan, J Johnson, S Briggs (eds), *Handbook of personality psychology* (pp. 825–847) San Diego, CA: Academic Press; Oldham GR, Cummings A (1996). Employee creativity: Personal and contextual factors at work. *Academy of Management Journal* 39:607–634; Prabhu V, Sutton C, Sauser W (2008). Creativity and certain personality traits: Understanding the mediating effect of intrinsic motivation. *Creativity Research Journal* 20:53–66; Sternberg RJ (1988) A three-facet model of creativity. In RJ Sternberg (ed), *The nature of creativity* (pp. 125–147) New York: Cambridge University Press; Tardif TZ, Sternberg RJ (1988) What do we know about creativity? In RJ Sternberg (ed) *The nature of creativity* (pp. 429–440) New York: Cambridge University Press; Wolfradt U, Pretz JE (2001) Individual differences in creativity: Personality, story writing, and hobbies. *European Journal of Personality* 15(4):297–310; Feynman RP (1999) *The pleasure of finding things out*. Cambridge, MA: Perseus.

第 7 章　你只想到心理学吗？

About Milgram: Blass T (2004) *The man who shocked the world: The life and legacy of Stanley Milgram*. New York: Basic Books; Korn J (1997) Illusions of reality: A history of deception in social psychology. Albany: State University of New York Press; Patnoe S (1988) *A narrative history of experimental social psychology: The Lewin tradition*. New York: Springer-Verlag; Rosnow R (1981) *Paradigms in transition: The methodology of social inquiry*. New York: Oxford University Press; Burger JM (2009) Replicating Milgram: Would people still obey today? *American Psychologist* 64:1–11; Elms AC (2009) Obedience lite. *American Psychologist* 64:32–36; Packer DJ (2008) Identifying systematic disobedience in Milgram's obedience experiments: A meta-analytic review. *Perspectives on Psychological Science* 3:301–304.

By Milgram: Milgram S (1974) *Obedience to authority: An experimental view*. New York: Harper & Row; Milgram S (1963) Behavioral study of obedience. *Journal of Abnormal and Social Psychology* 67:371–378; Milgram S (1965) Some conditions of obedience and disobedience to authority. *Human Relations* 18:57–76; Milgram S (1983) Reflections on Morelli's "Dilemma of Obedience." *Metaphilosophy* 3–4:190–194.

第 8 章　心脏病带来的启示

About heart disease, reduced fat, and exercise: Blackburn H (2007) Cardiovascular disease epidemiology. In Holland WW, Olsen J, Florey C du V(eds). *The development of modern epidemiology: Personal reports from those who were there*. Oxford: Oxford University Press; Ergin A, Muntner P, Sherwin R, He J (2004) Secular trends in cardiovascular disease mortality, incidence, and case fatality rates in adults in the United States. *The American Journal of Medicine* 117: 219–227; USDA Choose My Plate.gov. U.S. Department of Agriculture. http://www.choosemyplate.gov/guidelines/index.html (accessed 8/19/11); Hooper L, Summerbell

CD, Thompson R, Sills D, Roberts FG, Moore H, Davey Smith G (2011). Reduced or modified dietary fat for preventing cardiovascular disease. *Cochrane Database of Systematic Reviews* Issue 7. Art. No: CD002137; Sofi F (2009) The Mediterranean diet revisited: evidence of its effectiveness grows. *Current Opinion in Cardiology* 24:442–246; Shiroma EJ, Lee I-M (2010) Physical activity and cardiovascular health: Lessons learned from epidemiological studies across age, gender and race/ethnicity. *Circulation* 122:743–752.

About Keys: Tucker T (2006) *The great starvation experiment: Ancel Keys and the men who starved for science*. Minneapolis: University of Minnesota; Blackburn H (2007). Cardiovascular disease epidemiology. In Holland WW, Olsen J, Florey C du V(eds) *The development of modern epidemiology: Personal reports from those who were there* (pp. 71–93). Oxford: Oxford University Press; Brody JE (2004) Dr. Ancel Keys, 100, promoter of Mediterranean Diet, dies. *New York Times*. http://www.nytimes.com/2004/11/23/obituaries/23keys.html (accessed 7/26/11); Macini M, Stamler J (2004) Diet for preventing cardiovascular diseases: Light from Ancel Keys, distinguished centenarian scientist. *Nutrition, Metabolism, and Cardiovascular Diseases* 14:52–57.

By Keys: Keys A, Brozek J, Henschel A et al (1950) *The biology of human star- vation*. Minnneapolis: University of Minnesota Press; Keys A (1957). Diet and the epidemiology of coronary heart disease. *Journal of the American Medical Association* 164:1912–1919; Keys A, Keys M (1975) *Eat well and stay well the Mediterranean Way*. New York: Doubleday; Keys A, Aravanis C, Blackburn H et al (1972) Probability of middle-aged men developing coronary heart disease in five years. *Circulation* 45:815–828; Keys A, Taylor HL, Blackburn H, Brozek J, Anderson JT, Simonson E (1963) Coronary heart disease among Minnesota business and professional men followed fifteen years. *Circulation* 28:381–395; Keys A, Mienotti A, Karvonen MJ, et al (1986) Diet and 15 year death rate in the

Seven Countries Study. *American Journal of Epidemiology* 124:903–915.

About Morris: Hevesi D (2009) Jeremy Morris, who proved exercise is heart-healthy, dies at 99½. *New York Times*: Research. http://www.nytimes.com/2009/11/08/health/research/08morris.html. (accessed 7/25/11); Kuper S. (2009) The man who invented exercise. *Financial Times Magazine*. http://www.ft.com/intl/cms/s/0/e6ff90ea-9da2–11de-9f4a-00144feabdc0.html#axzz1hNTpqeNe (accessed 7/25/11); Paffenberger RS, Blair SN, Lee I-M (2001) A history of physical activity, cardiovascular health and longevity: The scientific contributions of Jeremy N Morris, DSc, DPH, FRCP. *International Journal of Epidemiology* 30:1184–1192; Kohl HW, Blair SN (2010) Lessons from a life well-lived. *Journal of Physical Activity and Health* 7:1–2.

By Morris: Morris JN (1964). *Uses of epidemiology*. Baltimore MD: Williams & Wilkins; Morris JN, Heady JA, Raffle PAB, Roberts CG, Parks JW (1953) Coronary heart-disease and physical activity of work. *Lancet* 265:1053–1057 and 1111–1120.

第9章　为电而生

About Edison: Jehl F (2002) *Menlo Park reminiscences*. Part 1. Whitefish, MT: Kessinger Publishing; Josephson M (1959) *Edison: A biography*. New York: McGraw-Hill; Baldwin N (1995) *Edison: Inventing the century*. New York: Hyperion; Israel P (1998) *Edison: A life of invention*. New York: John Wiley & Sons; Gorman ME (1990) Interpreting invention as a cognitive process: The case of Alexander Graham Bell, Thomas Edison, and the telephone. *Science, Technology & Human Values* 15:131–164; Dyer FL, Martin TC (2010) *Edison: His life and inventions: The complete Work*. Timeless Classic Books. Stross R (2007) *The Wizard of Menlo Park: How Thomas Alva Edison invented the world*. New York: Three Rivers Press.

Michalko M. The creative thinking habits of Thomas Edison. Creativity

Portal. http://www.creativity-portal.com/articles/michael-michalko/creative-thinking-habits-thomas-edison.html (accessed June 28, 2011).

By Edison: Edison TA (1878) The phonograph and its future. *The North American Review* 126:527–536.

Quotes: "Discovery is not just invention." Edison quoted by EH Johnson article in *Electrical World*, February 22, 1890; "He who makes two blades of grass grow ..." Rowland quoted in Josephson M (1959) *Edison: A biography*. New York: McGraw-Hill; "I was always at the foot of the class ..." Edison quoted in *New York Herald Tribune* article, October 19, 1931; "I haven't heard a bird sing ..." "My refuge was the Detroit Public Library ..." Quotes from Edison's diary in: Josephson M (1959) *Edison: A biography*. New York: McGraw-Hill; "A minor invention every ten days ..." 2002 National Inventors Hall of Fame. http://www.invent.org/hall_of_fame/50.html. (accessed 9/11/11); "It has been just so ..." Thomas Alva Edison, Inventor in: Today in Science History. http://www.todayinsci.com/E/Edison_Thomas/EdisonThomas-Quotations.html. (accessed 9/11/11); "The machine must talk." "I was never so taken aback ..." Jehl F (2002) *Menlo Park reminiscences*. Part 1. Whitefish, MT: Kessinger Publishing; "Besides I am so deaf ..." Edison quoted in: Josephson M (1959) *Edison: A biography*. New York: McGraw-Hill (p 146).

第 10 章　两个闪亮的坐标

About Curie: Quinn S (1995) *Marie Curie: A life*. Cambridge, MA: Perseus; Curie E (1937) *Madame Curie: A biography*. Cambridge, MA: Perseus; Curie P (1905) Radioactive substances, especially radium. Nobel lecture, June 6, 1905. http://www.nobelprize.org/nobel_prizes/physics/laureates/1903/pierre-curie-lecture. pdf (accessed 12/31/11).

About Rutherford and physics concepts: Reeves R (2008) *A force of nature: The frontier genius of Ernest Rutherford*. New York: W W Norton; Einstein A, Infeld L (1938) The evolution of physics: *From early concepts to* *relativity and quanta*. New York: Simon & Schuster; Gamow G (1961) *The great physicists from Galileo to Einstein*. New York: Dover; Heilbron JL (2003) Ernest Rutherford and the explosion of atoms. Oxford: Oxford University Press.

By Curie: Curie M. *Radioactive substances*. English translation (2002). New York: Dover; Curie M, Debierne A, Eve AS, Geiger H, Hahn O, Lind SC, Meyer S, Rutherford E, Schweidler E (1931) The radioactive constants as of 1930. Report of the International radium-standards commission. *Journal of the American Chemical Society* 53:2437–2450; Curie M. Radium and new concepts in chemistry. Nobel lecture December 11, 1911. http://www.nobelprize.org/nobel_prizes/chemistry/laureates/1911/ marie-curie-lecture.html (accessed 12/31/11).

By Rutherford: Rutherford E. The chemical nature of alpha particles from radi- oactive substances. Nobel lecture December 11, 1908. http://www.nobelprize.org/nobel_prizes/chemistry/laureates/1908/rutherford-lecture.html (accessed 12/31/11); Rutherford E, Chadwick J, Ellis CD (1930) *Radiations from radioactive substances*. Cambridge: Cambridge University Press; Rutherford E (1920) Bakerian Lecture: Nuclear constitution of atoms. *Proceedings of the Royal Society of London. Series A: Containing Papers of a Mathematical and Physical Character* 97:374–400.

第 11 章　免疫学奇才

About Metchnikoff and Ehrlich: Paul Ehrlich. Nobel lecture. Partial cell functions. December 11, 1908. http://www.nobelprize.org/nobel_prizes/medicine/laureates/1908/ehrlich-lecture.html?print=1 (accessed 12/23/11); Tauber AI (2003) Metchnikoff and the phagocytosis theory. *Nature Reviews: Molecular Cell Biology* 4:897–901; Kaufman SHE (2008) Immunology's foundation: The 100-year anniversary of the Nobel Prize to Paul Ehrlich and Elie Metchnikioff. *Nature Immunology* 9:705–712; Schmalsteig FC, Goldman AS (2008) Ilya Ilich Metchnikoff

(1845–1915) and Paul Ehrlich (1854–1915): The Centennial of the 1908 Nobel Prize in physiology or medicine. *Journal of Medical Biography* 16:96–104; Schmalsteig FC, Goldman AS (2010) Birth of the science of immunology. *Journal of Medical Biography* 18:88–98.

By Metchnikoff: Metchnikoff E, Metchnikoff II, Mitchell PC (2004) *The prolon- gation of life: Optimistic studies*. New York: Springer (from original: 1908 New York: Putnam); Metchnikoff E (1893) *Lectures on the comparative pathology of inflammation: Delivered at the Pasteur Institute in 1891*. Translated by FA Starling and EH Starling. London: Kegan Paul, Trench, Trubner; Mechnikov Nobel lecture. On the present state of the question of immunity in infectious diseases. December 11, 1908. http://www.nobelprize.org/nobel_prizes/medicine/laureates/1908/mechnikov-lecture.html (accessed 12/23/11); Metchnikoff E (1984) Classics in infectious disease. Concerning the relationship between phagocytes and anthrax bacilli. *Clinical Infectious Disease* 6:761–770.

第 12 章　互联互通

About the creation of the Internet and Paul Baran: Gleick J (2011) How Google dominates us. *The New York Review* August 18. 24–27; Griffin S. Internet pioneers. http://www.ibiblio.org/pioneers/index.html (accessed 12/23/11); Ryan J (2010) A history of the Internet and the digital future. London: Reaktion Books; Abbate J (1999) *Inventing the Internet*. Cambridge, MA: The MIT Press.; Hafner K, Lyon M (1996) *Where wizards stay up late: The origins of the Internet*. New York: Simon & Schuster; Paul Baran, Internet pioneer dies at 84. *New York Times*. http://www.nytimes.com/2011/03/28/technology/28baran.html (accessed 1/1/12). History of Internet and computing, Internet dreamers, Paul Baran. http://history-computer.com/Internet/Birth/Baran.html (accessed 1/1/12).

By Baran: Baran P. On distributed communications networks. The RAND Corporation. http://www.attivissimo.net/timeline/paul-baran-on-distributed-comms. pdf (accessed 1/1/12);

Baran P (2002) The beginnings of packet switching: Some underlying concepts. *Communicatins Magazine, IEEE*. 40:42–48; Baran P (1977) Some perspectives on networks—Past, present, and future (B. Gilchrist, ed) *Information Processing*. Amsterdam: North-Holland Publishing.

第 13 章　拯救人类的温和方案

Population: Malthus TR. *An essay on the principle of population: or a view of its past and present effects on human happiness; with an inquiry into our prospects respecting the future removal or mitigation of the evils which it occasions*. Library of Economics and Liberty. Originally published 1798 by J Murray, London; Ehrlich PR (1968) The population bomb. Cutchogue, NY: Buccaneer Books.

Vavilov: Encyclopedia of World Biography (2004) Nikolai Ivanovich Vavilov. http://www.encyclopedia.com/topic/NikolaI_Ivanovich_Vavilov.aspx. (accessed 8/11/11).

Borlaug and the Green Revolution: Hessler L (2006). *The man who fed the world: Nobel Peace Prize Laureate Norman Borlaug and his battle to end world hunger*. Dallas: Durban House; Conway G (1997) *The doubly green revolution: Food for all in the twenty-first century*. Ithaca, NY: Cornell University Press; Randhawa MS (1974) *Green revolution: A case study of Punjab*. Uttar Pradesh, India: Vikas Publishing House; Agribusiness Council (1974) *Agricultural initiative in the third world: A report on the conference "Science and Agribusiness in the Seventies."* Washington, DC: Agribusiness Council; Paarlberg D, Paarlberg P (2000) *The agricultural revolution of the 20th century*. Ames: Iowa University Press; Borlaug N. The Green Revolution, peace, and humanity. Nobel Lecture December 11, 1970. http://www.nobelprize.org/nobel_prizes/peace/laureates/1970/borlaug-lecture.html (accessed 12/31/11); The Norman Borlaug Heritage Foundation. http://www.normanborlaug.org/ (accessed

12/31/11).

Nitrogen fertilizers: Mosier A, Syers JK, Freney JR (2004) *Agriculture and the nitrogen cycle: Assessing the impacts of fertilizer use on food production and the environment*. Washingotn, DC: Island Press; Bothe H, Ferguson SJ, Newton WE (eds) (2007) *Biology of the nitrogen cycle: COST edition*. Oxford: Elsevier; Biographybase. Kristian Birkeland biography http://www.biographybase.com/biography/Birkeland_Kristian.html (accessed 8/12/11)

By Haber: Haber F. Nobel lecture, June 2, 1920. The synthesis of ammonia from its elements. http://www.nobelprize.org/nobel_prizes/chemistry/laureates/1918/haber-lecture.pdf. (accessed 8/11/11)

World food statistics: Food and Agriculture Organization of the United Nations. Statistics. http://www.fao.org/corp/statistics/en/ (accessed 5/15/12)

第 14 章　改变世界的小药丸

Facts about population and birth control: CIA World Fact Book. https://www.cia.gov/library/publications/the-world-factbook/geos/us.html (accessed 9/11/2011)

About the Pill: Mosher WD, Martinez GM, Chandra A et al (2004) CDC Advanced data. No. 350 : Use of contraception and use of family planning services in the United States 1982-2002 http://www.cdc.gov/nchs/data/ad/ad350.pdf (Accessed 2/8/2013). Vessey M, Yeates D, Flynn S (2010) Factors affecting mortality in a large cohort study with special reference to oral contraceptive use. *Contraception* 82:221–229.

History of the Pill: Seaman B (1969) *The doctor's case against the Pill*. Alameda, CA: Hunter House; American Experience. The Pill. http://www.pbs.org/wgbh/amex/pill (accessed 8/12/11); Marks LV (2001) *Sexual chemistry: A history of the contraceptive pill*. New Haven, CT: Yale University Press; Asbell B (1995) *The Pill: A biography of the drug that changed the world*. New York: Random House; Marsh M, Ronner W

(2008) *The fertility doctor: John Rock and the reproductive revolution*. Baltimore, MD: The Johns Hopkins University Press; Djerassi C (2001) *This man's pill: Reflections on the 50th birthday of the Pill*. Oxford: Oxford University Press; Kline J, Stein Z, Susser M (1989) *Conception to birth: Epidemiology of prenatal development*. Oxford: Oxford University Press; Guillebaud J, McGregor A (2005) *The pill and other forms of hormonal contraception*. 7th ed. New York: Oxford University Press.

By Marker: Marker RE, Wagner RB, Ulshafer PR, Wittbecker EL, Goldsmith DPJ, Ruof CH. (1947) Sterodial sapogenins. *Journal of the American Chemical Society* 69:2167–2230.

By Hertig and/or Rock: Hertig AT (1989) A fifteen year search for first stage human ova. *Journal of the American Medical Association* 216:434–435; Hertig AT, Rock J, Adams EC, Menkin MC (1959) Thirty-four fertilized human ova, good, bad and indifferent, recovered from 210 women of known fertility: A study of biologic wastage in early human pregnancy. *Pediatrics* 23:202–211; Hertig AT, Rock J, Adams EC (1956) A description of 34 human ova within the first 17 days of development. *American Journal of Anatomy* 98:435–493; Pincus G, Rock J, Garcia CR, Ricewray E, Paniagua M, Rodriguez I (1958) Fertility control with oral medication. *American Journal of Obstetrics and Gynecology* 75:1333–1346.

Quotes: "To synthesize something ..." Quote by Leonard Engels. Asbell B (1995) The Pill: *A biography of the drug that changed the world*. New York: Random House, page 88; "I drew out of the bank ..." Quote by Russell Marker. Djerassi C (2001) *This man's pill: Reflections on the 50th birthday of the Pill*. Oxford: Oxford University Press; "Don't touch a steroid with a ten foot pole." Asbell B (1995) The Pill: A biography of the drug that changed the world. New York: Random House, page 106.

第15章　面对死亡

Terri Schiavo: Fuhrman M (2006) *Silent witness: The untold story of Terri*

Schiavo's death. New York: Harper Collins; Eisenberg J (2006) *The right vs. the right to die: Lessons from the Terri Schiavo case and how to stop it from happening again*. New York: Harper Collins; Caplan AL, McCartney JJ, Sisti DA (2006) The case of Terri Schiavo: Ethics at the end of life. Amherst, NY: Prometheus Books.

History of death and dying: Ariès, Philippe. Encyclopedia of death and dying. http://www.deathreference.com/A-Bi/Ari-s-Philippe.html#ixzz1N7b6K-2FW) (accessed 1/1/12); ArièNews P (1975) *Western attitudes toward death: From the middle ages to the present*. Baltimore, MD: The Johns Hopkins Press; Lancaster H (1990) *Expectations of life: A study in the demography, statistic, and history of world mortality*. London: Springer-Verlag; Mitford J (1998) *The American way of death revisited*. New York: Random House.

Advance directives ownership and impact: Agency for Healthcare Research and Quality (2003) Advance care planning: Preferences for care at the end of life. AHRQ Research In Action Report Series, Issue 12; Lawrence J (2009) The advance directive prevalence in long-term care: A comparison of relationships between a nurse practitioner healthcare model and a traditional healthcare model. *Journal of the American Academy of Nurse Practitioners* 21:179–185; Resnick H, Schuur J, Heineman J, Stone R, Weissman J (2009) Advance directives in nursing home residents aged >=65 years: United States 2004. *American Journal of Hospice & Palliative Medicine* 25:476–482; Schrader S, Nelson M, Eidsness L (2009) "South Dakota's dying to know": A statewide survey about end of life. *Journal of Palliative Medicine* 12:695–705; Silveira M, Kim S, Langa K (2010) Advance directives and outcomes of surrogate decision making before death. *New England Journal of Medicine* 362:1211–1218; Beach MC, Morrison RS (2002) The effect of do-not-resuscitate orders on physician decision-making. *Journal of the American Geriatrics Society* 50:2057–2061.

Advanced directives cost savings: Hogan C, Lunney J, Gabel J, Lynn J (2001) Medicare beneficiaries' costs of care in the last year of life. *Health Affairs* 20:188–195; Morrison RS, Penrod JD, Cassel JB, et al. (2008) Cost savings associated with US hospital palliative care consultation programs. *Archives of Internal Medicine* 168:1783–1790.

第 16 章　掌舵

On creativity: Simonton DK (1999) *Origins of genius: Darwinian perspectives on creativity*. New York: Oxford University Press; Robinson A (2010) *Sudden genius? The gradual path to creative breakthroughs*. New York: Oxford University Press; Kahneman D (2011) *Thinking fast and slow*. New York, NY: Farrar, Straus and Giroux. Guilford JP (1967) *The nature of human intelligence*. New York: McGraw-Hill; Mednick SA (1962) The associative basis of the creative process. *Psychological Review* 69:220–232; Campbell DT (1965) Variation and selective retention in socio-cultural evolution. In HR Barringer, GI Blanksten, RW Mack (eds) *Social change in developing areas*. Cambridge, MA: Schenkman (pp. 19–49); Ludwig AM (1995) *The price of greatness: Resolving the creativity and madness controversy*. New York: Gilford Press; Eysenck HJ (1993) Creativity and personality: Suggestions for a theory. *Psychological Inquiry* 4:147–148; Eysenck HJ (1994) Creativity and personality: Word association, origence, and psychoticism. *Creativity Research Journal* 7:209–216.

Hearing loss statistics: Shargorodsky J, Curhan SG, Curhan GC, Eavey R (2010) Change in prevalence in hearing loss in US adolescents. *Journal of the American Medical Association* 304:772–778; Niskar AS, Kieszak SM, Holmes A, Esteban E, Rubin C, Brody DJ (1998) Prevalence of hearing loss among children 6 to 19 years of age: The Third national Health and Nutrition Examination Survey. *Journal of the American Medical Association* 279:1071–1075; Henderson E, Testa MA, Hartnick C

(2001) Prevalence of noise-induced hearing-threshold shifts and hearing loss among US youth. *Pediatrics* 127:e39–46.

Milgram, Hertig and Rock, Keys, Edison: See relevant chapter references.

译后记

继《创造力危机》和《走出思维泥潭》之后，《像天才一样思考》一书也马上就要付印了。回想整个过程，前后历时八年，无论是在出差的高铁或出国的飞机上，还是在异地工作的办公室或家中挑灯夜战的书房里，我似乎都一直不停地在电脑上敲着键盘码字。甚感欣慰的是，耗费诸多心血的工作终于画上圆满句号，为科学传播、创新文化和创新方法研究略尽绵薄之力的夙愿终于得以实现。

《像天才一样思考》是以人类创新史上的若干位伟大人物为主人翁，全程复盘并详细剖析了这些天才创新者取得重大创新成果背后所用的各种创新方法，这本书实际上就是天才创新者们亲自指导我们如何运用各种创新工具的案例集。

在浩瀚无垠的科学星空长河之中，曾经出现过数不胜数的闪耀星辰，他们为人类社会的蓬勃发展点亮了前进的道路，其中最为耀眼的一颗明星是举世公认的科学巨匠——爱因斯坦。可能许多人相信，像爱因斯坦这样的天才的大脑构造一定与普通人的大脑有很大的不同。大脑中一定有某种东西决定了一个人是天才，比如，天才的大脑容量、大脑表面积或者大脑神经元数量可能多于普通人。

在爱因斯坦去世后，病理学专家托马斯·斯托尔兹·哈维（Thomas Stoltz Harvey）在看护爱因斯坦遗体期间把其大脑组织取了出来，并分割成二百四十片泡在了福尔马林中，他当时想研究一下爱因斯坦拥有过人智慧的原因。经过三十多年的研究，哈维没有取得任何有价值的研究成果，最后只不过得出了一个“爱因斯坦的大脑比普通人的大脑轻一点”的结论。另一个名叫玛丽安·戴蒙德（Marian Diamond）的教授，也获得了一部分标本进行研究，在1985年的《实验神经学》（*Experimental Neurology*）杂志上发表了“爱因斯坦的大脑中心型的胶质细胞比正常人的要多出一些”的研究结论，认为有可能是这些多出来的胶质细胞让爱因斯坦的思维比普通人更加活跃。然而，1992 年，日本大阪生物科学研究所的 S.S. 坎塔（S.S. Kantha）从戴蒙德的研究中得出了另一个结果。根据戴蒙德的细胞计数，很可能爱因斯坦的大脑语言相关区域发生了一些病理变化，从而导致他早期的阅读障碍。1998 年，佩斯大学的特伦斯·海恩斯（Terence Hines）在《实验神经学》上发表了一篇文章，称戴蒙德的研究“存在严重缺陷，其结论不应被接受”。另外，科学家通过测量发现，爱因斯坦的大脑不仅不大，而且甚至比普通人的还小，大多数科学家认为爱因斯坦的大脑重量在 1230 克的正常范围内。此外，在高斯、拜伦等天才死后，他们的大脑也被诸多研究院的科学家研究。最终的结果也与爱因斯坦的大脑研究结果一样，天才与普通人的大脑并没有什么不一样的构造，没有发现特殊物质。

其实，上述种种争执也都是某种猜想，这也足以说明人们还没有找到一种令人信服的证据证明大脑的解剖结构与智商有着密切的关系。而《像天才一样思考》这本书，恰恰解密了天才如何运用各种创新工具来打破常规创新思路，在科学创新中产生颠覆性的思想，为人类社会进步和科学创新发展做出了重要贡献。本书的内容，丁奎岭院士在译者序中已经非常精练地进行了介绍，我不再赘述。

值得一提的是，这是本人主译的《创造力危机》和《走出思维泥潭》的姊妹篇。这三本书既在主题上各有侧重，又在内容上互为补充。《创造力危机》主要围绕美国创新文化体制机制和科研组织等主题展开，全书运用批判性思维，反思美国创新的步伐为何放缓以及取得颠覆性创新变少的深层次原因，思想性、宏观性和战略性很强，适合各级科技和创新管理者以及科技研究工作者阅读；《走出思维泥潭》则指导各类创新者如何打破认知框架并有效激发原创性思维，这本书不仅适合科技创新者学习如何产生原创性思维，也适合普罗大众阅读，并用于指导自己的工作、学习和生活。令人深感欣慰的是，上述图书在取得了科技部、中国科学院、北京市科学技术委员会、中国科普作家协会等部门或机构颁发荣誉的同时，也获得了读者的高度认可，代表市场认可度的第三方平台“樊登读书”上的播放量更是超过了 1700 万人次。有兴趣的读者可以找来一起读读，想必对创新文化和创新方法会有新的理解和收获。

我还想特别指出的是，这三本书的研究视角值得国内研究创新和科学文化的学术同行们借鉴。国内研究创新文化和体制机制的虽不是千篇一律，但大多还是从国内外科学史、科技文献情报跟踪与梳理、政策建议、科学家精神等角度出发来开展研究工作。我们可能需要更多地关注创新深层次机制和底层逻辑、原创性思维方法、大科学家创新方法、重大科技突破中的创新方法等。

另外，我还想表达一下感谢。首先要感谢丁奎岭院士的认真审校，他一丝不苟、精益求精的治学态度给我留下了深刻印象。其次，我还想感谢本次翻译工作的参与者张新媛博士，她乐于学习、提升自我，责任心强，很好地贡献了自己的力量。还有，我还想感谢为本书提过建议的朋友：中国科学院国家天文台台长常进院士、文化素养很高的职业经理人刘回先生、中国科学院李保权和闫毅两位研究员、武汉大学的吴莹教授，没有你们的指正和帮助，本书很难达到现在的质量和水平。

最后，我想感谢我的妻子、女儿和儿子，是你们赐予我力量，使我能够克服各种困难一直坚持下来，并且包容我在 8 年中的无数个白天黑夜对你们的忽略。因为你们的爱和无私支持，我才能有足够的时间和精神趴在电脑前去码将近百万文字。

因本人水平有限，尽管所下的笨功夫极大，但错误在所难免，诚挚地拜托读者发现错误后，不吝赐教。

赵军 于中关村

2022 年 11 月